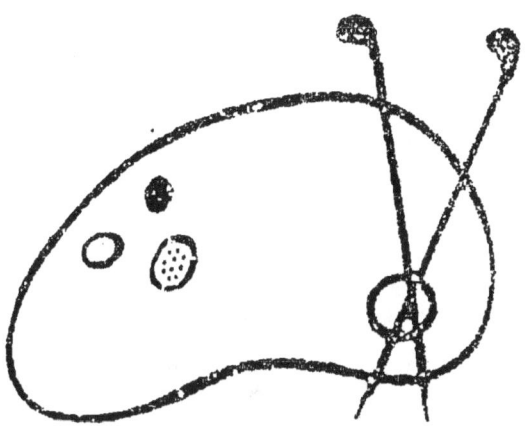

Couvertures supérieure et inférieure
en couleur

OUVERTURES SUPERIEURE ET INFERIEURE D'IMPRIMEUR.

LES
COMPAGNONS DU SILENCE

PUBLICATIONS
DE LA
SOCIÉTÉ GÉNÉRALE DE LIBRAIRIE CATHOLIQUE

Vve PALMÉ, 25, rue de Grenelle-Saint-Germain, Paris

ŒUVRES DE PAUL FÉVAL
SOIGNEUSEMENT REVUES ET CORRIGÉES

VIENNENT DE PARAITRE

Jésuites! un fort vol, in-12, 17e édition. . . . . . 3 fr.
Les Étapes d'une conversion, un volume in-12, 17e édition . . . . 3 fr.
Pierre Blot, second épisode des *Étapes d'une conversion*, 1 v. in-12, 10e édit. . . . 3 fr.
La Première Communion, 3e épisode des *Étapes d'une conversion*, 1 v. in 12, 6e éd. 3 fr.
La Fée des Grèves, un volume in-12, 10e édition. . 3 fr.
L'Homme de Fer, un volume in-12, 6e édition. . 3 fr.
Les Contes de Bretagne, un volume in-12, 8e édition. 3 fr.
Châteaupauvre, un volume in-12, 7e édition. . . . 3 fr.
Frère Tranquille, un volume in-12, 6e édition . . 3 fr.
Le Dernier Chevalier, un volume in-12, 5e édition . 3 fr.
Le Château de velours, 1 volume in-12, 6e édition . 3 fr.
La Fille du Juif-Errant, 1 volume in-12, 5e édition . 3 fr.
La Louve, un volume in-12, 5e édition . . . . . 3 fr.
Valentine de Rohan, un volume in-12, 5e édition. 3 fr.
Le Mendiant noir, un volume in-12, 5e éd. . . . 3 fr.
Les Romans enfantins, 1 volume in-12 3e éd. . . 3 fr.
Le Poisson d'Or, 1 volume in-12, 3e éd. . . . . . 3 fr.
Les Veillées de Famille, un volume in 12 . . . 3 fr.
Le Loup blanc, un volume in-12, 4e éd. . . . . 3 fr.
Rollan Pied-de-Fer, 1 volume in-12, 3e éd. . . . 3 fr.
Le Régiment des Géants, 1 volume in-12, 3e éd. . 3 fr.
Chouans et Bleus, 1 volume in-12, 3e éd. . . . 3 fr.
Le Chevalier Ténèbre, 1 volume in-12, 3e éd. . 3 fr.
Les Fanfarons du Roi, 1 volume in-12, 3e éd. . 3 fr.
Corentin Quimper, 1 volume in-12, 4e éd. . . . 3 fr.
Les Couteaux d'Or, 1 volume in-12, 3e éd. . . 3 fr.
Les Errants de nuit, 1 vol. in-12 . . . . . . 3 fr.
Fontaine aux Perles, 1 v. in-12 . . . . . . 3 fr.

LA BELLE ÉTOILE
Un volume in-12, 2e édition · 3 fr.

LES MERVEILLES DU MONT SAINT-MICHEL
Un beau volume in-12, 7e édition . 3 fr.

CORBEILLE D'HISTOIRE
(INÉDIT) 1 volume in-12. 3e éd. . 3 fr.

PAS DE DIVORCE!
(INÉDIT) 1 volume in-12, 9e éd. . 3 fr.

Saint-Amand (Cher). — Imprimerie de DESTENAY.

ŒUVRES
DE
PAUL FÉVAL
SOIGNEUSEMENT REVUES ET CORRIGÉES

LES COMPAGNONS DU SILENCE

SOCIÉTÉ GÉNÉRALE DE LIBRAIRIE CATHOLIQUE

PARIS	BRUXELLES
VICTOR PALMÉ	J. ALBANEL
Directeur général	Directeur de la succursale pour la Belgique et la Hollande
76, rue des Saints-Pères, 76.	29, rue des Paroissiens, 29

1880

LES
COMPAGNONS DU SILENCE

PROLOGUE

LES SEPT ANNEAUX DE FER

I

LE MARTORELLO

C'était autrefois un paradis terrestre. Pythagore, fils de ces contrées heureuses, les appelait le jardin du monde. C'était la Grande-Grèce, baignée par trois mers ; la Daunie, où naquit Horace ; la Lucanie, où Annibal porta ce coup terrible à la puissance romaine ; c'était aussi la Campanie, où le même Annibal s'endormit sur son lit de roses et de lauriers. Depuis Parthénope jusqu'à Sybaris, depuis Solmone, patrie d'Ovide, jusqu'à Drepanum, Cérès favorable épargnait à l'homme le travail des champs. Fleurs et fruits venaient sans culture. Hier, cela s'appelait le royaume de Naples ou des

Deux-Siciles; aujourd'hui, c'est la quasi-république du roi Humbert . En cherchant bien, Annibal y trouverait encore de quoi refaire ses délices de Capoue, mais Cérès, détrônée, ne protége plus la mollesse de ces peuples.

Il y a eu comme un grand châtiment. Cette luxuriante écorce qui recouvrait la terre des Calabres s'est violemment déchirée ; un vent de ruine a soufflé. On dit qu'un soir d'hiver en l'année 1783, la terre se prit à rendre des sons profonds ; un voile de sang couvrit le ciel, et ces mers sereines qui baignent les golfes de l'Italie méridionale eurent comme un long frémissement. La terre trembla treize fois entre le coucher et le lever du soleil. Dans la nuit noire, l'Etna et le Vésuve flambaient comme deux sinistres phares se regardant à travers l'espace.

Le lendemain, la mer Tyrrhénienne, la mer Ionienne et l'Adriatique étaient couvertes de débris. Vous eussiez dit qu'une trombe immense, partie des plateaux de l'Abruzze, avait passé sur l'Italie, déracinant les villes et les forêts. Les Calabres, le pays d'Otrante, la Basilicate et la principauté citérieure, étaient bouleversés de fond en comble.

Le citadin, qui croyait faire un rêve hideux, cherchait sa ville natale et ne la trouvait plus. Le villageois essayait en vain de reconnaître le champ qu'il avait ensemencé la veille. Les futaies centenaires étaient couchées et terrassées comme les frêles tiges du blé sur lesquelles a passé l'ouragan. Du sol éventré jaillissaient d'étranges vapeurs ; les rivières avaient changé de lit : des cités entières avaient disparu, dont il ne reste que le nom. La mer, chose inouïe, éleva tout à coup son niveau de vingt-quatre pieds, et couvrit des plaines qui n'avaient jamais senti le vent du large.

Il y avait un prince qui gouvernait la ville de Scylla, en face de Charybde, sur la côte Sicilienne. Il quitta son palais et monta, ainsi que toute sa cour, sur ses vaisseaux. Mais, de même que le voyageur, si l'on en croit la poésie antique, ne pouvait fuir jadis, dans cette passe redoutable, la mort qui était à droite comme à gauche ; de même que cette Scylla évitée renvoyait ses victimes à Charybde, de même la terre et la mer, toutes deux ennemies, s'unissaient aujourd'hui contre l'homme condamné. Le palais fut détruit ; la flotte fut broyée ; le prince périt avec quinze cents de ses sujets.

Et à dater de ce jour, bien que la Méditerranée fût rentrée dans les profondeurs de son lit, l'Italie du Sud, épileptique et délabrée, eut périodiquement ses attaques de haut mal. Trois mille secousses eurent lieu pendant les quatre années qui suivirent. C'est plus de deux secousses par vingt-quatre heures. Il se forma des lacs sans fond à la place où avaient été les villes.

L'Apennin est fort. Il résista longtemps. Mais enfin les couches stratiformes glissèrent par larges places, et, décharnant tout à coup le colosse, laissèrent voir le granit de ses ossements. Au bout de quatre années, cette pauvre belle terre, épuisée et vaincue, tomba dans le sommeil ; elle dormira longtemps.

La partie méridionale de la baie de Santa-Eufemia, située dans la Calabre ultérieure deuxième, en face des îles d'Eole, forme une belle grève semi-circulaire dont la courbe, vue de la pleine mer, rappelle exactement l'idée de l'amphithéâtre antique. Il y a là quelques cabanes de pêcheurs, grises comme le roc qui les abrite. Le matin, sur l'azur foncé de la mer, on voit se détacher la voilure latine d'une demi-douzaine de barques dont l'antenne sous-tend la toile triangulaire ; vous diriez de loin l'envergure allongée d'un des grands oiseaux du large. Parfois le paquebot à vapeur qui fait le service de Naples à Palerme, passe et rejette en arrière sa chevelure de fumée.

De la plage on aperçoit, quand le ciel est clair, une tache sombre au milieu de la mer Tyrrhénienne : c'est Stromboli, la plus septentrionale des îles Lipari, où le fameux brigand Fra-Fiavolo se cacha, dit-on, pendant près d'une année. Du côté du midi la vue est bornée par le cap Vatican. Au nord, ce sont les hauteurs du Pizzo, où Murat fut exécuté au mois d'octobre 1815. Le paysage est beau, mais il parle de tristesse. On éprouve là quelque chose du sentiment qui vous serre le cœur en parcourant des ruines. Et pourtant il n'y a point de ruines. Le cirque de sable arrondit sa courbe. Çà et là quelque fille, au profil sculptural, descend, la cruche sur l'épaule, le sentier qui monte en terre ferme. Le chant fatigué des pêcheurs étendant leurs filets, arrive, et quelquefois, par le calme, une felouque carguant ses voiles pour border ses avirons, envoie au rivage la chanson rythmée des rameurs siciliens.

Le soir, s'il vente frais, une tartane effilée bondit tout à coup sur les courtes lames et attaque la côte avec une témérité folle. La nuit tombe. Là-bas, du côté du cap Vatican, où sont les douaniers, on entend des coups de carabine. La tartane retourne à Lipari. La contrebande est à terre. Vers le centre de la courbe, la Brentola, qui prend sa source au-dessus de Monteleone, débouche sur les sables et va éparpillant son cours en des milliers de minces filets d'eau. C'était sur la Brentola que travaillaient autrefois, avant la restauration de 1815, les chevaliers forgerons (*cavalieri ferraï*) du Martorello dont je vais raconter l'histoire.

S'il n'y a pas de ruines visibles le long de cette grève, il y a des souvenirs. Le Martorello est une vallée assez vaste qui arrive de biais sur la plage par un court défilé, où la Brentola coupe la petite chaîne des rochers. Une guérite de douanier, bâtie en quartiers de rocs, s'élève sur la falaise qui est en dedans. L'autre angle est recouvert de terre végétale. Quelques figuiers nains, des myrtes et des citronniers sauvages y forment un petit bouquet que surmontent deux grands troncs de chênes verts. Ce bouquet est connu sur la côte et sert de point de relèvement aux marins.

Une route charretière passe entre la rive gauche de la Brentola et le roc où est situé la guérite. Elle tourne brusquement, comme la rivière elle-même, et s'enfonce dans la vallée au milieu de terrains vierges où poussent, dans les bas-fonds, le riz clair-semé, et au sommet des plis, la moutarde odorante. A cinq cents pas du défilé, on trouve plusieurs traces du barrage, les deux piles d'un pont de bois dont le tablier a disparu et quelques décombres envasés dans un marais. La rivière ici a fait des siennes, achevant et dissimulant à la fois des ravages qui furent l'œuvre de l'homme. Grossie par le barrage, elle a pris possession du lieu où fut jadis la plus belle forge des Calabres et peut-être de l'Italie.

Ce marais, c'est l'emplacement même des bâtiments qui furent détruits et mis au ras du sol à l'époque des guerres civiles. Près de cent familles furent transportées, les unes en Sicile, dans le Val-de-Demona, les autres dans les principautés. Les logis de ces familles, construits en bois pour la plupart, avaient été brûlés.

La population nouvelle, composée de montagnards pris au versant nord-est des Apennins, savait à peine l'histoire des anciens habitants du pays. Elle avait déserté les environs de la forge, envahis par les eaux. Ce qu'on appelait le village, un groupe de quinze à vingt cabanes, était situé beaucoup plus au sud, au-delà de la route qui mène de Monteleone à Messine.

Auprès de l'emplacement des anciens fourneaux, il n'y avait qu'une seule masure, faite de bois et de débris de marbre, occupée par une vieille femme de près de cent ans, qui avait nom Berta.

On disait dans le pays que les esprits hantaient ces ruines cachées sous l'herbe. Bien que la vieille Berta eût perdu tous ses enfants depuis des années et qu'elle demeurât seule dans sa pauvre cabane, collée au revers de la falaise, on avait entendu des chants sortir de sa porte entr'ouverte. Et souvent une lueur courait le long de la rivière au milieu de la nuit, tandis qu'une voix brisée appelait un nom que nul n'avait pu distinguer.

Ce qui est certain, c'est que les eaux, gagnant toujours de proche en proche, avaient détrempé au loin cette terre, fendillée et comme gercée par les secousses volcaniques. Ce marais nouveau, dont les fermentations s'opéraient à de grandes profondeurs, couvait la malaria, malgré le voisinage des côtes, et le village en était infesté. Le dimanche, quand les cloches du couvent del Corpo-Santo annonçaient l'office du matin, c'était une procession de fantômes qui gravissait la colline.

A un mille des marais du Martorello, tout au fond de la vallée qui court parallèlement au rivage, derrière l'abri de la falaise, on trouve la route de poste allant de Monteleone au petit port de Tropea, puis à Nicotera et à Palmi. A l'endroit où la route passe la Brentola sur un petit pont de pierre, s'élève une maison carrée, solidement bâtie et qui paraît âgée de cinquante ans pour le moins. Une inscription peinte en lisibles caractères audessus de la maîtresse porte, annonce aux voyageurs qu'ils sont en face de l'auberge du Corps-Saint *l'osteria dello Corpo-Santo*. A quelques pas de l'auberge, la route, la vallée et la rivière font un coude brusque pour prendre une direction perpendiculaire au rivage, et gagner la montagne au sommet de laquelle se dresse le majestueux couvent du Corpo-Santo, qui a donné son nom à l'humble osteria.

Le 15 octobre 1823, Battista Giubbetti, véturin de Monteleone, revenait du petit port de Palmi, menant quatre voyageurs dans sa carrozza toute neuve : trois dans l'intérieur, un dans le coupé servant de siége. Sa voiture était attelée de deux bons chevaux, ferrés de frais et bien empanachés de houppes de laine : un bel attelage dont la toilette avait été faite au départ de Monteleone par la jeune femme de Battista. C'était un joyeux gaillard, un peu pâle et fort maigre(c'est le pays), mais bien découplé et portant fièrement sa frisure. Il marchait ferme, plus pressé d'arriver que les voyageurs eux-mêmes.

Dans l'intérieur, il y avait un homme d'une quarantaine d'années, d'apparence maladive et portant, sur sa tête chauve, un bonnet de soie noire. Il occupait le fond, lui tout seul, aux termes exprès de son contrat avec Battista Giubetti. Vis à vis de lui, sur la banquette du devant, un adolescent et une jeune fille allaient à reculons. C'étaient évidemment le frère et la sœur. Ils avaient l'air pauvres, doux et bien élevés. Tous deux semblaient très-timides malgré leurs naïves gaietés. L'adolescent était vêtu en écolier ; la fillette avait une petite robe de toile grise et un chapeau de paille de France. Tous les deux étaient charmants, la jeune fille surtout dont le front intelligent se couronnait de cheveux noirs enfermés sous un petit bonnet de linon sans garnitures. Sans ce bonnet, le pauvre chapeau de paille eût été presque élégant.

Ce visage, qui indiquait à la fois la bonté, la grâce enfantine et je ne sais quelle pointe d'esprit hardi, s'éclairait d'un sourire si affectueux quand elle regardait son frère, que les plus indifférents eussent senti naître en eux l'intérêt. Au jugé, le frère avait dix-huit ans et la sœur seize. En se parlant tout bas, ils employaient tantôt l'italien, tantôt le français, et, dans les deux cas, leur langage était d'une égale pureté. Mais, réciproquement, ils ne prononçaient leurs noms qu'en français. Le frère s'appelait Julien, la sœur Céleste.

L'homme aux deux places du fond avait un de ces noms qui ne trahissent aucune nationalité. Quand le véturin avait casé son monde au moment du départ, il avait d'abord appelé M. David. M. David gardait le silence depuis le commencement du voyage. A peine avait-il donné un regard morose et distrait au jeune couple qui lui faisait face. Seulement, Céleste ayant prononcé le mot brigand, M. David avait haussé les épaules avec une grande affectation de dédain.

C'était une figure bilieuse : une tête de Génevois, un peu étroite, mais tranchante et de parti pris. On ne peut dire qu'il avait la physionomie méchante. En nos siècles utilitaires, ce mot méchant arrive à n'avoir plus de sens : il faut le remplacer par des expressions plus précises. Il y avait dans le regard froid de M. David une profonde fatigue qu'on pouvait aisément traduire par le mot *misanthropie*. Il y avait dans les lignes de sa bouche de l'amertume et de la sévérité. Son front fuyait, mais il avait de la hauteur. La courbe busquée de son nez était provoquante. En somme, l'aspect général de ce visage indiquait la réflexion, l'égoïsme et aussi l'astuce.

Il ne nous reste qu'un personnage à peindre : c'est celui qui était assis dans le coupé auprès de Battista Giubbetti. Celui-là se nommait le chevalier d'Athol sur le livret du véturin. Il arrivait de Sicile par le paquebot, et n'avait arrêté sa place que jusqu'au couvent del Corpo-Santo.

C'était un beau garçon à la mine éveillée et souverainement vaillante. La méditation ne l'étouffait pas, en apparence du moins. Son regard, clair et insouciant, se promenait sur le paysage, tandis que ses doigts effilés, roulaient une mince cigarette. Il semblait tout jeune. On lui aurait donné à peine vingt-deux ou vingt-trois ans, sans la soyeuse moustache noire qui ombrageait sa lèvre supérieure. Demi-couché qu'il était, on ne pouvait juger sa taille, mais vous l'eussiez deviné grand, et la nonchalance même de sa pose décelait une merveilleuse souplesse.

Son costume indiquait un voyageur d'habitude. Bien que les touristes n'abondent pas précisément dans ces parages, il en vient cependant, chaque année, et une cinquantaine d'Anglais prennent le soin d'emporter dans leurs poches quelques mottes de la terre qui entoure le gouffre d'Oppido. Notre voyageur, dont la bouche laissait passer une parole musicale et sonore, ne pouvait être un Anglais, et pourtant Battista, l'honnête homme l'appelait *milord*.

Tel est le résultat de cette fièvre de voyages qui a pris depuis un demi-siècle les couteliers de Birmingham. Quiconque se promène en Grèce ou en Italie passe auprès des indigènes pour un fabricant de rasoirs, et reçoit à bout portant ce titre de milord.

Du reste, le nom d'Athol est illustre de l'autre côté du détroit; il appartenait aux anciens souverains de l'île de Man. Il est inscrit avec titre ducal, au *peerage* du

Royaume uni ; c'est un grand nom porté par de très-grands seigneurs. Mais, disons-le tout de suite, notre chevalier d'Athol n'avait aucun droit de succession à la pairie.

La route qui remonte de Tropea à Monteleone s'enfonce d'abord dans les terres, puis revient sur ses pas, repoussée par la base du Monte-Mimo, de telle sorte qu'elle range un instant le bord de l'eau avant d'arriver au cap Vatican.

— Regardez-moi cela, milord, dit Battista au moment où le coude de la route démasquait la mer ; voilà une vue !... En arrière, on aperçoit très-bien la Sicile, l'ancienne Trinacria, ou Sicania, capitale Syracuse, du temps des Romains, présentement Palerme ; produits : vins excellents, fruits, blé, huile, soie, laine, coton, sucre, manne, miel, cire, air pure et sain, mer poissonneuse ; célèbre par son volcan qui a nom l'Etna, lequel est élevé de trois mille et tant de pieds au-dessus du niveau de la mer. Il y a des mines, or, argent, cuivre, plomb et fer... carrières de porphyre, marbre, jaspe, agates, émeraudes. Elle produit de l'alun, du vitriol, du soufre... Mais votre excellence en vient.

Tous les véturins sont un peu cicerones ; ils saisissent avec plaisir l'occasion de placer leur *boniment*.

— A gauche, avec votre permission, milord, reprit Battista, ce sont les îles Lipari, dont la principale...

— Qu'y a-t-il maintenant au Martorello ? demanda brusquement le jeune voyageur.

Battista fut sur le point de lâcher les rênes. Il regarda le chevalier d'Athol en dessous.

— Son Excellence est déjà venue dans le pays? dit-il.

— Je te demande, l'ami, répéta le chevalier d'Athol, ce qu'il y a maintenant au Martorello.

— Eh bien, répondit le véturin, au Martorello, milord, il n'y a rien que je sache.

— Que sont devenus *les six*?

— *Les six*? répéta Battista d'un air innocent.

En même temps il allongea un maître coup de fouet à ses bêtes. Le chevalier d'Athol se prit à siffler tout doucement l'air de Fioravante :

Amici, alliegre andiamo alla pena!...

— Un joli air napolitain, milord! murmura le véturin, dont l'agitation était visible.

— Que sont devenus *les six*? répéta le voyageur.

— *Ohimé*! grommela Battista, il ne manque pas de gens qui savent la musique!

— Donne ta main, ordonna le chevalier d'Athol, si tu connais *le charbon et le fer*.

Battista, tremblant, donna sa main.

— Bien! bien! fit-il en sentant la double croix que l'étranger traçait sous sa paume, j'ai entendu parler de cela par un agent du roi.

Le chevalier d'Athol sourit et dit :

— L'ami, tu es un garçon prudent.

Puis, lâchant la main de Battista et le regardant en face :

— *Il y a quelque chose de plus fort que le fer* ! prononça-t-il distinctement.

— *C'est la foi*, répliqua le véturin sans hésiter.

— *Il y a quelque chose de plus noir que le charbon*, ajouta le jeune voyageur.

— *C'est la conscience du traître.*

— Tu es compagnon ?

— Vous êtes maître !... A la grâce de Dieu ! J'ai une femme et un enfant qui va venir... Mais, s'il faut aller, on ira !

— Que sont devenus *les Six* ? demanda pour la troisième fois Athol.

— Excellence, répondit Battista, si vous êtes maître, comment ignorez-vous cela ?

— Parle ! commanda le jeune voyageur, au nom du charbon et du fer !

— Ils étaient *sept*... murmura le véturin.

— Je sais où est le tombeau du septième, prononça le chevalier d'Athol avec mélancolie.

II

MARIO MONTELEONE

Battista se découvrit respectueusement et fit le signe de la croix.

— Le septième était un saint ! dit-il.

Puis il reprit d'un air sombre :

— Quand on eut assassiné Mario Monteleone, trois fois comte, deux fois baron, et maître des chevaliers forgerons, les six gentilshommes furent proscrits... je répète ce qu'on m'a dit, Excellence. Ils vinrent une nuit : c'était le 15 octobre 1816. Ils se firent ouvrir les portes du couvent del Corpo-Santo, là-bas, au-dessus du Martorello, et déclarèrent la vendetta au meurtrier de Mario Monteleone.

— Le nom de ce meurtrier ? demanda Athol.

Comme le véturin hésitait, Athol ajouta :

— N'oserais-tu le prononcer ?

— Il y a aujourd'hui quatre semaines, répondit Battista en baissant la voix, que le marquis de Francavilla est mort.

— Comment mort?

— D'un coup de couteau calabrais au travers du cœur.

— Francavilla était coupable, dit le chevalier d'Athol comme en se parlant à lui-même ; mais ce n'est pas lui qui a tué le saint Monteleone. *Les Six* n'ont-ils pas été plus haut?

— Plus haut? répéta le véturin ; don Giacomo Doria est mort dans son lit ; ses deux enfants ont son héritage.

— Le comte Giacomo était-il donc soupçonné? demanda vivement Athol.

Ce sont les Doria qui ont les biens de Monteleone, et le comte Giacomo était dans le pays quand le malheur arriva.

Le jeune voyageur rêvait.

— Et plus bas? dit-il tout à coup. La vengeance des Six a-t-elle été plus bas?

— Je ne peux parler que d'après les *on dit*. Il y a le colonel...

— Trentacapelli?

— Le colonel Trentacapelli a été trouvé, voilà déjà longtemps, sur la route de Cosenza, la figure dans une mare. La lame du couteau calabrais lui sortait derrière le dos.

— C'était le couteau d'un Compagnon?

— C'était le couteau du Silence.

Dans l'intérieur, l'homme au bonnet de soie noire avait fermé les yeux. Il semblait dormir.

— C'est bien vrai, petite sœur, disait Julien, qui tenait les mains de Céleste dans les siennes ; je ne devrais avoir que des pensées pacifiques. Eh bien, je me sens malgré moi saisi et entraîné au récit des batailles... Ah ! tu es bien heureuse, toi, tu ne regrettes rien !

Céleste étouffa un soupir. Cependant elle répliqua, tandis que ses yeux cachaient leur rayon derrière ses paupières demi-closes :

— Je ne connais rien, mon frère.

— Ni moi non plus, dit Julien naïvement.

— Alors que peux-tu regretter ?

L'écolier prit un air d'importance.

— Sais-je expliquer ce qui se passe en moi ? s'écria-t-il, et saurais-tu le comprendre ?

La voiture arrivait au sommet du cap Vatican, et tout ce grand paysage, calme et morne, de la baie de Sainte-Euphémie se déroulait au-devant de nos voyageurs. Céleste pressa la main de Julien entre les siennes.

— Voyons, frère, dit-elle, le voilà, ce fameux golfe dont tu m'entretiens depuis le commencement de la route. Raconte-moi deux ou trois chapitres des *Victoires et conquêtes*.

— Ceci est un chapitre des *défaites et revers*, ma sœur, répondit Julien, l'histoire est là, dans ma tête, bien mieux gravée que si je l'avais lue quelque part. C'est un témoin oculaire qui me l'a rapportée. Le bon Manuele...

— Notre père Manuele était là? s'écria la jeune fille. Oh! je t'en prie, Julien! fais-moi ce récit; ce sera comme si nous parlions de notre père!

A ce moment, les yeux de M. David s'ouvrirent imperceptiblement. Il glissa un regard rapide et tranchant sur les enfants qui lui faisaient face, puis il laissa retomber ses paupières. Sauf ce mouvement tout physique de la paupière et le rayon subtil qui jaillit un instant de sa prunelle, sa physionomie n'avait point changé.

— Penses-tu que Manuele soit réellement notre parent, Céleste? demanda tout à coup Julien.

— Je serais désolée qu'il ne le fût point, répondit vivement la jeune fille.

Elle attendit avec une sorte d'anxiété, pensant que son frère allait ajouter quelque chose à ce sujet; mais Julien rompit l'entretien.

— Oui, oui, reprit-il, Manuele m'a bien souvent raconté cela. Il y a là-dedans un comte de Monteleone qui ressemble aux héros de la Grèce et de l'ancienne Rome. Ce n'est pas à cause du roi Murat que j'ai si présente à la mémoire l'histoire de Manuele, c'est à cause de Mario Monteleone.

— J'écoute, dit Céleste qui prit un air attentif et croisa ses belles mains blanches sur ses genoux.

Julien cependant semblait rêver et ne parlait point.

— Eh bien? fit la jeune fille avec reproche.

— Je songeais, dit Julien en jetant un regard du côté de M. David pour constater qu'il dormait encore, je songeais à notre présent et à notre avenir, Céleste. Notre passé est court et ne nous a rien appris, sinon que nous devons le jour à une famille française, exilée et proscrite. Les révolutions sont partout les mêmes. Elles jettent çà et là sur une terre étrangère de pauvres orphelins condamnés. Je songeais aux enfants orphelins de ce Mario Monteleone...

— Il avait des enfants ?

Trois enfants, qui lui furent enlevés tous les trois par une fatalité inexplicable qu'il fit chercher longtemps, bien longtemps en France, en Allemagne partout... et toujours en vain ! trois enfants qui étaient, les deux derniers surtout, le cœur de leur pauvre mère. Si bien qu'après leur enlèvement, Mario Monteleone fut seul avec une folle dans sa maison déserte, car sa femme avait perdu la raison !

Céleste écoutait. Ses yeux étaient pleins de larmes.

— Notre mère à nous, murmura-t-elle, est morte en Sicile, Manuele me l'a dit.

Julien passa la main sur son front, et son visage prit une expression de découragement.

— Je ne sais pas, non, je ne sais pas, dit-il, d'où me vient cette tristesse profonde qui, à certaines heures, me dégoûte de la vie. Il me semble qu'un grand malheur est sur nous et autour de nous, un malheur qui a commencé avec nous et qui ne finira qu'avec nous. J'ai fait bien des efforts pour deviner ; je n'ai pas pu... Mais il y a dans mes souvenirs un point précis et ineffaçable. C'est le jour où, pour la première, nous vîmes notre bon père Manuele. Nous étions dans cette ferme du val de Mazzaro où l'on nous élevait. Je le vois encore accourir vers nous les bras ouverts...

— Il nous dit que nous étions ses enfants, ce jour-là ! murmura Céleste.

— Il nous dit que nous allions être riches et heureux. Nous le suivîmes dans cette riante maison, non loin de Catane... Chaque jour, il écrivait des lettres, et je me souviens qu'une fois il me dit : « Si je n'étais pas ton père, Julien, est-ce que tu m'aimerais tout de même ? »

— Il te dit cela ?

— Oui. Et il me parla de ma mère qui venait de loin pour me chercher... de France, sans doute. Tout à coup, il fit une absence. Quand il revint, il était bien changé !

— Je me souviens ! s'écria Céleste ; il fut malade...

— Et dans son lit, quand nous approchions, il nous regardait avec des larmes plein les yeux.

Céleste répéta :

— Je me souviens !

— J'étais déjà grand, reprit Julien ; c'était à la fin de l'automne, il y a six ans. Dès qu'il put se relever, il nous mena à Girgenti acheter des habits de deuil...

— Il nous dit que son frère était mort.

— Etait-ce bien son frère qui était mort ?

La jeune fille répondit :

— Pourquoi nous aurait-il trompés ?

Ils se regardaient. Julien détourna les yeux.

— Céleste, dit-il, je crois que je mourrai jeune...

— Puis il ajouta :

— Je prie Dieu qu'il te prenne avant moi, Céleste, afin que tu ne restes point seule ici-bas !

— Tu es bon ! murmura la jeune fille dont les paupières devinrent humides ; tout ton cœur est dans ces paroles !

— Manuele est triste, reprit Julien, n'essayant pas même de lutter contre le courant de sa mélancolie ; Manuele nous a quittés la mort dans le cœur. Je ne sais pourquoi, en recevant sa dernière lettre où il nous envoyait dix ducats en nous donnant rendez-vous dans ce pays inconnu, l'idée de sa pauvreté m'a saisi pour la première fois. Nous n'avons jamais manqué de rien, ma sœur ; mais où Manuele prend-il l'argent qu'il nous donne ?

Céleste releva sur lui ses grands yeux.

— Je me suis fait cette question-là bien souvent, prononça-t-elle à voix basse.

— Avant moi ! dit Julien avec surprise. Tu ne me dis donc pas tout ce que tu penses, Céleste ?

— Tout ce qui peut te rendre heureux, répliqua la jeune fille, je te le dis.

A ce moment, soit avec intention, soit involontairement, M. David s'allongea sur sa banquette et rouvrit ses paupières à demi.

— Écoute, petite sœur, dit Julien abandonnant aussitôt ce sujet de conversation intime, finissons notre histoire ; Mario, des princes de Bénévent, comte de Monteleone, de Palazzi et Viserte, baron de Civita-Galla et de Vittole, était le cousin du roi Ferdinand et le plus grand seigneur des Calabres. Orphelin de père et de mère, il avait été élevé à la cour avec l'héritier des Doria, et François, prince royal de Naples, fils unique de Ferdinand. Le roi aimait les trois adolescents d'une tendresse presque égale, et s'il donnait parfois à l'un d'eux une part plus grande de caresses, c'était à Mario Monteleone. Le roi disait :

— Mon fils François de Bourbon et Giacomo Doria sont des gentilshommes : l'enfant Monteleone est un prince :

Il fallait que l'affection du roi fût bien grande, car il ne cessa point d'aimer Mario Monteleone lorsque celui-ci, entraîné par ces idées de liberté qui saisirent tous les cœurs à la fin du dernier siècle, prit parti pour les réformateurs. Giacomo Doria le suivit. Le prince François lui-même, séduit par l'éloquence de Monteleone, donna, dit-on, les mains au mouvement, et ambitionna le titre de libérateur de l'Italie.

Mais Mario Monteleone ne voulait pas de l'étranger, et quand le général français Championnet vint en 1799, Mario se mêla, bras nus et la ceinture rouge autour du corps, à ces bataillons de pêcheurs et de lazzaroni qui défendirent Naples avec tant d'héroïsme. Le roi Ferdinand pressa cette main noire encore de poudre. Il tint longtemps Mario embrassé en l'appelant son fils, puis il lui demanda :

— Neveu, que veux-tu ?

— Sire, répondit Mario Monteleone, je veux la liberté de l'Italie.

Le roi Ferdinand Ier, le même qui nous gouverne aujourd'hui et dont le règne déjà dure depuis cinquante-quatre ans, connaissait bien la révolution. Il répondit à Mario : « Ce sera pour plus tard. » Mario, pieux et dévoué, attendit ; puis, las d'attendre, il dit un jour adieu à Ferdinand de Bourbon, quitta la cour pour jamais et se retira dans ses domaines avec ses généreuses illusions.

C'était vers le commencement de ce siècle. Monteleone vécut d'abord dans la solitude. Il n'avait qu'un ami : Giacomo Doria, son ancien compagnon d'armes. Quand Giacomo Doria retournait à Naples, Monteleone restait seul avec une jeune parente élevée par charité dans sa famille et qui lui tenait lieu de sœur. Celle-ci avait nom Barbe de Monteleone. Mario l'aimait pour son esprit ingénieux et soumis, pour son éducation choisie et son apparente piété. Barbe avait espéré un autre genre d'affection : elle était ambitieuse.

Il me semble voir cette femme dont Manuele ne m'a fait le portrait qu'une fois. Elle avait la beauté du visage, mais un accident survenu dès son enfance avait déformé sa taille. Ses épaules inégales, son torse raccourci et dévié, imprimaient à toute sa personne un cachet de difformité. Elle portait pour dissimuler cela des vêtements amples et de couleur sévère. Elle avait quelques années de moins que son parent protecteur.

Quand Monteleone épousa, vers l'année 1801, la belle Maria des Amalfi, Barbe fit à la jeune épousée un accueil plein d'affection. Mais on la vit maigrir et pâlir. Elle fut prise d'une maladie de langueur. On crut qu'elle allait perdre la vie. Le secrétaire du comte de Monteleone, un Allemand, David Heimer, fit venir de son pays un médecin savant. Barbe fut sauvée, mais son visage garda toujours un masque de livide pâleur.

Maria des Amalfi, la nouvelle épouse du comte, était de grande famille, mais sans fortune. Le comte n'en avait pas besoin. Qu'eût ajouté une dot à ses immenses domaines? Elle avait la beauté d'un ange. Son cœur était plus angélique encore que sa beauté. Elle apporta au comte sa jeunesse charmante, son esprit cultivé, son cœur noble sachant compatir à tous les malheurs.

Peu de temps après la guérison de Barbe, Dieu voulut mettre le comble aux joies de Monteleone. Maria lui donna un fils. Que d'espérance autour de ce cher berceau! et que d'amour! Barbe, plus folle que la jeune mère elle-même, ne pouvait se rassasier de caresses. Elle disputait le nouveau-né à la nourrice et le voulait toujours dans ses bras. C'était un spectacle calme et doux qu'offrait la grande salle du château dans les longues soirées d'hiver. La noble figure de Monteleone semblait refléter tous ces sourires amis qui s'épanouissaient autour de ce berceau où se concentraient ses espérances.

Mais tout à coup un voile de deuil tomba. Un matin, la nourrice en pleurs apporta le berceau vide. Barbe s'arracha les cheveux. Sa douleur fut en quelque sorte plus poignante que la douleur du père et de la mère.

Après le premier moment de stupeur, on se demanda qu'elle main avait pu porter ce lâche et terrible coup. Que répondre? La nourrice avait sa mère dans le pays: une vieille femme qui avait nom Berta. Berta put dire seulement qu'une troupe de zingari avait campé dans la vallée. Cette Berta appartenait à Barbe.

Des courriers partirent dans tous les sens. Barbe attendait leur retour à la fenêtre la plus élevée du château. Dès qu'elle les apercevait au loin, elle courait à leur rencontre. Mais nulle part on n'avait vu ni bohémiens ni enfants. Le dernier espoir mourut. Une tristesse morne emplit le château, naguère si joyeux. Cela dura une année.

Mais Monteleone avait dans son cœur des ressources contre cette mort anticipée, qui est le découragement. Il regarda autour de lui, et vit qu'il y avait des misères à secourir, des plaies à cicatriser, du bien à faire. Ce jour-là, il se réveilla.

C'était, ce domaine de Monteleone, toute une grande contrée, ruinée à la fois par les tremblements de terre, par les épidémies qui suivent toujours les cataclysmes et par la paresse invétérée des habitants. Monteleone se dit : « Voici ma tâche. Dieu verra mes efforts et me prendra en pitié. Je ferai des hommes avec ces misérables. On verra dans les Calabres, pour la première fois depuis cent ans, un peuple de travailleurs. »

Le grand comte Giacomo Doria, son ancien frère d'armes et de plaisir, avait autrefois partagé ses idées de liberté. Monteleone voulut l'avoir pour associé et lui fit part de ses généreux desseins. Mais Doria n'en fit que rire et répondit :

— Les Doria ne se sont jamais servis que d'un seul outil, qui est l'épée.

— Mon cousin, dit Mario, nous autres Monteleone, nous passons pour être d'aussi bonne maison que vous. Nos épées sont des croix. Si vous ne voulez point m'aider, j'agirai seul.

Et il se mit à la besogne. Pendant son règne, car il fut roi dans cette partie de la Calabre ultérieure, on vit l'olivier grandir et fleurir, la vigne monter à l'orme, le maïs d'or onduler à la brise sur le versant jadis désolé des collines ; le frêne donna la manne, et le riz ensemencé jeta sur les marécages un opulent manteau de verdure.

Ce n'était pas assez. La nourrice du monde a deux mamelles : l'agriculture et l'industrie. Mario Monteleone voulut l'industrie après l'agriculture. Et comme la fierté stupide du Calabrais contre-carrait son dessein, il prit un jour le marteau et battit le fer sur l'enclume, de sa propre main. Cela fit grand bruit. Dans tout le royaume de Naples on ne parlait que de Mario Monteleone, *il Benefattore*, comme on l'appelait. Les courtisans riaient de bon cœur en songeant à son marteau de forge, mais le peuple le bénissait. Le roi Ferdinand entendit parler de ses forges, dont la principale était au Martorello à quelques milles d'ici. Le roi dit en riant : « Une fois en ma vie, je veux voir travailler mes Calabrais. »

Mais ce qui l'attirait surtout, c'était son ancien pupille, qu'il appelait ingrat, et qu'il accusait de l'avoir abandonné. Il partit de Naples avec l'intention de le ramener à tout prix. C'était en 1805.

Mario, comte de Monteleone, reçut Ferdinand de Bourbon avec le tablier de cuir et le marteau à la main. Quand le roi eut *vu travailler* ses Calabrais, il changea d'avis et dit à Monteleone en l'embrassant :

— Reste ici ; tu m'as ressuscité un royaume. Te voilà puissant, sois sage.

Il lui donna la grand'croix de l'ordre de Saint-Ferdinand, et autorisa solennellement l'Association des gentilshommes forgerons dont Monteleone était le grand-maître. (*Cavalieri ferraï.*) Six hommes de confiance qu'il avait, ses amis et ses parents pour la plupart, composaient avec lui cette Association des gentilshommes forgerons.

Elle fut rompue peu de temps après, par le même roi Ferdinand, qui voyait s'y glisser les idées révolutionnaires. Mais les forges du Martorello étaient fondées ; une ville avait surgi de terre, une ville qui est morte maintenant. Pendant quelques années, Tropea fut un port de commerce. Les vaisseaux anglais apportaient la houille et remportaient le fer. Le bois venait de la Sila. cette grande forêt qui est dans l'Apennin, à l'est de Cosenza, et où l'on pourrait prendre, sans l'épuiser, cent mille troncs de chênes, de hêtres et de châtaigners tous les ans, jusqu'à la fin du monde. Le pays vivait ; la race se relevait. La beauté physique, chassée par la misère, revenait dans cette Grande-Grèce qui avait été si longtemps sa patrie...

Lors des événements de 1808, Mario Monteleone et ses chevaliers résistèrent à l'influence française. Mario fit le voyage de Sicile, afin d'offrir à Ferdinand de Bourbon, son maître et son ami, le secours de son épée. Le roi lui dit : Je t'attendais.

Ce fut pendant ce voyage de Sicile que la foudre éclata pour la seconde fois sur la maison de Monteleone. Dieu avait eu pitié de son serviteur ; le bonheur était revenu dans la famille. Le temps n'eût point suffi à cicatriser la plaie qui saignait aux cœurs du comte et de la comtesse, pleurant leur premier né, mais deux fois, de nouveau, l'union de ces belles âmes avait été féconde, Maria des Amalfi, toujours jeune et plus charmante, avait mis au monde deux autres enfants : un fils et une fille... Tu vas te croire au beau milieu d'un récit romanesque, ma pauvre Céleste, et pourtant c'est Manuele qui m'a raconté cela. Je n'ajoute rien à ses paroles.

Mario Monteleone avait le cœur qu'il fallait pour savourer les joies de la famille. Il était si heureux, cet homme, qu'il voulut concentrer son bonheur, rassembler en cher faisceau toutes ses allégresses et bâtir comme un temple à sa félicité. Au centre de cette vallée dont la prospérité était son ouvrage, au centre du Martorello, un pavillon tout en marbre s'éleva. Dans la chambre du rez-de-chaussée, aux murailles rafraîchies par sa position même qui était un peu au-dessous du sol, on plaça le lit nuptial et les deux berceaux. Le lit était entre ces deux blanches couchettes où dormaient deux amours.

C'est là que Monteleone se retirait avec Maria des Amalfi, plus belle par ses tendresses de mère heureuse ; c'était là qu'il goûtait les joies de la famille, les seules vraies qui soient en ce monde. Ai-je besoin de te dire qu'un premier malheur avait éveillé la prudence du père et de la mère et quelles précautions minutieuses entouraient ces deux berceaux ?

Les enfants grandissaient. Si Monteleone pouvait passer pour la Providence du pays, Maria des Amalfi en était l'ange. L'amour de tout un peuple faisait bonne garde autour de leur bonheur. Cependant, quand Monteleone revint de son voyage de Sicile, personne n'accourut à sa rencontre sur la route où il cherchait des yeux Maria, sa femme, et les deux gais chérubins. Personne ! Quand il franchit le seuil de sa maison, un silence morne accueillit son entrée.

— Ma femme ! s'écria-t-il, mes enfants ! Où sont mes enfants et ma femme ?

Point de réponse. Enfin, l'un des six chevaliers forgerons, cet Allemand, Heimer, lui dit :

— Maître, rassemblez tout votre courage. Dieu vous a frappé. Vous n'avez plus d'enfants, et votre femme se meurt !

Monteleone entra dans la chambre de marbre. Il vint s'asseoir au chevet de Maria, qui ne le reconnut point. Dans son délire, elle parlait à ses enfants ; elle les voyait, elle les baisait, et ces chimériques caresses mettaient la mort dans le cœur du malheureux père.

Voici ce qui s'était passé : La vallée du Martorello n'est séparée des grèves que par une étroite colline ou falaise, au sommet de laquelle habitait cette vieille femme nommée Berta, mère de la servante qui s'occupait des enfants. Quelques jours avant le retour de Mario, la servante alla voir sa vieille mère et emmena les deux enfants dans le petit carrosse qu'elle avait coutume de traîner. Le soir, elle revint en criant et en pleurant. Des hommes étaient entrés dans la chaumière de Berta ; ils avaient volé les deux enfants et la servante avait vu du haut de la colline les ravisseurs faire force de rames vers une felouque barbaresque, à l'ancre dans les eaux de Stromboli.

Monteleone ne put interroger la servante, elle s'était noyée de désespoir dans les eaux de la Brentola. Barbe, qui semblait frappée aussi violemment que la mère elle-même, ne pouvait que gémir et pleurer.

Monteleone fit murer le pavillon de marbre, où étaient le lit nuptial et les deux berceaux. Ce fut comme le tombeau de son bonheur. Maria des Amalfi ne put mourir ; elle guérit, mais Dieu clément eut pitié d'elle et ne lui rendit point la raison. Sa folie était de se croire morte. Un soir, les Six se réunirent dans la maison de Mario Monteleone, et l'Allemand Heimer dit :

— Maître, ceux qui vous sont dévoués réfléchissent pour vous. Le hasard ne frappe pas précisément deux fois à la même place ; il a fallu pour porter ces deux coups pareils la main d'un traître. Qui fait le mal, sinon celui qui est intéressé à mal faire ? Maintenant que vous n'avez plus d'enfants, Giacomo Doria devient votre héritier légitime.

— Quoi ! s'écria ici Céleste, interrompant le récit de son frère, il se pourrait...

Julien reprit :

— Voici ce que répondit Monteleone à cette insinuation : « Giacomo Doria est mon cousin. Nous avons longtemps vécu en frères, Barbe, ma parente, m'a parlé déjà comme vous le faites : je l'ai sévèrement réprimandée. Que Dieu conserve à Giacomo les deux beaux enfants qu'il a ! Je défends à quiconque m'aime et m'obéit de rien entreprendre contre la maison de mon cousin Doria ! »

— C'était un saint ! murmura Céleste.

— Oui, dit Julien, c'était un saint... et Dieu le traita comme tel, puisqu'il fit de lui un martyr !

Monteleone fut proscrit par le gouvernement de Murat et vit confisquer ses comtés avec ses baronnies. Cependant, le roi Joachim laissa subsister les forges de Martorello, qu'il mit sous la surveillance d'un intendant ou préfet spécial. Il n'y eut point de violences. *Les Six*, comme on appelait les chevaliers forgerons, en l'absence du maître, qui était le septième, continuèrent leurs travaux et organisèrent réellement une société secrète contre la domination Française. Cette société, qui, dit-on, subsiste encore, prit tout de suite des proportions considérables et contribua beaucoup aux mouvements de 1815.

Il y eut une chose étrange. Monteleone, exilé en Sicile, était poursuivi par de ténébreuses haines. On essaya deux fois de l'assassiner. Ce fut pendant le séjour que firent auprès de lui Barbe, sa parente, et un des *Six*, son bras droit, son homme de confiance, l'Allemand David Heimer, dont j'ai parlé déjà plusieurs fois. Barbe et l'Allemand accusèrent encore les Doria.

Monteleone ne crut pas. Il avait retrouvé Giacomo Doria en Sicile ; Giacomo heureux père de deux enfants, un fils et une fille. Le fils avait déjà l'âge d'homme. Quand la chute de Murat et la restauration de Ferdinand mirent un terme à l'exil, Monteleone, Doria et son fils Lorédan traversèrent le détroit dans la même barque et s'assirent côte à côte dans le même carrosse.

Au commencement du mois d'octobre de l'année 1815,

Mario Monteleone fut ramené en triomphe au milieu de ce peuple des Calabres qui était sa famille, et treize jours après, Joachim Murat, proscrit à son tour, vint tenter un débarquement dans le royaume de Naples. Mais la fortune n'était plus avec lui. En un instant il vit ses espérances s'évanouir. Il se trouva sans armée et sans suite, errant dans un pays qui avait été son royaume.

Aux dernières lueurs de crépuscule, le roi, qui était seul avec Franceschetti et un Français fidèle, voulut lire un écriteau suspendu à une perche, pensant qu'il saurait ainsi le nom du lieu où il se trouvait. L'écriteau était une pancarte signée par le marquis de Francavilla, gouverneur du Pizzo. On y promettait une prime de vingt-cinq mille ducats à quiconque livrerait la tête du brigand Joachim Murat, se disant roi de Naples. Cela le fit sourire, et il dit : C'est bien peu !

Cependant, il n'y avait pas d'autre ressource que de se rembarquer. Les deux compagnons de Murat interrogeaient l'horizon avec désespoir. Aussi loin que leurs regards pouvaient se porter, on n'apercevait point le navire qui devait les attendre. Le roi, le général et le Français étaient alors sur la grève, au pied de cette colline que tu vois là-bas, petite sœur, et sur laquelle s'élève une guérite de garde-côte. Derrière le monticule s'ouvre une vallée où coule la petite rivière de Brentola. Nos fugitifs se croyaient descendus beaucoup plus au nord. Après avoir erré longtemps sur le rivage, cherchant toujours leur navire, qu'ils ne devaient point trouver, ils arrivèrent épuisés de faim et de fatigue, à cette route où nous sommes.

Une grande maison s'élevait à mille pas du rivage, au bord de la vallée, qu'ils prenaient maintenant à revers. Cette maison était pleine et de bruit et de lumière, il y avait une douzaine d'hommes attablés autour du maître, sombre et triste au milieu de cette fête. Vis-à-vis du maître, une place restait vide. C'était la maison de Monteleone, dont on célébrait le retour. La place vide appartenait à Maria des Amalfi, sa femme folle. Murat et son compagnon demandèrent l'hospitalité.

Les convives étaient les Six d'abord, puis quelques gentilshommes du parti de Bourbon, parmi lesquels Giacomo Doria et son fils Loredan. Monteleone avait ordonné que les hôtes nouveaux fussent introduits. Franceschetti s'avança jusqu'à la porte. Il n'eut besoin que d'un coup d'œil pour reconnaître la mâle et noble tête du maître.

— Que Dieu nous aide! dit-il tout bas en se repliant vers Murat ; nous sommes au pouvoir de Mario Monteleone!

Celui-ci demandait :

— Pourquoi nos hôtes n'entrent-ils pas ?

Et déjà on chuchottait autour de la table. Le bruit de la fusillade qui avait eu lieu cette après-midi était venu jusqu'au Martorello. Joachim appela Mario Monteleone par son nom.

— N'allez pas ! s'écria-t-on de toutes parts.

Le maître s'était levé. Tous firent de même et voulurent le suivre. Il leur dit : Restez! Et il se rendit seul à l'appel de l'inconnu.

Il y avait des valets dans la salle d'entrée. L'étranger

dit au maître : « Je ne puis me nommer qu'à vous seul. »
Le maître fit retirer les valets.

Murat et Monteleone ne s'étaient jamais vus avant ce jour. Murat regarda Monteleone avant de parler. Monteleone demanda :

— Que voulez-vous de moi ?

— Un abri, répondit le roi ; je suis accablé de fatigue ; du pain et du vin : j'ai faim.

— Ce sont des choses qu'on ne refuse à personne, seigneur, dit le maître.

— Je suis proscrit, reprit Murat,

— Je l'étais hier, dit Monteleone.

— Je vous ai fait du mal, peut-être injustement.

— Que Dieu vous le pardonne, moi je vous ferai du bien.

— Sans me demander mon nom ?

— Sans vous demander votre nom.

Le sang remonta aux joues pâlies de l'étranger, qui rejeta en arrière le manteau drapé autour de son visage et dit en avançant d'un pas :

— Je te le dirai, Mario Monteleone : je suis Joachim Napoléon, roi de Naples.

Le maître s'inclina profondément et resta désormais tête nue.

— Sire, dit-il, je remercie Votre Majesté d'avoir honoré ma maison de sa visite.

Il prit un flambeau et sortit le premier. Murat le suivait en silence. Ils montèrent au premier étage de la maison.

— Sire, dit Mario Monteleone en présentant un siége au roi, Dieu veuille que l'Italie n'ait jamais de plus dur maître que vous ! Ce que vous avez fait contre moi regarde votre conscience ; je ne vous veux pas de mal. Je suis, il est vrai, le serviteur fidèle de Ferdinand Bourbon, mais vous êtes mon hôte. Sous mon toit, j'en fais le serment, vous mangerez en paix et vous dormirez tranquille.

Il sortit et revint bientôt, apportant lui-même les mets et le vin.

— Pour ce qui est de moi, reprit-il, je me fie à mes amis et à mes serviteurs. Pour ce qui est de Votre Majesté, je ne me fie qu'à moi-même.

Le roi s'assit à la table et mangea avidement. Monteleone le servit la tête découverte. Après le repas, il guida le roi par la main jusqu'à sa propre chambre et lui dit :

— Sire, pour arriver jusqu'à Votre Majesté, il faudra que vos ennemis passent sur mon corps mort.

Et il se coucha sur un matelas, tout habillé, en travers de la porte.

Mais la trahison veillait. Vers trois heures de nuit, la porte de la maison fut enfoncée. Cent cinquante gendarmes et plus de cent hommes de la troupe à pied étaient là. On ne fit pas même les sommations d'usage.

Cinq officiers parvinrent jusqu'à la chambre du roi, après avoir mis des gardes à toutes les avenues. Dès le premier choc Monteleone tomba sur ses genoux, percé de trois blessures. Il ne lâcha point son épée. Franceschetti et le Français, réveillés en sursaut, déchargèrent leurs pistolets dans le corridor au moment où Murat se présentait à la porte de sa chambre.

Aucun des cinq officiers n'eut le triste honneur de mettre la main sur le roi de Naples. Les soldats trouvèrent leurs cinq cadavres couchés autour de Monteleone évanoui, mais l'épée à la main. Murat, Franceschetti et le Français étaient parvenus à s'échapper par la fenêtre. On ne les prit qu'au bord de la mer, après une résistance désespérée.

Tu sais le reste, petite sœur, du moins en ce qui concerne Murat, qui fut jugé, condamné, exécuté en deux fois vingt-quatre heures.

Monteleone fut également condamné comme ayant pris les armes contre son légitime souverain.

Mais il n'y eut personne dans le pays pour croire à l'exécution de Monteleone, le père des Calabres, le bienfaiteur et le saint, l'homme qui avait souffert pour sa fidélité à Ferdinand, l'ami, le parent des Bourbons, le fils des princes de Bénévent! Vingt mille voix, — et c'est énorme dans ces pays, — crièrent toute la nuit autour du château du Pizzo pour réclamer la liberté de Monteleone.

Le marquis de Francavilla fit annoncer au peuple qu'un courrier était parti pour la Salerne, où Ferdinand faisait momentanément sa résidence, pour implorer la clémence royale. On attendit.

Mais en attendant, on ne resta point oisif. Les chevaliers forgerons étaient là. Un coup de main fut organisé pour le cas où Monteleone devrait marcher à l'échafaud. Il y avait dix fois plus de conjurés autour du Pizzo que de soldats dans la garnison. Dût la ville sauter, il fallait que Monteleone fût libre.

On attendit deux jours et deux nuits. Le matin du troisième jour un courrier royal parut tout au bout de la route, galopant et agitant un drapeau blanc. Ce ne fut qu'un cri : Grâce ! grâce !

Le roi faisait grâce en effet. Les compagnons du Fer se ruèrent, ivres de joie, vers le château. Chacun était plus heureux que s'il eût sauvé sa femme ou son enfant. Ils avaient préparé un brancard tout orné de feuillage et de fleurs pour emporter leur père en triomphe au Martorello.

Ce fut un cadavre qu'on déposa sur le brancard triomphal. Monteleone était mort dans son cachot. Quelques-unes disent que, la nuit précédente, un homme s'était introduit dans sa prison. Un homme portant un masque sur son visage. Ceux qui disaient cela ajoutaient que Monteleone avait été étranglé à l'aide d'une ceinture...

Mais comment croire à ces fables qui vont et viennent dans le peuple ? Il y avait meurtre, voilà le vrai. La responsabilité du meurtre ne pouvait tomber que sur les gens du roi.

Les représailles ne furent pas immédiates. Cette foule immense, muette et stupéfiée se massa autour du brancard et accompagna le mort jusqu'au Martorello. Chemin faisant, les populations des campagnes se joignaient au cortége. Les funérailles se firent au couvent del Corpo-Santo, de l'Ordre de Saint-Bruno, dont les vieilles tours dominent là-haut la montagne. Tout le pays était là, et tout le pays put remarquer l'absence de Maria des Amalfi, comtesse de Monteleone, veuve du maître. Maria avait disparu.

En gravissant la montagne del Corpo-Santo, les six chevaliers du Fer s'étaient mis en avant du brancard. On ne les vit point durant le service funèbre. Mais, dans cette immense église, dix fois trop petite pour la foule qui se pressait depuis l'autel, jusqu'au rempart même du couvent, un mouvement se fit après l'*Agnus Dei*. Six hommes masqués vinrent s'agenouiller à la balustrade.

En se relevant, ils marchèrent vers le brancard, où le corps de Monteleone était toujours dans son cercueil ouvert. Ils étendirent leurs mains sur le cadavre, comme s'ils eussent prononcé en eux-mêmes un silencieux serment. Au doigt médius de chacune de leurs mains il y avait une bague de fer. Les six bagues étaient semblables.

On leva le corps. Ceux qui purent entrer dans le caveau virent une fosse ouverte, et au-dessus une potence à poulies. Le cercueil ouvert fut attaché aux cordes pour être descendu en terre ; les six hommes masqués ne bougeaient pas. Mais au moment où le cercueil balancé pendait au-dessus de la fosse béante, ils étendirent de nouveau leurs mains. La corde qui avait commencé de glisser s'arrêta.

Et pendant que ces six mains aux bagues de fer restaient étendues dans l'attitude du serment, une voix, qui sortait on ne sait d'où prononça ces paroles :

— Nous donnons sept ans de notre vie à la justice de

notre cause. La terre sainte ne recouvrira le corps de notre maître que quand l'assassin aura payé la dette de son crime. Ceci est promis sous serment en présence de Jésus crucifié, par le charbon et le fer !

Les six têtes masquées s'inclinèrent. La foule s'écoula terrifiée, tandis que les grandes orgues de l'église disaient le chant du *Dies iræ*.

Le lendemain, le palais du duc de l'Infantado et la maison de Francavilla étaient la proie des flammes. Huit jours après on aurait vainement cherché, dans le Martorello désert, la trace du village florissant qui s'élevait autour des forges. Les forges furent détruites parce qu'elles étaient devenues l'héritage de Giacomo Doria. Giacomo Doria et son fils Lorédan étaient soupçonnés d'avoir mené tout cet infâme complot. Mais Manuele ne les accuse pas.

Manuele affirme, au contraire, que Doria, et surtout Bourbon, mirent tout en œuvre pour trouver le traître et venger l'assassinat. Il ajoute que si jamais un Monteleone se présentait à la cour, il serait le premier du royaume. Manuele doit savoir.

Maintenant, voici ce qu'on dit : Les compagnons du fer gagnèrent la montagne. Les six chevaliers avaient pris la carabine : ils étaient bandits. On dit encore que chaque année, au jour même où nous sommes, le 15 octobre, les cloches du Corpo-Santo tintent le glas funèbre, et que la nef sombre s'emplit de mystérieux fidèles, pour le service anniversaire de Mario Monteleone qui n'est pas encore vengé...

Julien se tut. La voiture atteignait l'extrême sommet

de la côte, et prenait un détour pour descendre au pont de la Brentola. Le malade du fond, M. David toussa, s'étira, bailla, et quitta enfin sa posture nonchalante. Il regarda l'heure à sa montre.

— C'est une étrange histoire cela, mon jeune seigneur, dit-il en fixant tout à coup sur Julien ses yeux qui paraissaient plus perçants sous l'ombre de ses épais sourcils.

L'étonnement fit tressaillir Céleste.

— C'est une histoire que tout le pays sait, repartit Julien.

— Et ce Manuele, reprit M. David, était au Martorello quand eurent lieu ces évènements extraordinaires ?

Julien fut un instant avant de répondre. Sa physionomie, tout à l'heure si douce, avait une expression d'ombrageuse fierté.

— Seigneur, dit-il enfin, ce Manuele doit nous attendre sur la route à quelques pas d'ici. Les détails que je n'ai pu fournir à ma jeune sœur, vous pourrez les lui demander.

M. David jeta vers le bas de la route un coup d'œil rapide et inquiet. On eût dit, en vérité, qu'il craignait d'y apercevoir quelque effrayante vision. Mais la route était déserte ; il se remit et grommela :

— En somme cela ne me regarde point.

III

SUR LA GRANDE ROUTE

Désormais, Julien et Céleste étaient muets. M. David reprit d'un air dégagé :

— Chaque district de ce bon pays a sa lugubre histoire. On ferait une ballade, avec ces chevaliers du Charbon et du Fer!... Il y a aussi les Compagnons du silence! Tout cela donne la chair de poule aux petits enfants. Un peu plus haut, dans la montagne, mon jeune cavalier, je vous engage à conter à votre charmante sœur les faits et gestes de Porporato. Vous avez ouï parler de lui, j'en suis sûr?

— Je sais, comme tout le monde, répondit Julien sèchement, que c'est un bandit.

— Mais quel bandit! se récria M. David d'un ton railleur; Fra-Diavolo ressuscité ne lui atteindrait pas à la cheville! Ah! ah! mon jeune cavalier, nos Calabres défrayent l'univers entier de brigands d'opéra-comique, mais depuis qu'on a inventé le brigand calabrais, il n'y en a pas encore eu d'aussi illustre que ce splendide coquin de Porporato. Nos bourgeoises sont folles de lui et nos marquises en rêvent.

Il haussa encore les épaules, comme c'était à ce qu'il paraît son geste favori, et se renfonça dans le coin du carrosse.

Dans ce coupé, le véturin, Battista Giubbetti, répondait de son mieux aux questions de son mystérieux compagnon, dont les manières lui inspiraient une certaine frayeur. Par hasard, l'entretien roulait aussi sur le brigandage.

— Alors on s'entretient volontiers de Porporato sur ces routes? disait Athol.

— On ne parle que de lui, Excellence, repartit le véturin.

— Et que dit-on?

— On dit qu'il est terrible et fort, beau comme un ange, plus brave et plus généreux qu'un lion!

— Bah! murmura en souriant le jeune voyageur; vous autres, Calabrais, vous dites cela de tous vos bandits!

— Depuis le temps de Rinaldini, qui n'était pas le fils d'un homme, reprit le véturin avec une gravité convaincue, il n'y a pas eu dans toute l'Italie un cavalier pareil à Porporato!

— Est-ce qu'il est venu parfois dans ce pays? demanda Athol négligemment.

— Seigneur, je ne l'ai jamais vu, répondit Battista,

mais je ne puis dire qu'il n'y soit point venu. Vous savez mieux que moi ce qu'on donnerait à Naples à celui qui apporterait sa tête.

— Juste quarante mille ducats, répliqua le jeune voyageur.

Battista cligna de l'œil.

— C'est écrit, dit-il, sur les pancartes ; mais allez seulement au directoire de la police, et dites: « Combien me donnerait-on en sus de la prime si j'apportais la tête de Porporato ? »

— L'ami, interrompit le chevalier, vous êtes un gaillard instruit dans les affaires... Est-il jeune, ce Porporato ?

— Tout jeune.

— Je voudrais pourtant bien savoir où il se tient, ne fût-ce que pour l'éviter.

— Seigneur, tout le royaume de Naples est son domaine ; il a levé des contributions sur le plateau des Abruzzes, et jusque dans les États de notre Saint-Père, mais son château doit être plus près d'ici, puisque la chanson dit...

— Ah ! fit Athol en riant, il y a une chanson !

— Il y en a cent ! celle dont je vous parle ne se chante que depuis le dernier printemps :

> Quand la fille de l'intendant [1] de Cosenza
> Veut danser avec l'homme de la montagne,
> Elle met un voile blanc à sa fenêtre
> Et le son du cor lui dit où est Porporato !

[1] Titre équivalent à celui de préfet.

— Peste ! s'écria le jeune voyageur ; mais cela ressemble comme deux gouttes d'eau aux histoires de Zampa! Je parie que ce Porporato joue de la guitare?

— Seigneur, répondit le véturin d'un air piqué, je ne sais pas s'il joue de la guitare, mais je voudrais voir un railleur en face de lui, à cent pas, quand il descend dans la plaine avec sa carabine rayée d'or. Je mets cent carlins (et je ne suis pas riche), que le railleur ôterait son chapeau !

— Là, là, mon garçon, dit le voyageur, ne te fâche pas. Tu as peut-être raison. Je ne te demande plus qu'une chose : ce Porporato est-il un des Six ?

— Si vous êtes maître, répliqua le véturin, comment pouvez-vous ignorer cela ?

— Je l'ignore ; je suis maître et je t'ordonne de me répondre !

Athol avait repris son regard impérieux.

— Eh bien ! repartit Battista, on l'a cru là-bas, à la ville, mais, au moment où l'on a promis les quarante-mille ducats, on a envoyé le signalement, et le signalement dit que le brigand Porporato est âgé de vingt-deux ou vingt-trois ans. Le moins vieux de nos seigneurs a dix ans de plus que cela.

— Viennent-ils souvent dans le pays, tes seigneurs ?

— Tous les ans, le quinzième jour d'octobre.

A cet instant, la route formait comme la tangente de la demi-circonférence figurée par la côte.

— *Stop !* dit le chevalier d'Athol avec une inflexion

de voix toute britannique ; l'ami, pourquoi ne m'appelles-tu plus milord ?

— Je vous appellerai comme vous voudrez, Excellence, répondit le véturin en serrant le mors ; mais nous ne sommes pas encore à l'auberge, et vous ne trouverez point de maison avant le pont de la Brentola...

Il s'interrompit, et s'écria d'un ton de sincère admiration :

— San-Gennajo ! voilà un joli saut pour un gentilhomme !

Athol avait mis pied à terre, en effet, d'un seul bond, léger et gracieux. Quand Battista lui eut tendu sa petite valise, sur laquelle était roulé un vaste manteau, le jeune chevalier lui jeta une once d'or, le salua de la main, et se perdit incontinent parmi les roches.

— Ha ! *cervioli!* ha ! cria joyeusement le véturin en touchant ses chevaux, tout chemin mène à Rome. Si ce joli cavalier veut suivre la plage jusqu'à Naples, il a le temps. Ha ! *caprioli!* ha !

On avait déjà perdu de vue le chevalier d'Athol, qui descendait à la grève en sautant de roche en roche. Les chevaux trottèrent vaillamment jusqu'au fond de la vallée. Ils s'arrêtèrent d'eux-mêmes au pont de la Brentola, qui était la halte obligée. Julien et sa sœur descendirent. Ils entrèrent dans l'auberge del Corpo-Santo, à quelque vingt pas de la route. Dans la salle basse il y avait un homme d'une cinquantaine d'années, à la physionomie honnête et douce, qui les attendait.

— Notre père Manuele ! s'écrièrent-ils à la fois.

L'homme ouvrit ses bras et les pressa tous les deux ensemble sur son cœur. Il avait des larmes dans les yeux.

— Mes enfants bien-aimés, leur dit-il, je n'ai pas réussi dans mon voyage. Les puissants ne se souviennent point de ceux qui sont morts, mais il nous reste une ressource, et nous saurons notre sort cette nuit.

— Qui nous dira notre sort? demanda Julien.

— Si le dépôt qui est notre dernière arme avait été confié à un homme, je désespérerais, répondit Manuele, car je ne crois plus aux hommes...

— Qui donc a ce dépôt?

— La terre.

Au dehors, Battista se préparait à donner la provende à ses chevaux. La tête du malade au bonnet de soie noire sortit de la portière. Il appela.

— Je suis à vous, répondit le véturin qui versait le son de maïs dans le large plat de bois que lui avait apporté l'aubergiste du Corpo-Santo.

M. David prit un accent sévère.

— Ici, quand je parle! commanda-t-il.

— Oh! oh! fit Battista ; Votre Excellence est bien pressée !

— Mon Excellence voyage pour le Charbon et le Fer...

Battista ôta sur-le-champ son bonnet, et dit tout bas :

— *Le fer est fort et le charbon est noir.*

— *Il y a quelque chose de plus fort que le fer*, prononça M. David en lui tendant la main.

— *C'est la foi*, répondit le véturin qui sentit les doigts du voyageur tracer une double croix sous sa paume.

— *Il y a quelque chose de plus noir que le charbon.*

— *C'est la conscience du traître...* Votre Excellence peut commander.

— A la bonne heure! Tu feras manger et boire tes chevaux de l'autre côté de la montagne. Je suis pressé.

Battista remit sans répliquer le repas de ses chevaux dans le sac de toile qui leur servait de garde-manger.

— Ohé! Pietro! cria-t-il.

L'aubergiste, maigre et jaune personnage qui semblait avoir accaparé toute la malaria du pays, se montra sur le seuil de son osteria. Battista lui rendit son bassin et les chevaux se mirent à gravir la montée au grand trot. Un quart d'heure après, tout au plus, la voiture passait devant la maîtresse-porte du couvent del Corpo-Santo.

C'était une massive construction dans le style italien du moyen-âge. Il y avait un rempart dont quelques parties tombaient en ruines. Toutes les portes étaient fermées, et ce monastère, grand comme un village, semblait une maison abandonnée. Battista se retourna pour demander :

— Est-ce ici?

— Va toujours, répondit M. David.

A un demi-mille de là, sur le versant de la montagne, il y avait un lieu désert. M. David ordonna d'arrêter et descendit, tenant sous son bras son manteau.

— L'ami, dit-il, souviens-toi bien de ce que je te commande au nom du charbon et du fer ; si l'inspecteur t'interroge au sujet du nombre de voyageurs que tu as pris à Palmi, tu diras : « Deux hommes et une jeune fille. »

— Mais... voulut objecter Battista.

M. David lui mit sous le nez son doigt médius où il y avait un anneau d'acier bruni.

— Cela suffit, Excellence, dit Battista d'un ton de soumission effrayée.

M. David tourna le dos. Battista remonta sur son siége.

— Ha ! *Colombi !* ha ! cria-t-il à ses chevaux.

Puis, causant avec lui-même :

— C'est le jour ! il en pleut, des anneaux du Silence ! Et à tout prendre, un petit mensonge à l'inspecteur, ce n'est pas un péché mortel.

A trois ou quatre cents pas de la route commençait une ravine qui allait en sens contraire du Martorello ; les tremblements de terre ont laissé partout de ces sillons dans le pays. M. David siffla doucement en arrivant près d'un monticule où les cactus mêlaient leurs tiges serpentantes et difformes. Un sifflet pareil lui répondit, sortant du tumulus, où les tiges d'aloës et de cactus s'écartèrent, et la plume d'un chapeau calabrais se montra.

— Entrez, seigneur, dit une grosse voix ; vous êtes arrivé le premier.

Le monticule était une loge de contrebandier.

— Combien de carabines ici? demanda M. David, épuisé par les quelques pas qu'il venait de faire.

— Onze, lui fut-il répondu ; et l'on attend le capitaine.

David se laissa tomber sur un siége.

— Les Doria, dit-il, le comte Lorédan et sa sœur, sont partis de Messine ce matin. Leur escorte est de quatre valets armés et de quatre gendarmes... Voilà les renseignements pour le capitaine.

Cependant la carozza du véturin de Monteleone, allégée qu'elle était maintenant de toute sa charge, marchait à souhait. Des pensées joyeuses venaient à notre ami Battista. Il songeait à sa femme, qui l'attendait en surveillant la soupe au macaroni.

— Ha ! *Colombelli !* ha ! ha !

Tout à coup, au détour de la route, un homme apparut. C'était un personnage de très-grande taille avec un manteau brun rejeté sur l'épaule. Il avait la carabine en bandoulière et la plume au chapeau. Le pauvre Battista eut l'idée de tourner bride, mais l'homme au manteau emboucha un petit cor d'argent qui pendait à son cou, et sonna un appel qui fit tressaillir notre véturin.

— Et de trois ! murmura-t-il.

Il mit ses bêtes au pas. L'homme au manteau, tout en s'avançant, entonna une fanfare dont le motif était le chant de Fioravente : *Amici, alliegre andiamo alla pena !...*

— Bon ! bon ! grommela le véturin ; Votre Seigneurie veut-elle monter?

— Combien avais-tu de voyageurs dans ta carozza, l'ami? demanda l'homme au manteau.

— Trois, répondit le véturin.

— Comment faits ?

— Deux jeunes hommes et une jeune fille.

— Ah! ah! s'écria l'inconnu en riant ; on t'a fait promettre de ne rien dire. Le vieux David n'aime pas à laisser de piste derrière lui. Est-ce cela?

— Je ne vous comprends pas, Excellence, repartit Battista.

— Non? et si je t'ouvrais l'intelligence avec ceci, mon camarade?

Il ramena en avant sa carabine.

— Ah! monseigneur, s'écria Battista, ayez pitié de moi!

L'inconnu éclata de rire. C'était un homme de cinq pieds huit pouces pour le moins, et bâti en Hercule.

— Voilà! reprit-il ; moi je n'ai pas besoin de montrer mon anneau de fer. Mais sois en paix, mon camarade : je sais d'où vient le pèlerin : il arrive en droite ligne de l'hôpital et il y retournera...

Il tendit la main à Battista qui était encore tout tremblant.

— Je ne fais point de croix sous la paume, moi, dit-il ; je ne parle ni du fer, ni de la foi, ni du charbon, ni de la conscience des coquins. Je prends la main d'un bon luron et je la serre — un petit peu...

Battista poussa un cri de douleur, tant la pression fut violente. Le géant eut encore son gros rire.

— Il n'y a pas de danger, continua-t-il, qu'on me désobéisse quand on a senti cela. Tourne bride, mon camarade, ta femme mangera le potage sans toi ce soir.

— Pourquoi cela, Excellence? demanda timidement le véturin.

— Parce que tu vas m'attendre ici près, au bas de la montée, en faisant un somme dans ta caisse. Je viens de loin et je suis las. Je ne ressemble pas au vieux renard, moi. Si quelqu'un te demande pour qui tu es là, tu répondras : « Pour le capitaine. » On sait ce que c'est : il n'y a qu'un Porporato et il n'y a qu'un capitaine! A minuit, ma besogne sera faite, et tu me reconduiras au Monte-Fama. Dieu te garde!

Le géant rejeta sa carabine sur son dos, et s'enfonça dans les bosquets qui bordaient la route. Le pauvre Battista resta tout étourdi à la même place, puis la tête basse et d'un air résigné, il tourna la tête de son attelage vers le couvent del Corpo-Santo.

— Allons, mes agneaux, dit-il, patience! C'est dur d'attendre jusqu'à minuit, mais ça fait plaisir d'être Calabrais quand on voit un si beau bandit, ma parole!

IV

LE CHEVALIER D'ATHOL

Pendant cela, ce beau jeune voyageur, qui était venu de Palmi dans le coupé de Battista, avait descendu l'escalier de roches qui conduisait à la grève, et marchait rapidement, portant sous son bras sa valise et son manteau.

Il y a des gens qui sont nés pour la lutte, et armés en quelque sorte par la nature, comme ces fins navires que la politique des États et la spéculation privée destinent à la course sur les mers. Rien n'est négligé dans la construction de ces fières embarcations, qui ne doivent porter que des hommes et de la poudre. Lors des guerres de l'Empire, Surcouf, avec son brick qui avait six canons et quatre caronades, vous amarinait des flottes entières. Ce jeune homme qui traversait la grève d'un pas leste et ferme, la tête haute, avait quelque chose en lui qui le classait dans cette famille de prédestinés, les hommes de combat. Il était beau comme le sont les aventuriers : Il venait d'ôter son chapeau à larges bords, et ses cheveux bouclés, d'un chatain chaud, flottaient autour de son cou musculeux, modèle de vigueur et de grâce. Une jaquette de velours noir serrait sa taille élancée, et retombait en plis nombreux sur ses *calzoni* de drap de soie noire, que recouvraient des bottes en cuir de Sienne. Une ceinture de soie noire nouée lâche autour de la jaquette, supportait des pistolets d'ébène. Le port des armes apparentes a été toléré dans les Deux-Siciles jusqu'au règne du roi François.

D'où venait-il, ce jeune homme ? Où allait-il ? Avait-il un but bien précis, ou était-ce un de ces joueurs qui suivent, de parti pris, le courant de la destinée ? Il rêvait et il souriait en rêvant. Ses lèvres, ombragées par une fine moustache brune, s'entrouvraient, montrant la blancheur éclatante de ses dents, qui semblaient taillées au burin dans l'albâtre. A quel passé souriait-il? ou à quel avenir? Son front était fier ; une intelligence hardie éclatait dans l'ensemble de son visage. Mais, par dessus tout, je vais vous dire ce qu'il y avait là.

Il y avait cette vertu de l'homme qui doit monter comme le plomb descend, il y avait cette qualité des élus de la vie mortelle, ce don qui fait les heureux de ce monde : la superbe, la sereine insouciance !

C'est presqu'une injure, cela, dans le langage de nos entretiens : l'insouciance! Mais défiez-vous des choses que nos entretiens dédaignent.

L'insouciance est presque la confiance ; c'est un mode humain de cette chose divine : la foi qui fait les hommes forts.

Voyez, par exemple, ce Porporato dont la gloire emplissait positivement le royaume de Naples : un bandit grand comme Robin-Hoood, fort comme Rob-Roy ! Nous autres Français, nous ne connaissons que Mandrin et Cartouche, des coquins ! Il n'est jamais venu à la pensée de nos poètes de mettre ces bourgeois dans une tragédie. Mais, en Allemagne, Schiller a fait *les Brigands* avec le souvenir de Zaun, de Schubry et de Shinderhannes ; mais, en Angleterre, Walter Scott a trouvé dans Rob-Roy un front digne de son immortel pinceau ; mais, en Italie...

Voilà le pays de Cacus moderne ! L'Apennin produit les bandits, comme le Liban le cèdre ! Et parmi les bandits de l'Apennin, Porporato était comme le cèdre au milieu des humbles buissons que son ombre étouffe !

Nul ne savait son vrai nom. Ils l'appelaient Porporato, à cause de sa casaque pourpre, dont la vue seule mettait en fuite carabiniers et gendarmes. La première fois qu'on vit la plume rouge de son feutre, ce fut à Lago-Négro. L'échafaud était dressé. Le prêtre exhortait à mourir Giovanni Bertuzzio, un proscrit bourbonnien à cheveux blancs.

Tout à coup un son de trompe tomba du clocher de l'église prochaine. La foule s'ouvrit comme la mer au choc d'une proue, gardes et soldats tombèrent ou prirent la fuite. Bertuzzio, qui déjà était sur la plateforme fatale, les mains liées, la corde au cou fut saisi à bras-le-corps par un jeune homme au fier visage, dont la taille gracieuse était serrée dans une casaque écarlate. « Bravo, Porporato ! » cria la foule enthousiaste. Le nom resta. La casaque pourpre eut sa place parmi ces astres flamboyants qui constellent la montagne italienne.

Le lendemain, le sous-intendant de Lago-Negro mit à prix la tête de Porporato. Le surlendemain, au milieu d'un bal, Porporato vint apporter sa tête au préfet, en échange de la prime promise. Il eut la prime, il emporta encore les diamants du sous-intendant, et sa caisse.

Des troupes furent envoyées contre ce jeune chef dont la renommée, née d'hier, remplissait déjà les principautés. Il y eut deux batailles rangées au pied de l'Apennin. Ce ne fut pas Porporato qui fut vaincu. A dater de ce moment, les romances le prirent sous leur protection. A son nom seul, les guitares tintèrent. On faisait de sa beauté des descriptions sans fin : c'était le premier portrait de Raphaël Sanzio, avec ces longs cheveux qui encadrent un front angélique ; et sous cette douceur, l'éclair brulait !

Il avait un château dans la montagne, Dieu savait où ; le prince François de Bourbon, héritier du trône de Naples, eût envié ce radieux séjour. C'était au fond d'une de ces riantes vallée que cachent parfois les rudes sommets de l'Apennin : Un beau lac où se miraient les citronniers et les grenadiers en fleur, un palais grec en marbre rose de Sarraveza, des colonnades sereines, des jardins délicieux, des bosquets obscurs comme ceux qui entouraient les enchantements de l'Arioste ou du Tasse et là-dedans, disait-on, il y avait d'immenses trésors.

La bande de Porporato, composée de trente hommes

d'élite, était, selon le bruit public, invisible et introuvable comme son chef lui-même. Les autres bandits de l'Apennin avaient fait effort pour se réunir à lui ; il avait dédaigné leur alliance. De même que les rois ont des flottes pour aller chercher leurs ennemis au-delà de la mer, de même Porporato avait sa marine. Le gouverneur de Palerme le savait bien, lui qui avait vu sa villa pillée en plein jour, parce qu'il s'était vanté à la cour de Naples d'amener Porporato pieds et poings liés dans la prison du Castel-Vecchio.

Ce jour-là, une felouque qui semblait se jouer au vent, vint croiser presque sous le môle de Palerme. A l'arrière, il y avait une riche tente sous laquelle les curieux purent voir des cavaliers et des dames assis joyeusement autour d'une table servie. Au centre était un jeune homme qui portait la casaque pourpre.....

Mais pourquoi parler de bandits à propos d'Athol ? Que pouvait avoir de commun avec un bandit ce beau jeune homme au regard tantôt brillant de gaîté, tantôt chargé de rêverie ?

Le soleil, aux trois quarts de sa carrière, inclinait à l'horizon derrière les îles d'Éole, qui semblaient nager dans un resplendissant incendie. La brise du soir commençait à se lever, et sur le bleu profond du ciel, le croissant délicat se dessinait au sud-est. Athol souriait et disait.

— Puisqu'elle est riche, puisqu'elle est grande, je serai riche et je serai grand, je le veux ! aussi riche, aussi grand que Doria !

Il était au milieu de l'étroite grève ; Il tira de son

sein un petit portefeuille et y prit une rose desséchée. La fleur tremblait à la brise du large. Une de ses feuilles se détacha et se prit à voltiger. Athol pâlit.

La foliole, emportée par la brise, tournoya et s'en alla tomber dans la mer, où elle se prit à voguer, petite nef impondérable, sur la crête caressante du flot.

Athol entra dans l'eau résolûment, tout habillé qu'il était. Il ne voulait pas perdre cette parcelle de son trésor. La poésie est superstitieuse, il se disait :

— Si la feuille sombre, la pauvre petite feuille que le vent m'a dérobée, adieu mes espoirs !

Et il courait après la feuille, tandis que le flot faisait nager déjà les franges de sa ceinture. Elle venait, la feuille, poussée par la lame, elle venait, vierge encore de toute humidité à l'intérieur, et ne touchant l'eau que par l'extrémité de sa courbe. Athol essayait de la saisir. Mais elle se jouait de lui, la conque légère et rosée semblable à cette yole de nacre où le nautile arbore son vivant pavillon ; elle fuyait, coquette et capricieuse...

Le vent encore, le vent prit un atome d'écume à la crête d'une lame et vint le porter juste dans la coque qui trembla. Athol eut un frémissement, ce chevalier qui avait ri tant de fois au nez de la mort ! Il s'élança. La feuille de rose faisait eau : c'était désormais une barque trop chargée. Athol la saisit au moment où elle allait faire naufrage.

Et Athol poussa un grand cri de joie en prononçant un nom : Angélie !...

Il réunit triomphalement la foliole reconquise au

reste de la rose, et referma le petit portefeuille de velours. Puis, regardant le soleil qui se chargeait de le réchauffer et de le sécher :

— Il est temps, murmura-t-il; nous n'avons pas désormais deux heures de jour.

V

UNE NUIT DANS LES RUINES

Athol mit sa main au-devant de ses yeux et interrogea la haute mer attentivement.

— Le vent est contraire, pensa-t-il et nous avons deux heures...

Il se dirigea d'un pas rapide vers le hameau formé par les cabanes des pêcheurs. Sa pensée avait tourné. Il y avait maintenant un feu sombre dans ses yeux.

— Pourquoi cette route plutôt qu'une autre? se disait-il ; je ne sais... mais il y a là un secret. Quelque chose de plus fort que ma volonté même m'entraîne dans cette voie. Ce que je ne sais pas, je le saurai !

La porte de la première cabane était grande ouverte, il y entra. La cabane était solitaire. Il en ressortit pour s'introduire dans une autre qui était déserte également. Il appela ; personne ne lui répondit.

Dans la troisième cabane, autour de laquelle un petit jardin fleurissait, il y avait une pelle et une pioche. Il cria de nouveau : point de réponse encore. Comme il s'étonnait de ce silence, une pensée lui vint :

— C'est le 15 octobre, se dit-il ; je sais où ils sont :

N'ayant point d'espoir de trouver à qui parler, il prit la pelle et la pioche car c'était précisément là ce qu'il venait chercher, et laissa en échange sur la crédence une once d'or de six ducats. Cela fait, il reprit sa route vers le nord, portant toujours sa valise sous le bras. Il ne rencontra pas une âme depuis le hameau jusqu'à cette guérite de garde-côte, qui marquait l'entrée en grève de la petite rivière la Brentola.

Au lieu de tourner la pointe de cette chaussée naturelle dont l'obstacle force la Brentola à courir en biais jusqu'à la grève, il escalada le roc et se prit à regarder tout autour de lui. A sa droite, la petite rivière, encaissée, coulait silencieusement parmi les glaïeuls ; à sa gauche, au contraire, elle formait un large éventail, composé d'une grande quantité de petits filets d'eau qui allaient s'éparpillant dans les sables.

— Voilà notre chemin, pensa-t-il ; à un quart de lieue d'ici, je trouverai le barrage et les forges... des ruines sans doute, mais enfin quelque chose, quand le diable y serait !

Avant de quitter le petit promontoire, il tourna la guérite et grimpa sur la coupole écrasée qui en formait le toit. De là, il dirigea de nouveau son regard attentif vers la mer Tyrrhénienne, dont la brise ridait les eaux empourprées par le soleil couchant. Un nuage descendit sur son front.

Mais tout à coup, son œil s'éclaira. Il venait d'apercevoir une felouque légère qui virait de bord sous le vent de Stromboli.

— Voyons s'ils ont de bons yeux ! dit-il avec toute sa gaieté revenue.

Il attacha son mouchoir blanc au bout du manche de la bêche et l'éleva au-dessus de sa tête en l'agitant. La brise se saisit de la toile et fit flotter les plis de ce microscopique pavillon. Quelques minutes se passèrent.

— Ruggieri est à chercher sa longue-vue ! dit Athol en riant.

Comme il achevait, un large drapeau noir flotta à la corne de la felouque.

— Bien, mes garçons, bien ! s'écria joyeusement Athol ; si vous serrez le vent, vous arriverez à l'heure !

Il sauta à bas de la guérite et l'instant d'après, il descendait du monticule et remontait le cours de la rivière en dedans. Le sentier était fort obstrué, bien qu'il gardât ces ornières profondes, marques d'une ancienne exploitation. Au bout de dix minutes de marche, le sol de la vallée s'exhaussa brusquement. La rivière avait une demi-douzaine de chutes successives, les unes de deux, les autres de trois et quatre palmes napolitaines. A la hauteur de la cinquième chute, le marais, créé par l'ancien barrage, commençait.

L'horizon s'élargissait en même temps et de grands bouquets de mûriers, qui, certes, n'avaient point poussé dans un marécage, indiquait le changement que le sol avait subi. Athol regardait chaque objet avec intérêt. Il cherchait évidemment à s'orienter, ou plutôt on eût dit que, dans ce lieu qui lui était inconnu, il faisait la chasse à je ne sais quels mystérieux jalons.

— Ce brave Battista ne mentait point, murmura-t-il enfin ; il n'y a rien ! absolument rien dans ce Martorello maudit ! Un ancien habitant de cette vallée s'y reconnaîtrait peut-être ; mais moi, je perds ma peine !

Il s'arrêta au sommet d'un talus qui dominait le marécage. Au pied, un amas de briques baignait dans la vase et se cachait presque au milieu des hautes herbes. Il prit dans le compartiment réservé de son portefeuille un papier jauni couvert d'une écriture très-fine. Au verso, il y avait une sorte de dessin à la plume grossièrement exécuté. Cela ressemblait à un plan. Athol l'examina minutieusement.

— C'était immense, ces forges ! pensa-t-il tout haut ; comment se retrouver là-dedans ? il ne reste pas un pouce de muraille au-dessus du sol !

Comme il achevait, sa vue fut attirée par une masse grisâtre qui gisait parmi les joncs. Il s'approcha c'était une croix de pierre, creusée au point d'intersection des deux branches et portant une petite madone dans cette niche.

— La croix est sur le plan ! s'écria-t-il ; j'ai un point de départ : je dois trouver désormais !

Il revint au talus qui s'élevait, poudreux et brûlé par le soleil, au milieu de cette mer de boue. Il y étendit son plan et se prit à le pointer. Tout en travaillant, il songeait et il disait :

— Mon cœur bat : je m'intéresse à ceci plus qu'il n'est croyable! Depuis le commencement jusqu'à la fin, cette aventure a pour moi quelque chose d'étrange et de solennel ! Comment expliquer cela, moi qui ai passé sans émoi parmi tant d'autres aventures? Comment expliquer les efforts que j'ai faits, au travers d'une vie si tourmentée, pour trouver cet obscur serviteur, ce Manuele à qui était adressée la lettre du mort?... Et comment expliquer la joie puérile que j'ai ressentie en déposant à son chevet, dans l'hôtellerie de Salerne, cette lettre que j'ai gardée sept ans comme un importun dépôt?...

Il était absent. Ne l'ai-je pas attendu quatre heures d'horloge ? N'ai-je pas regretté de partir sans l'avoir vu, comme s'il se fût agi de mon meilleur ami ? Pourquoi ? et que me font ces choses ? Je n'ai rien de commun, rien, avec ce Mario Monteleone. Je ne l'ai jamais vu en son vivant ; pourquoi son fantôme a-t-il souvent visité mes nuits ? Pourquoi son nom me fait-il tressaillir ?

Comment se fait-il que moi, qui ai négligé en ma vie tant d'importants devoirs, je n'aie eu repos ni trêve avant d'accomplir ce commandement qui montait des profondeurs d'une tombe ? Comment se fait-il que moi, qui ai dissipé tant de trésors, j'aie gardé ce papier, trouvé par hasard ?... Comment se fait-il enfin que moi, l'oublieux et l'inconstant, je n'aie jamais perdu un seul jour la mémoire de ce cachot en deuil où restait le dernier soupir du juste ? Et que me voici, après des années, seul, dans cette ville assassinée, courant après je ne sais quoi comme un rêveur ou comme un fou ?...

Il passa le revers de sa main sur son front où il y avait des gouttes de sueur.

— C'est que, se répondit-il à lui-même, je voudrais en vain le nier, si je n'agis pas ici contre ma volonté, j'agis du moins en dehors de ma volonté. Une force qui n'est pas moi-même, me pousse et je marche. C'est le destin... c'est Dieu ! et je suis sûr que je suis ici en face de quelque chose de grand : que cette chose soit un trésor ou que cette chose soit un secret !

Athol avait dit avec feu cette dernière phrase, et son émotion était au comble. Les gens comme lui écoutent leurs impressions. L'imprévu, le heurté de leur vie jette leur pensée à chaque instant dans des gammes inconnues aux sages. Il est certain qu'Athol poursuivait en ce lieu une de ces deux choses et peut-être toutes les deux : un trésor, un secret.

Un froid passa dans ses veines lorsqu'il entendit, au milieu des roseaux, un son vague et prolongé qui ressemblait à un éclat de rire. Le soleil se cachait déjà derrière la montagne et le crépuscule descendait rapidement.

— Y a-t-il quelqu'un ici ? demanda-t-il en se levant tout droit.

Point de réponse. Le vent seul désormais bruissait dans les herbes.

— Quand on fait métier d'enfant, murmura notre aventurier, on devient peureux comme l'enfance. Je cherche une aiguille dans une botte de foin, il est bien juste que j'entende les glaïeuls éclater de rire ! Voyons ! le pavillon de marbre était au centre du grand mur, au sud-ouest de la forge ; si je savais seulement où était la forge...

— Ici ! prononça distinctement une voix qui sortait du massif des mûriers auquel Athol tournait le dos en ce moment.

Il ne fit qu'un bond et gagna le bosquet. Le jour n'était pas encore assez bas pour qu'il fût possible de se cacher dans ce lieu qui était plus découvert que le reste du marécage. Athol ne vit cependant personne.

En revanche, il découvrit, à droite des mûriers, chose qui jusqu'alors lui avait échappé un vaste parallélogramme tracé au ras du sol par les assises d'un gros mur. Un édifice très-considérable avait dû s'élever en ce lieu.

— Lutin, dit-il tout haut, grand merci ! Nous finirons bien par trouver, si tu y mets un peu de complaisance !

Le vent fraîchissait et criait dans les branchages des mûriers. C'était tout. Rien d'humain ne se mêlait aux bruits de la vallée. Athol monta sur le tronc de l'un des arbres qui s'était couché à demi, parce que l'humidité avait noyé ses racines. Il regarda tout autour de lui.

— Le pavillon devait être là ! dit il en choisissant de l'œil un petit monticule, situé entre le bosquet et le talus où il avait laissé son plan, sa pelle et sa pioche.

— Non, répondit très-distinctement la voix de l'être invisible qui avait parlé déjà.

— Où donc ? demanda notre jeune aventurier.

La voix prononça comme elle l'avait fait une fois :

— Ici !

Le regard d'Athol suivit le son. Il vit avec une indicible stupéfaction une forme humaine qui semblait une statue de femme, tant sa blancheur était éclatante. Le crépuscule n'avait plus que de vagues lueurs. La femme était debout, sur le talus, à la place même où Athol s'était reposé naguère.

— Restez ! ne fuyez pas ! dit-il, car il lui semblait que ce rêve allait s'évanouir.

En même temps, il se dirigea vers le talus, non plus en courant, mais de ce pas timide et plein de précautions que prennent les enfants pour ne pas effrayer le papillon brillant, objet de leur convoitise. La vision ne bougea pas.

C'était une femme en effet. Aux dernières clartés du crépuscule, on la voyait belle et grande, vêtue d'une robe blanche et d'une sorte de mante de la même couleur. Un voile blanc, qu'elle retenait d'une main, flottait autour de sa tête pâle couverte de grands cheveux noirs.

— Et pourquoi fuirais-je, seigneur ? dit-elle en étendant son bras vers Athol ; vous étiez noble et bon quand j'étais vivante, vous m'aimiez. Ne me souviens-je pas que vous aviez des larmes de tendresse dans les yeux le jour où nous échangeâmes nos cœurs devant l'autel de la très-sainte Vierge Marie en l'église du Corpo-Santo ? Vous êtes resté jeune et beau, vous, Mario Monteleone ;

4*

mais, excepté vous, tout est ici comme moi qui suis morte !

— Une folle ! pensa notre aventurier, qui n'était pas d'humeur à se bercer longtemps avec des idées de l'autre monde.

Et cependant le nom de Mario Monteleone, prononcé en ce lieu, produisait sur lui une impression extraordinaire. La folle, car c'était bien réellement une pauvre insensée, reprit avec lenteur :

— Cela ne m'étonne point que tu ne reconnaisses pas ta femme, comte, puisque tu ne reconnais pas ta maison !

Le vent prit le voile blanc et le fit flotter en longs plis autour de son visage. Elle croisa ses bras sur sa poitrine. Athol était au pied du talus et la contemplait. Il pensait :

— Quelle a dû être la merveilleuse beauté de cette femme !

Mais, voulant au moins profiter de sa manie, il lui demanda :

— C'était bien ici le pavillon de marbre ?

— Oui, répondit-elle avec un sourire triste.

Puis elle ajouta :

— De quoi peut-il se souvenir, s'il a oublié où était son bonheur ?

— Et sous le pavillon demanda encore Athol, il y a un réduit souterrain ?

— Un frais réduit, murmura la folle, avec le petit Jésus entre la Vierge Marie et St Joseph, dans des fleurs...

— En creusant la terre à l'endroit où je suis, dit le jeune aventurier, trouverais-je ce réduit ?

La folle descendit le talus. Son pied sembla tâter le sol.

— Là ! dit-elle enfin en marquant une place du bout de son orteil.

Athol saisit sa pioche et commença incontinent à travailler. La lune à son premier quartier, se montra, parmi les branches des arbres. La folle s'assit sur le talus.

— Tu étais fort autrefois, dit-elle, mais les pierres de la voûte sont si lourdes ! Que viens-tu chercher dans cette tombe ?

Après une douzaine de coups, le pic sonna contre le marbre.

— N'y a-t-il pas une entrée ? s'écria Athol, le front déjà baigné de sueur.

La folle eut un sourire.

— Je ne pleure plus jamais, murmura-t-elle ; et pour cela, il m'a fallu bien souffrir... souffrir et mourir ; mais je me souviens, moi ! Comment as-tu perdu la mémoire ?

Athol lâcha son pic et vint lui prendre la main. Il eut froid comme au contact d'une main de pierre.

— Je vous en prie, dit-il doucement, enseignez-moi où il faut que je creuse pour trouver l'entrée...

La folle le regarda d'un œil fixe et terne.

— Quoi ! fit-elle ; c'est pourtant toi qui fis sceller la porte du lieu où je mourus. Tu voulus que le temple de nos tendresses fût à tout jamais comme une tombe... Ah ! tu aimais bien ta femme et tes enfants !

Sa tête se pencha et ses grands cheveux inondèrent son visage, pendant qu'elle pensait tout haut :

— Quels sont les motifs de Dieu ? celui qui devrait être maintenant un vieillard a des boucles de soie autour d'un front sans rides !

Puis se redressant tout à coup :

— Es tu bien Mario Monteleone ? demanda-t-elle.

Avant qu'Athol pût répondre, un coup de feu retentit et se prolongea dans le silence de la vallée. Presque en même temps, un son lointain vibra, tantôt enflé, tantôt mourant, selon le caprice du vent qui l'apportait au fond du Martorello. C'étaient les cloches du couvent. Elles tintaient le glas.

Au coup de feu, la folle tressaillit violemment, puis elle se prit à écouter le son des cloches. Elle regardait le jeune aventurier avec une sorte de terreur.

— Qu'est cela ? demanda-t-il.

— C'est la vengeance, répondit-elle ; et c'est la prière. Qui venge-t-on ? un mort. Pour qui prie-t-on ? pour un mort.

Elle tremblait de tous ses membres et se reculait, balbutiant avec effort :

— Le mort qu'on venge, le mort pour qui l'on prie, c'est toi... c'est toi !

Athol la vit chanceler et s'arrêta pour la soutenir.

— Je me souviens, murmura-t-elle : Voilà sept ans qu'on t'a mis en terre !

Elle se pressa la tête à deux mains.

— Oh!... oh!... oh!... fit-elle en trois cris déchirants ; j'ai peur de n'être pas morte ! Si je n'étais que folle... Mes enfants ! qui m'a parlé de mes enfants ?

Ses bras retombèrent le long de ses flancs. Le vent apporta le son des cloches plus net et plus fort.

— J'y vais ! j'y vais ! répondit la folle à cet appel ; on ne commencera pas sans moi qui suis la veuve !

Sa robe blanche glissa entre les mains d'Athol. Elle s'évanouit comme une vision. Athol, qui la cherchait de l'œil entre les troncs des mûriers, vit ses longs voiles flotter au vent sur les rochers de la falaise. L'instant d'après, elle avait disparu dans la nuit.

Athol demeura immobile. Ses yeux se baissèrent, puis sa tête s'inclina. Il fut muet pendant plusieurs minutes.

— Ses enfants ! murmura-t-il enfin ; oui, je savais cela. L'aîné arrive à l'âge de l'homme ; la jeune fille touche encore aux années de l'enfance. Celle-ci est la mère de ceux qui avaient ici leur berceau. Elle a perdu la raison le jour où l'on a mis du ciment au marbre de cette porte !

Son talon frappa la pierre qui rendit un son sourd.

Sa pioche reposait à terre. Il s'appuyait sur le manche sans songer à travailler désormais.

— Sont-ils morts ou vivants ? reprit-il après un nouveau silence ; les a-t-on tués ? et pourquoi a-t-on laissé vivre cette femme ?

Il s'interrompit en riant avec effort, et s'écria :

— Vais-je me faire redresseur de torts et chevalier de

la Table ronde? Suis-je le tuteur des orphelins? Vais-je m'embarrasser dans cette diabolique histoire?

Il saisit sa pioche, mais il ne frappa point encore.

— Et quand cela serait! murmura-t-il; la première émotion grave et bonne qu'ait éprouvé mon cœur, je la dois au testament de ce martyr qui est maintenant un saint aux pieds de Dieu. Cet écrit ne m'était pas destiné, je l'ai eu par l'effort de ma volonté, après sept jours et sept nuits d'étude pour déchiffrer l'inscription en caractères mystérieux tracée sur les murs de la prison. Elle est là transcrite avec mon sang, car je n'avais pas d'encre dans ce cachot, transcrite sur le col empesé de ma chemise... Et je la relis souvent parce qu'elle me dit qu'il y a là-haut une âme qui prie pour moi.

Il prit dans son portefeuille un carré de linge empesé sur lequel de bizarres caractères étaient tracés et ressortaient en rouge pâle. Ces caractères étaient ainsi disposés :

$$RA\ EL^2A^4A^3I^3I^2A^4I^2\ L^3NRNA^3OI^2\ EI^2$$
$$E^2NA^2OI^4RI^2NA^3I^2\ I^2M^3O\ M^2NA^3M^2\ RA$$
$$OA^4NI^3M^2I^3I^2E^2I^2\ DI^3I^2A^4A^4I^2\ A\ INE^2DOI^2A^4$$
$$EI^2\ RA\ DNA^4OI^2.$$

Au-dessous il y avait en lettres ordinaires : « *Au nom du Dieu tout-puissant, devine ceci toi-même, ou porte ces caractères à l'un des Cavalieri Ferraï. Si tu fais cela, fusses-tu voleur ou meurtrier, Monteleone priera pour toi!*

— Je ne m'adressai point aux *Cavalieri Ferraï*, reprit Athol avec un sourire de victoire ; je cherchai : j'avais le temps, j'étais prisonnier et au secret. Je trouvai la clé et je pus traduire l'inscription mystérieuse qui disait :

« La dernière volonté de Monteleone est sous la troisième pierre a compter de la porte. »

Sous cette troisième pierre, je trouvai en effet la lettre adressée à Manuele avec cet écrit où le pauvre homme avait tracé, la nuit même de sa mort, le plan de ces ruines. Enfant perdu que j'étais alors, je n'avais pas même l'idée de Dieu, puisque l'idée de Dieu, qui surgit en moi tout à coup, m'étonna et révolta mon orgueil. Je me souviens bien de cela. Qui m'aurait parlé de Dieu ? J'avais été jusqu'à ce jour tantôt avec les zingares du pays de Bari, tantôt avec les pirates de la mer Ionienne, tantôt avec les contrebandiers de la côte de France. Mais je savais l'histoire de Monteleone, le bienfaiteur de tout un peuple. Les zingari me l'avaient dite, les contrebandiers aussi, et aussi les pirates. Et il me sembla que c'était une marque de la volonté du ciel, que je fusse arrivé le premier dans ce cachot du Pizzo qui avait eu le dernier soupir du juste... Il disait dans l'écrit déposé sous la troisième dalle :

« Dieu m'a frappé deux fois dans mon bonheur. Il m'a enlevé mon premier-né, puis mes deux enfants bien-aimés, qui étaient le cœur de ma chère femme... J'ai vu ceux qui m'aimaient, Barbe, ma cousine et mes autres parents, me regarder en pitié, moi qu'ils avaient enviés peut-être. Ainsi firent les amis de Job. Maintenant, la compassion de Dieu m'appelle vers lui, parce que je n'ai plus rien à espérer sur la terre. Aux yeux du monde, le châtiment qui me frappe est injuste, car je meurs fidèle à Ferdinand de Bourbon, mon seigneur, mon roi. A mes yeux, c'est le glaive de la clémence qui touche. Je recommande ma femme à mes amis. Elle ne souffre plus. J'espère bientôt la revoir en une meilleure patrie. Je vais retrouver mes enfants s'ils sont morts ; mon fils aîné qui serait maintenant un jeune homme, et ces deux pauvres petits, délices et martyre de leur mère... S'ils sont vivants, que la miséricorde divine leur suscite un protecteur ! Je voudrais les léguer à Barbe, ma pieuse parente, ou à quelqu'un de mes amis, mais Dieu permet parfois qu'un étranger... Je les laisse à la garde du Sauveur Jésus et de la Vierge Marie. »

Athol avait laissé tomber sa pioche. Son œil suivait les lignes tracées sur le papier, qu'il tenait à la main. Dans ces belles nuits de l'Italie méridionale on peut lire aisément aux rayons de la lune ; il lisait. Il lui semblait que ces sept années avaient passé comme un rêve. N'était-ce pas hier qu'il avait lu ce testament pour la première fois?

C'est que la vie d'Athol était en effet comme un songe. Jeune qu'il était, il avait épuisé déjà toutes les souffrances et toutes les ivresses. Les jours passent vite pour ceux dont l'existence est un tourbillon. Athol avait vécu un siècle en quelques années, et ce siècle lui apparaissait comme un jour.

Elles étaient rares les heures où il se recueillait en

lui-même. N'accusez pas sa lenteur ; n'accusez pas le Juif errant s'il peut tromper l'œil de l'ange, et reposer un instant au bord de la route la fatigue de sa marche éternelle.

C'était un révolté. L'effort de sa révolte s'était fait jusqu'alors à l'aveugle. Il avait poussé droit devant lui comme le sanglier qui perce le fourré impénétrable. Il avait vaincu pour la frivole joie de vaincre, et sans regarder au-delà de l'obstacle avant de le briser. Le moment était pour lui solennel, non pas qu'il cherchât désormais sa route, mais parce qu'un doigt surhumain allait peut-être la lui montrer en dépit de lui-même.

Il faut dire les choses telles qu'elles sont, malgré le danger d'invraisemblance. Ces natures ne sont point de chez nous. Dans ce pays de soufre qui fond au soleil, l'âme a des soudainetés que nous ne connaissons point, et des langueurs qui ne seraient pas compatibles avec notre courage. Athol aimait et pour la première fois le sentiment qui remplissait son cœur était pur. Il regardait d'en bas, il admirait, il respectait celle qu'il aimait. Cette folie de troubadour enfant, cette feuille de rose perdue et reconquise nous l'a montré tel qu'il était. Si nous le voyons terrible et sanglant quelque jour, souvenons-nous de la feuille de rose.

Athol ne voyageait pas souvent dans l'humble carozza des véturins, avec sa valise et son manteau sous le bras. L'enfant perdu parmi les zingares de Bari, le contrebandier des frontières de France, le pirate des mers Ioniennes, le prisonnier du Pizzo, l'aventurier qui parlait couramment la langue mystique des Compagnons du Silence, fréquentait encore un autre monde. Ce n'était ni dans la montagne, ni sur mer, ni sous la tente des fils de l'Egypte qu'il avait rencontré cette belle jeune fille, ange par le nom, par la beauté, par le cœur, cette noble créature dont le souvenir l'agenouillait. C'était à Naples, et c'était à la cour.

Athol allait à la cour ; et vous voyez s'il en était plus fier !

Depuis qu'il l'avait vue, cette Angélie, et que le désir d'être son époux lui emplissait le cœur, un changement s'était fait en lui, où la pensée de grandir était née : l'ambition, dans le sens vulgaire du mot ; il voulait se hausser au niveau de son idole.

L'homme n'est jamais bon juge de lui-même. Athol, en caressant cette idée, rayait d'un trait son passé, comme si la vie était un livre dont on pût arracher çà et là certaines pages ! Athol voulait grandir. Le fait même de ce travail qui s'opérait en lui l'avait rapp... à cet autre choc, à cette ....
éprouvée, tout je..., ... legs myst....
transmis par la mort : le testament de Mario M... leone.

Et c'était pour cela qu'il errait cette nuit dans les ruines du Martorello. Il y avait en lui un vague espoir de trouver là le premier degré de cette mystique échelle qui devait la rapprocher des hauteurs où planait son rêve.

— Oui, songeait-il, les yeux fixés sur ce papier dont il devinait plutôt qu'il ne lisait les caractères, il fut puni cruellement ! et quel châtiment est donc réservé aux coupables comme moi, si les saints sont ainsi frappés !

« ... Je demande pardon à mon premier né, continuait l'écrit de Monteleone ; un instant nous avions cessé de pleurer en contemplant les deux autres berceaux. Je le reconnais ici solennellement pour mon fils aîné, Mario, comte de Monteleone, en cas que le ciel lui ait conservé l'existence, je lui donne la tutelle de ma veuve, sa mère, et de mes deux chers enfants, son frère et sa sœur... Celui à qui Dieu remettra le soin d'exécuter ma volonté dernière, trouvera au lieu ci-dessous indiqué, ce que j'ai de plus cher au monde : la fortune et le se- secret de Monteleone, l'avenir entier de sa race. »

Suivait la prière de faire tenir à un serviteur fidèle du nom de Manuele, au cas surtout où l'on ne pourrait remplir soi-même les prescriptions du testament, une lettre cachetée qui était jointe à l'écrit principal ; puis des indications calmes, précises, et qui prouvaient quelle liberté d'esprit Mario Monteleone gardait à cette heure suprême. Athol regarda le papier longtemps après que la lecture fut terminée.

— Pour m'évader du cachot où mourut le Monteleone, pensait-il, j'ai laissé des lambeaux de ma chair aux barreaux, mais je n'ai point laissé cet écrit. Et cependant, si ceux de là-haut nous voient, le saint maître doit se dire : En quelles mains est tombé mon secret ! Voilà un homme qui n'a pas exaucé ma dernière prière et qui dort depuis sept ans !

Sa tête brûlante s'appuya contre sa main.

— Sept ans ! répéta-t-il ; j'étais un enfant, me voilà

homme, et je saurai maintenant me servir de cette arme mystérieuse...

Il se redressa et acheva d'un ton ferme :

— Ne te plains pas, maître, si j'ai tardé, je réparerai le temps perdu. Je suis ambitieux et j'aime : je veux monter. Si je monte grâce à toi, ton fils et ta fille auront un tuteur, ta femme un chevalier. Je m'empare de cette portion de ton héritage qui consiste à protéger la veuve et les orphelins... Mais ceci est un pacte : toute peine mérite salaire, et moi je ne suis pas un saint. J'ai besoin d'un nom : tu me le donneras !

Il s'interrompit brusquement et avec un geste d'impatience en écoutant le son des cloches qui semblaient presser leur appel.

— Eh ! dit-il ; je vous entends, vous ! je sais bien que je dois être là, moi aussi. Sans moi, la fête ne serait pas complète ! Mais nous avons le temps, et tout se fera à son heure !

Il retourna le papier pour consulter le plan, qui était figuré au verso par quelques traits de plume, et au-dessous duquel se trouvaient encore plusieurs lignes d'écriture fine et serrée. Le pavillon de marbre était marqué distinctement. C'était une construction hexagone. Le pan qui regardait l'est était distingué par une croix.

— La porte est là ! se dit Athol.

Il s'orienta et ouvrit le sol humide à quelques pieds de l'endroit précédemment fouillé. Au bout d'un demi-quart d'heure, la corniche supérieure de la porte était à nu. Mais Athol comprit alors les dernières paroles de l'apparition : Un énorme quartier de marbre, scellé au ciment de Pouzzole, fermait l'ouverture.

— Ma pioche ne peut rien contre cet obstacle ! se dit-il ; et je n'ai pas le temps de faire un siége en règle !

Il avait secoué sa rêverie dès qu'il s'était agi de mettre la main à l'œuvre, et maintenant il travaillait vivement. A l'aide de sa pelle il déblaya le trou. La table de marbre rendait un son plein qui prouvait une épaisseur considérable. Athol souriait cependant au son des cloches, car il avait la clé de cette barrière.

Quand il reprit la pioche, ce fut pour frapper à petits coups, toujours au même point, de façon à former un trou cylindrique par le broiement du ciment et de la pierre. Il s'essuya le front plus d'une fois avant d'avoir achevé sa tâche. A un certain moment il tressaillit et posa la main sur son cœur.

— Angélie ! murmura-t-il, mon cœur bat ainsi quand il la devine ! serait-elle ici près de moi ?...

Ceci était une idée d'enfant ou de poète, il n'y avait, en vérité nulle apparence. Celle dont il parlait, Donna Angelia Doria, la plus riche, la plus belle parmi les héritières de la noblesse napolitaine, était sans doute à cette heure au balcon de son palais, regardant la mer étincelante qui baigne les côtes de Caprée, et que les rouges éclairs du Vésuve éclairent parfois de soudaines lueurs ; ou bien encore sur la terrasse de cet autre palais Doria, la merveille de Palerme, l'orgueil de la Sicile, et dont la blanche colonnade se mire dans le golfe, vis-à-vis du cap dit Gallo. Notre aventurier visait haut :

Angélie, était la sœur du comte Lorédan, le plus cher favori du roi de Naples...

Mais la cloche du Corpo-Santo tintait toujours, et la pointe du pic disparaissait maintenant tout entière dans le trou creusé par Athol. Il prit une dernière fois son manuscrit et lut ces lignes qui étaient sous le plan, tracées par la main de Monteleone :

« J'adjure, au nom de Dieu ! celui qui se rendra l'exécuteur de ma volonté de faire, avant d'entrer dans ce sanctuaire où ce que j'ai de plus cher au monde est à l'abri, un serment par le Christ s'il est chrétien, sur la tête de sa propre mère s'il ne croit pas à la divinité du Rédempteur, qu'il ne se servira de l'arme ici cachée que pour le bien de mes enfants ! »

— Allons, comte, réjouis-toi ! dit Athol avec une certaine émotion dans la voix ; quel que soit le trésor, quel que soit le mystère enfoui par toi si précieusement, je suis chrétien et je jure par le Christ de l'employer au salut de ta race ! Es-tu content ?

L'heure des fantasmagories était passée. La solitude n'eut point de voix pour répondre à cette question, mais il sembla que le son de la cloche, qui était bien aussi la voix du mort, arrivait plus joyeux sur l'aile du vent nocturne.

Athol ouvrit alors sa valise, y prit sa poire à poudre et en versa le contenu tout entier dans le trou qu'il venait de creuser. Puis il battit son briquet de fumeur et alluma une longue lanière d'amadou dont il enfonça l'une des extrémités dans le trou. L'autre extrémité, celle qui était allumée, pendit au dehors.

Athol se coucha, de l'autre côté du talus, à plat ventre et attendit. Au bout d'une minute, le sol trembla, et une grêle de pierres se mit à tomber autour de lui. Les échos de la vallée renvoyèrent tour à tour le fracas de l'explosion : vous eussiez dit un interminable coup de tonnerre.

Athol se releva, la planche de pierre était broyée. Les rayons de la lune, pénétrant par cette large ouverture, éclairaient un gracieux nid de marbre blanc, aux murailles encadrées de mosaïques. Il y avait dedans un lit et deux berceaux, sous une image de la Vierge immaculée.

Athol y entra, le recueillement au cœur et la tête nue.

VI

FRÈRE ET SŒUR

C'étaient aussi deux enfants perdus, qui n'avaient connu ni leur père ni leur mère. Mais il est impossible de trouver des débuts dans la vie plus différents et faisant un plus entier contraste. Si loin qu'Athol pouvait se souvenir, la tempête était autour de sa barque. Point de repos : le bruit, le mouvement, la bataille, la tente des zingari dans les halliers, les cavernes qui servent de retraite aux contrebandiers, la felouque dansant entre deux lames : tels étaient ses premiers souvenirs. Puis la lutte, puis les aventures...

Pour ceux-ci, Julien et Céleste, rien de tout cela. Dans le lointain du passé, c'était une misère humble et triste, puis un rayon de joie, puis l'éducation tranquille, presque claustrale. Ils étaient arrivés en Sicile un soir d'hiver. Céleste n'avait pas assez d'âge pour se rappeler cela ; mais Julien en gardait comme une vague souvenance. Le ciel était noir au-dessus de la mer calme. Une pluie fine et froide tombait. La terre apparut comme voilée. Ils venaient de France. On leur avait dit qu'ils trouveraient au terme du voyage leur mère exilée comme eux.

Ils étaient à la garde d'un Français qui s'enivrait souvent. Quand il était ivre, il les injuriait et les battait. Cet homme loua une méchante cabane dans le val de Mazzaro. Il allait toucher tous les mois quelques écus à la ville voisine. Le premier souvenir de Céleste datait du jour où il la frappa pour lui faire travailler la terre. Dans les Calabres et même en Sicile, ce sont les femmes qui cultivent les champs. Le sexe le plus fort, pour ne pas perdre sa dignité virile, passe le temps à fumer et à dormir.

Julien et Céleste allaient aux champs. A eux deux, ils gagnaient par jour un demi-carlin de cinq grains, ce qui fait vingt-un centimes en monnaie de France. Parfois, l'homme qui les avait mettait sur la table une grande miche brune et leur disait : Ménagez !

Il s'en allait alors et restait absent des semaines entières. Pendant une de ces absences, Céleste et Julien, qui avaient alors l'un huit, l'autre dix ans, virent dans le chemin un voyageur accablé de fatigue, les cheveux humides, les souliers poudreux. Ce voyageur vint à la cabane pour étancher sa soif.

Le Français rentra ivre et battit les enfants, leur disant : Je vous donnerais tous les deux pour un tari !

Un tari est une petite pièce d'argent qui vaut dix-sept sous de monnaie.

Le voyageur s'était éloigné à l'entrée du maître de la maison. Quand celui-ci se fut couché et qu'il commença de ronfler sur la paille, l'étranger revint. Il tenait deux chevaux par la bride.

— Mes enfants, dit-il en déposant un tari sur la table, venez vers votre père qui vous cherche depuis si longtemps! cet homme est payé selon qu'il a demandé.

— N'êtes-vous donc pas notre père, vous? demanda la petite Céleste qui l'aimait déjà.

L'étranger répondit :

— Je suis votre parent... Mais vous avez un père qui est un seigneur.

— Comment vous nommez-vous? demanda Julien à son tour.

— Je me nomme Manuele, répondit l'étranger, Manuele Giudicelli.

— Et notre vrai père?

Manuele hésita un instant, puis il répondit :

— Il a le même nom que moi.

— Vous nous trompez! s'écria Julien ; notre mère....

Il avait parlé trop haut ; le maître s'agita et grogna sur sa paille. Manuele saisit alors Julien et le mit à cheval, puis il prit Céleste en croupe, et ils partirent au galop.

Il y avait de l'agitation en Sicile. On ne rencontrait que soldats sur les routes. Chacun parlait de guerre prochaine. Ferdinand de Bourbon voulait ravoir son royaume de Naples. C'était l'été de l'année de 1815. Manuele traversa toute la Sicile avec ses deux jeunes compagnons et ne s'arrêta qu'au bord de la mer, à deux lieues de Catane. Il y avait là un couvent, et un bon moine se chargea de la première éducation des deux enfants, qui parlaient un patois presque inintelligible, mélangé de provençal et d'Italien.

En ce temps-là, Manuele leur disait chaque jour : vous verrez bientôt votre père. Puis, tout à coup, il fit cette absence dont Julien et Céleste parlaient dans la carozza de Battista. Et quand il revint, il leur acheta des habits de deuil.

A dater de cet instant, le caractère du bon Manuele subit une transformation. Il fut triste, inquiet, craintif. Il tint les enfants sous une sorte de sequestre, leur donnant à entendre qu'ils avaient des ennemis puissants qui les cherchaient. Quand désormais ils le questionnaient au sujet de leur père, Manuele ne répondait plus.

— Vous en savez aussi long que moi, leur dit-il un jour ; vous êtes venus de France ; vous êtes Français. Mais dans votre pays la proscription pèserait sur vous. Dieu veuille vous inspirer la vocation de le servir !

D'autres fois il parlait vaguement de grand avenir, d'opulent héritage... Plus les enfants grandissaient, moins ils prêtaient attention aux paroles du pauvre homme, qu'ils aimaient de tout leur cœur, mais dont l'intelligence allait à leurs yeux s'éteignant.

C'étaient deux enfants sages et studieux, curieux de connaître ; nous dirions presque deux savants par vocation. Au bon moine qui avait entamé leur éducation, avait succédé le prieur du couvent, érudit de bonne force, versé dans les études théologiques, parlant plusieurs langues. Il avait pris Julien en affection, ce qui ne l'empêchait pas de déclarer que Céleste avait plus de dispositions que lui pour la dialectique.

Elle était étonnante, cette petite Céleste, tenant tête au grave prieur dans une discussion, tout en poursuivant son travail d'aiguille, sans lâcher une maille ni trahir un point. Le prieur se fâchait quand elle le battait, mais il l'aimait bien.

Julien et Céleste étaient déterminés à entrer en religion tous les deux. Leur piété sincère et douce édifiait tout le village, et quand Julien fut reçu élève libre au petit séminaire de Nola le prieur l'y conduisit lui-même, en le recommandant aux professeurs. Manuele faisait en ce temps de fréquentes et longues absences. Personne n'avait le secret des préoccupations qui l'absorbaient. Il embrassait le frère et la sœur, les larmes aux yeux, au retour de ses voyages, et disait souvent des paroles sans suite qui semblaient accuser le dérangement de plus en plus apparent de son esprit. Parfois, il vantait l'état ecclésiastique et le repos du cloître ; d'autres fois, on eût dit qu'il rêvait pour les deux enfants de bien autres destinées.

Il aimait à conduire Julien sur le bord de la mer. Là, il lui faisait de longs récits, exaltant la grandeur de certaines races et parlant des devoirs de ceux qui ont en main la puissance et la richesse. Julien croyait comprendre que Manuele avait quitté l'Italie pour servir son pays, au temps des guerres de l'Empire français, mais qu'il était né sur le domaine de Monteleone, dans les Calabres, et qu'il avait gardé au dernier rejeton de cette illustre race un souvenir qui ressemblait à un culte.

A Céleste, Manuele contait l'histoire de ces châtelaines qui sont la providence d'une contrée, et à cette occasion le nom de Monteleone revenait encore. Il l'avait connue, cette comtesse Monteleone, Maria des Amalfi, que les gens des Calabres appelaient le bon ange. Mais dès que Julien et Céleste disaient : « Ami, parlez-nous de notre père, parlez-nous de notre mère, » il baissait la tête et se taisait.

Quand Julien atteignit sa dix-huitième année, c'était un jeune homme grave et doux, fort instruit en toutes les choses qu'un vieux moine savant peut enseigner. Il avait beaucoup de piété, mais un certain attrait pour les récits de guerre. Aucune idée mondaine n'était venue troubler sa profonde quiétude. A cet égard, sa sœur lui ressemblait. Elle allait avoir seize ans.

C'était une singulière fillette. Elle avait pu garder toutes ses naïvetés d'enfant en approchant ses lèvres de la coupe scientifique. Le pédantisme qui l'avait touchée lui laissait toutes ses grâces juvéniles. L'enveloppe seulement était un peu puritaine, et rendait plus charmantes ses soudaines équipées d'espièglerie.

Elle aimait son frère profondément, elle avait même pour lui une sorte de respect. Ils étaient l'un pour l'autre toute la famille.

Au physique, Céleste était charmante ; au moral, c'était un esprit hardi et réfléchi à la fois, rendu subtil par une éducation qui n'était point de son sexe. Elle connaissait une foule de choses que les femmes ne savent point. Elle ignorait les choses que les femmes savent toutes.

Telle était la situation du frère et de la sœur, lorsqu'une lettre pressante de Manuele, absent depuis plusieurs mois, leur avait fait entreprendre ce voyage où nous les avons rencontrés. Manuele gardait sur eux l'autorité d'un père ; ils n'avaient pas même discuté son ordre. Et qui sait si ce voyage inattendu ne flattait pas chez l'un et chez l'autre, à l'insu de tous les deux, un vague besoin de changement et d'aventure ?...

C'était à l'hôtellerie du Corpo-Santo, un peu avant la tombée de la nuit, à l'heure où notre chevalier errant, le bel Athol, entrait avec sa pelle et sa pioche dans les marécages du Martorello. Céleste et Julien avaient questionné en vain leur bon ami Manuele, qui s'était tenu sur la réserve, suivant son habitude. Ils n'en savaient pas plus qu'au départ de Catane, sur le but de ce voyage si impérieusement exigé.

Il y avait au devant de l'osteria du Corpo-Santo une treille en terrasse, élevée de trois ou quatre marches au-dessus du sol de la cour. Julien et Céleste étaient assis sous cette treille et achevaient leur repas du soir, tandis que Manuele causait avec Pietro, l'aubergiste, La cloche du couvent n'avait pas encore commencé de tinter le glas. La soirée était silencieuse et belle.

Manuele Giudicelli était maintenant un homme de cinquante à cinquante-cinq ans, à la taille un peu voûtée, au front demi-chauve. Il avait la douceur et la bonté peintes sur le visage, mais il semblait que Dieu lui eût donné à porter un trop lourd fardeau. Ses yeux avaient perdu cet éclair qui ne manque jamais aux prunelles calabraises, il avait pris seulement un peu de pain et de vin en compagnie des deux jeunes voyageurs, puis il s'était levé comme s'il lui eût été impossible de rester en place.

Il allait et venait dans le petit jardin qui entourait l'osteria. Parfois, lorsqu'il s'enfonçait sous quelque massif et qu'il croyait n'être point vu, il tirait de son sein un papier qu'il relisait avidement. Il le baisait après l'avoir lu et des larmes venaient sous sa paupière. Il se rapprochait alors de Julien et de Céleste et les contemplait à la dérobée.

— Les enfants ont grandi, murmurait-il ; Julien est un homme. J'aimerais mieux lui voir le chapeau à plumes sur la tête...

— Et Céleste ! se reprenait-il ; toute la beauté de sa mère ! Dieu est bon... Dieu leur a fait une enfance pénible pour qu'ils sentent mieux le prix du bonheur à venir...

— Pauvre Manuele ! disait en ce moment Julien ; ces quelques semaines l'ont bien changé, ne trouves-tu pas, ma sœur ?

— Il m'a semblé vieilli de plusieurs années, répondit la fillette en soupirant.

— Il travaille, reprit Julien ; il s'efforce, non point pour lui, mais pour nous. Il rêve tout éveillé richesses et grandeurs... comme s'il était besoin de tout cela, Seigneur Dieu ! pour arriver à la mort chrétienne, qui est le but de notre vie !

Céleste soupira de nouveau et plus fort. Julien la regarda, et sa figure eut une expression de tristesse.

— Regretterais-tu le monde, Céleste ? demanda-t-il.

— Puisque je ne le connais pas... répliqua la jeune fille.

— Ma sœur, dit l'adolescent d'un ton grave, on peut regretter de ne l'avoir point connu.

Céleste fut quelque temps à répondre.

— Eh bien, oui, dit-elle enfin en souriant, j'aurais voulu voir, ne fût-ce qu'une fois, ce que c'est que le monde !

— Petite folle ! murmura Julien.

— Et je suis sûre, reprit Céleste, que tu as cette idée-là comme moi.

Julien secoua la tête gravement.

— J'ai parfois tâché de deviner le monde, répondit-il, d'après ce qu'on m'a dit et d'après ce que j'ai lu. Non, je parle franc, ma sœur, cela ne m'a point donné envie de le connaître davantage.

— Et qu'as-tu deviné, frère chérie? demanda Céleste en se rapprochant, curieuse.

— Du mouvement, du bruit, un vain éclat, de faux plaisirs dont la satiété est le remords.

Céleste pinça ses lèvres roses. Il y avait en vérité un peu de dédain dans son sourire à la fois espiègle et candide.

— Tu as raison, petit frère, murmura-t-elle, c'est dans les livres que tu as vu cela.

— Tu as donc deviné le monde autrement, toi, Céleste ? interrogea Julien qui ne perdait point son air de supériorité.

— Moi, répliqua la fillette, j'aime mieux dire que je ne sais pas. « Du mouvement, du bruit, un vain éclat. »

Ces mots n'ont pas de sens pour moi. Tant qu'on n'appelle pas les choses par leur nom, il semble qu'on me parle une langue étrangère.

— Mais, Céleste, mon pauvre ange, nous ne savons ni l'un ni l'autre le langage du monde.

— Nous avons le nôtre, Julien, repartit Céleste avec une vivacité mutine ; la langue de nos causeries, la langue de notre cœur et de notre raison. Ce n'est pas cette langue-là que tu emploies. Si tu l'employais, je te comprendrais.

— Cependant, ma sœur...

— Et c'est pour cela, reprit-elle en s'animant, que j'ai l'âme vide et l'esprit tout noir après les avoir lus, les traités de morale ! Si tu prêches la parole de Dieu, Julien, je sais bien, moi, que tu auras une autre éloquence... Tu viens de parler pour ne rien dire et c'est là un échantillon, non point de toi, mais de ta science. J'ai lu cela dix fois, cent fois : « Du mouvement, du bruit, un vain éclat... » et le reste !

— Alors, petite philosophe, interrompit Julien curieux à son tour, puisque tu n'es pas contente de ma définition, donne-moi la tienne.

Les beaux yeux de Céleste se baissèrent.

— Je ne sais pas ce que c'est que le monde, répondit-elle ; mais je crois bien comprendre la raison de ses dangers. Le monde n'est pas tout à fait un mot vide de sens comme ton *mouvement*, ton *bruit*, ton *vain éclat*, etc. ; mais c'est un mot dont la signification est toute relative. Le monde n'existe que comme milieu. Pour t'exprimer mieux ma pensée, le monde est l'appoint de chaque personnalité mondaine, et je le comparerais volontiers à cet appareil de cristaux mobiles qui renvoient, répétée mille fois, la lumière d'un lustre...

Julien relevait sur elle son regard étonné.

— Je vais plus loin, poursuivit-elle en soutenant vaillamment ce regard, et je creuse ma comparaison, comme disait notre vieux professeur, tant elle me semble exacte et heureuse. Figure-toi, mon Julien, un lustre immense, composé de beaucoup de lumières et d'une innombrable quantité de cristaux réflecteurs. Tout cela brille, n'est-ce pas ? les lumières par elles-mêmes, les cristaux par les lumières... C'est le monde !

— Ah ! fit Julien machinalement, c'est le monde !

— Eclat réel, continua Céleste, mais multiplié par un mirage, échange intéressé de rayons... car si la lumière isolée brûlait dans le vide de l'ombre, la nuit l'absorberait ; il lui faut les cristaux... et que deviendraient les cristaux, si la lumière était éteinte ?

— Il lui faut la lumière, dit Julien en riant : c'est évident ! Je n'ai vu cette définition du monde dans aucun traité. Je ne l'ai entendue dans aucun sermon... Mais pour en juger le mérite, il me faudrait connaître le monde. Cercle vicieux, petite sœur !

Le pied mignon de Céleste frappa le sol avec impatience.

— Ah ; dit-elle, j'aurai bien de la peine à oublier que j'écoutais autrefois les leçons d'un professeur de logique tout en faisant ma broderie. Le mal est venu, mon frère chéri, de la bonne envie que j'avais de te faire comprendre ma pensée. Maintenant que j'ai montré où le lieu commun me blessait comme le bat de l'âne, je ne demande pas mieux que de me soumettre, je me soumets pieds et poings liés.

Julien lui prit la main et se recueillit. Il cherchait en lui-même quelles paroles pourraient apaiser la rébellion inopinée de cette âme.

— Céleste, lui dit-il doucement et d'un ton paternel, ce n'est pas le bon Manuele qui t'a inspiré ces idées.

— Le bon Manuele m'a toujours traitée comme une enfant. Tu sais bien qu'il réservait ses longues histoires pour toi seul.

— As-tu donc eu d'autres professeurs ?

Cette question fut faite avec une certaine timidité. On pouvait voir que Julien craignait la réponse. Mais le sourire de Céleste était si modeste et si pur, malgré le pétillant éclat de ses grands yeux !

— Ne crains rien, dit-elle, je n'ait jamais eu d'autre professeur que le tien. Seulement, tandis que je brodais et que le bon père prieur m'accusait d'indifférence, je n'écoutais que trop, et peut-être pour venger ton ennui, car tu baillais quelque fois, Julien, je battais en brèche *in petto* les arguments du prieur. Cela ne m'aurait pas menée loin, je l'avoue, si je n'avais trouvé tout à coup un guide...

— Quel guide ? s'écria Julien.

— Celui-là n'a rien qui puisse t'effrayer ce guide c'était moi-même. Je me mis une fois à lire le livre que Dieu a mis en chacun de nous, et je n'eus même plus le temps d'écouter le reste : je comprenais Dieu et je me comprenais moi-même.

— Es-tu bien sûre, Céleste, murmura Julien, visiblement inquiet, qu'il n'y ait point d'hérésie en ceci ?

— Absolument sûre, mon frère. J'aime trop ma sainte foi pour la discuter : ma foi, c'est mon refuge. Je ne parle ici que des choses mondaines ; celles-là nous appartiennent comme le pays ennemi au conquérant. Nous ne sommes pas du monde, nous n'en serons jamais ; par conséquent, nous n'avons rien à ménager avec lui.

Ce grave et bel adolescent, qui avait raconté si sagement à sa petite sœur la biographie de Mario Monteleone, éprouvait en ce moment un sentiment complexe.

Il était tenté d'admirer sa sœur et comprenait maintenant pourquoi le vieux prieur parlait quelquefois à propos d'elle des dames illustres dans la philosophie, dans les belles-lettres. Sa sœur lui apparaissait grandie subitement à la taille d'une personne qui pourrait avoir, après sa mort, un article d'une demi-page dans les dictionnaires historiques.

Mais cette joie se mélangeait de quelque dépit. Il avait pris la douce habitude d'être écouté comme un oracle, et certes il le méritait par l'irréprochable régularité de sa conduite, mais voilà que sa sœur se dressait en face de lui et discutait sa légitime suprématie. Elle se permettait même de l'embarrasser à ce point, lui qui allait bientôt être docteur, qu'il n'osait pas du tout donner à la discussion les allures d'une bataille rangée, de peur d'être mis en déroute.

Il était fort savant, ce bon petit Julien, mais la surprise lui ôtait une grande partie de ses moyens, et d'ailleurs le syllogisme est une arme maladroite et trop lourde qui s'émousse contre le sourire des fillettes. Rien de terrible comme ces petites folles qui s'avisent de raisonner !

— Alors, dit-il tout à coup, suivant la série des arguments qu'il se posait à lui-même, tu crois que toi et moi, étant placés tout à coup au seuil de ce théâtre qui est le monde, mon attention à moi se concentrerait sur les jeunes hommes, tandis que toi tu n'examinerais bien que les jeunes filles ?

Céleste leva sur lui ses grands yeux pensifs. Il y avait longtemps que son esprit plus leste avait franchi l'obstacle où s'arrêtait son frère.

— Tu raisonnes toujours selon le système de l'école, murmura-t-elle en souriant ; aussi tu fais fausse route. La logique est l'art de se tromper.

— N'as-tu pas dit ?... commença Julien.

— J'ai dit qu'il me suffirait, pour connaître le monde, de voir une jeune fille dans le monde... peut-être même de voir une jeune fille du monde hors du monde.

— Par la même raison, il me suffirait à moi de voir un jeune homme dans le monde...

— Ou même un jeune homme du monde hors du monde, pourvu que tu regardasses bien, avec tes propres yeux qui sont bons, et non point avec ces bésicles menteuses qui font voir aux savants les étoiles en plein midi !

— De telle sorte, conclut l'imperturbable Julien, qu'étant donné la proposition ainsi formulée : on ne voit bien en dehors de soi que son semblable, on ne juge bien les faits extérieurs qu'en les rapportant à soit par son semblable, l'appareil le plus parfait que nous pussions trouver pour voir le monde à nous deux consisterait en un frère et une sœur : quelque jeune comte et quelque jeune comtesse. Je disséquerais le comte, tu anatomiserais la comtesse...

Il eut la parole coupée.

— Voici les équipages du comte de Loredan Doria, dit une voix au-dessous d'eux qui voyage avec la comtesse sa sœur.

Le rire qui venait aux jolies lèvres roses de Céleste s'évanouit. Ils se regardèrent et murmurèrent en même temps :

— Voilà qui est étrange !

Céleste ajouta :

— Le fils et la fille du Giacomo Doria de ton histoire !

D'un commun mouvement, ils se levèrent et s'élancèrent au grillage de la treille. La treille de l'auberge du Corpo-Santo dominait la route qui passait au-devant. Derrière, la maison carrée ouvrait ses fenêtres irrégulière. A gauche était un petit jardin où causaient ensemble, en ce moment le bon Manuele et l'aubergiste. Celui-ci, guêtré comme le moissonneur de Léopold Robert et portant sur sa forêt de cheveux noirs un bonnet de laine barriolé, regardait de temps en temps son compagnon avec inquiétude.

— Il rêve tout éveillé, le bonhomme, pensait-il.

— On a vu, disait Manuele, qui le tenait par la manche, des avertissements sortir du tombeau !

— Oui, oui, répliqua l'hôtelier, il y a des gens ivres

qui ont rencontré feu la comtesse Maria rôdant parmi les herbes, au fond du Martorello. Moi, je dors, les nuits où je ne fais pas la contrebande, quand les fièvres me donnent la paix.

— Vous n'étiez pas le serviteur de Monteleone, vous, Pietro ?

— Non, je suis venu ici après la mort du brave homme, mais je crois bien que l'auberge devait être meilleure du temps où l'on forgeait le fer ici près dans la vallée.

— Et dites-moi, Pietro, que pensez-vous de cela ?

— De quoi ? de la lettre du défunt ?... reçue sept ans après son enterrement ? Je pense que c'est bouffon, mon vieux camarade, et que vous ne ferez pas fortune avec ce chiffon.

Manuele baissa la tête.

— Que dit-elle, la lettre ? demanda l'hôtelier, dont la curiosité perçait sous sa feinte insouciance.

— Ce ne sont pas mes secrets, répondit Manuele.

— Ce que j'en demande, dit Pietro, c'était pour vous donner un conseil, mais je m'en bats l'œil, mon vieux camarade. Vous avez là deux jolis enfants, voilà ce qui est certain. Mettez-moi le garçon dans le militaire, mariez la fille à quelque honnête bourgeois de Cosenza, et vous vivrez tout doucement !

Manuele l'arrêta court en lui serrant le bras.

— Voulez-vous me prêter une pelle et une pioche, Pietro ? demanda-t-il brusquement.

Celui-ci le regarda en dessous et répondit en se touchant le front :

— Du diable si vous n'avez pas quelque chose de fêlé là-dedans, père Manuele ! Je vous prêterai ma pelle et ma pioche tant que vous voudrez, mais vous voilà pâle comme un fiévreux le lendemain de l'accès. Montez avec moi et prenez un verre de vin de Sicile pour vous réchauffer le cœur !

C'était une bonne âme que ce Pietro, l'hôtelier. On l'avait expulsé du pays d'Otrante, où il tenait une auberge de contrebandiers ; il était venu tenir une auberge de contrebandiers de l'autre côté de l'Apennin. Chacun, en ce monde, suit sa vocation. La contrebande est métier noble sur les côtes de la Calabre, presque aussi noble que le brigandage. Entre la montagne et le Martorello, il n'y avait de différence pour Pietro que dans la fièvre quarte. Mais on vit avec ces fièvres avant d'en mourir.

Pietro prit Manuele sous le bras et le fit entrer dans l'osteria. Il descendit lui-même à la cave. Manuele, resté seul, étendit sur la table sa lettre jaune et froissée. Il se prit à la relire attentivement.

— C'est bien son écriture, disait-il en lisant, je ne lui ai jamais désobéi de son vivant. Que sa volonté soit faite encore après sa mort !

— Qui avons-nous là ? cria dans la cour Pietro remontant de la cave.

Deux gendarmes à cheval paraissaient au coude de la route. L'aubergiste, au lieu de rejoindre son hôte, vint sur le pas de la porte. Ce n'était pas tous les jours qu'il arrivait des aubaines à l'osteria du Corpo-Santo !

Les deux gendarmes entraient dans la cour. Derrière

eux venaient deux cavaliers portant une brillante livrée et armés jusqu'aux dents, puis c'était une calèche de voyage à quatre chevaux sur les coussins de laquelle un jeune couple indolent reposait. Après la calèche, deux cavaliers encore, une voiture de suite, et, enfin, deux autres gendarmes, la carabine au poing.

Céleste et Julien voyaient cela et ne parlaient plus. Leur âme était dans leurs yeux. Tous deux restaient de bonne foi sous l'impression de la fantasque théorie développée par la gentille écolière : Julien regardait le comte Lorédan Doria, Céleste dévorait des yeux la comtesse Angélie. Sait-on comment ces choses arrivent ? En regardant le comte, ce fut la comtesse que vit notre savant Julien, et Céleste, qui croyait examiner la comtesse à la loupe, rencontra au-devant de sa prunelle le noble visage du comte Lorédan.

C'était vraiment comme dans les contes de fées. Ils avaient évoqué la vision ; la vision, docile, apparaissait.

L'*appareil* était parfait et tel qu'ils l'avaient souhaité ; c'était un jeune homme et c'était une jeune fille, le frère et la sœur ; non-seulement du monde, mais de cette race d'élite qui plane au-dessus du monde et que le monde envie : nobles parmi les plus nobles, riches entre les plus opulents, l'orgueil de la cour, la fleur du royaume ! Autrefois, avant les guerres de la révolution, les Napolitains disaient : « Après Bourbon, Monteleone ; après Monteleone, Doria ! » Mais, tandis que cette grande race de Monteleone tombait et mourait, Doria grandissait encore, grandissait d'autant plus, que l'héritage de Monteleone lui venait par droit de parenté. Il n'y avait plus de Monteleone, et l'on pouvait dire maintenant : Après Bourbon, Doria !

La calèche descendait lentement la pente douce qui terminait la rampe. Un instant elle disparut presque dans l'ombre d'un mamelon que la route coupait à pic, et dont le sommet faisant face à l'osteria, se couvrait d'une chevelure de ronces et de quelques jeunes hêtres inclinés au-dessus de la voie. Le jour baissait, quoique la ligne de l'horizon restât rouge et comme enflammée.

Quand la calèche sortit de l'ombre, Julien et Céleste ouvrirent de grands yeux. Au dehors, les gens de l'auberge disaient ;

— Ils viennent de Palerme et ils vont à Naples. Le roi veut les marier tous les deux le même jour !

— Le roi a partagé entre eux deux également les domaines de Mario Monteleone,

Julien et Céleste échangèrent un muet regard. Les gens de l'auberge disaient encore :

— Le Doria de Rome leur donne tous ses palais et tous ses châteaux...

— Ils n'en avaient donc pas assez de châteaux et de palais à Naples, à Palerme, dans l'Abruzze, dans les Calabres, en Sicile et partout !

Quelques bonnets volèrent au vent.

— Evviva 'l conte Doria ! Evviva la contessina !

Lorédan sourit et salua. Angélie agita sa main blanche et inclina la tête paresseusement.

Julien et Céleste regardaient toujours.

VII

COMTE ET COMTESSE

C'était, ce Lorédan Doria, un de ces types de la beauté romaine qui ont évidemment inspiré l'école d'Italie. Il pouvait avoir de vingt-huit à trente ans. Les masses bouclées de sa chevelure noire se séparaient sur son front blanc et pur. Ses yeux ombragés, profonds et limpides à la fois, donnaient à l'âme, quand il souriait, cette sensation d'harmonie que fait naître une belle voix mâlement vibrante, que font naître aussi ces aromes sévères et doux dégagés par l'ombre des grands bois.

Ce qu'il faut renoncer à dire, c'est le charme exquis, la grâce délicieuse de la jeune fille qui était assise auprès de Lorédan sur les coussins de la calèche. Elle avait dix à douze ans de moins que son frère. Il semblait qu'elle eût écrit au front, avec des rayons, ce nom d'Angélie qui fait songer aux poèmes du ciel. Ses traits répétaient plus délicatement, mais avec une correction suave le dessin altier des traits de Lorédan. Elle était grande comme il était grand. Ses cheveux chatains, aux reflets doucement perlés, tombaient en masses opulentes le long de ses joues pâlies par la fatigue du voyage. Ses yeux, frangés de longs cils recourbés et noirs comme le jais, avaient cette nuance bleue, du firmament dans les nuits d'été ; sa bouche, un corail ciselé, montrait, dès qu'elle parlait, une rangée de perles dont chacune semblait une touche de ce clavecin mélodieux qui était sa voix. Il fallait ne pas la voir cette enchanteresse. Dès qu'on l'avait vue, le cœur blessé gardait son image.

Julien, pauvre enfant solitaire et neuf à toute impression, éprouvait en face d'elle la sensation de l'homme qui naîtrait à une sphère inconnue. Il restait ébloui.

Comme la calèche franchissait au pas le seuil de la cour, Angélie leva par hasard son regard vers la treille. Julien mit ses deux mains au-devant de son visage pour se cacher. Il eut frayeur et honte.

Elle parla. Ce fut un nom propre qui tomba de ses lèvres ; Le prince Coriolani...

Ce n'est rien, un nom, et c'est tout. Il y a des noms qui répandent un parfum, ou qui sonnent comme la note éclatante d'un cor. Julien vit ce prince Coriolani la tête haute, l'éclair aux yeux : beau comme un héros ou terrible comme un bandit. Il détesta ce Coriolani. Il eût donné dix ans de sa vie rien que pour le voir !...

Céleste n'avait pas fait comme son frère. Au premier regard jeté sur le comte Lorédan, ses yeux s'étaient baissés, mais elle le voyait encore à travers sa paupière close.

Ils furent longtemps tous les deux immobiles et muets. Céleste pensait :

— Celui-là ne peut pas être le fils d'un traître !

Et Julien se disait :

— Si Manuele avait accusé Giacomo Doria, je ne croirais pas Manuele !

Le comte et sa sœur étaient entrés dans l'osteria depuis plusieurs minutes. On entendait les bruyantes allées et venues des domestiques empressés. Enfin, Julien releva les yeux sur Céleste.

— Eh bien ! Céleste, dit-il, tu as eu ce que tu voulais ?

— C'est vrai, répondit la jeune fille.

— A travers tant de beauté, tant d'opulence, tant de noblesse, as-tu entrevu le monde ?

— Oui, dit-elle, j'ai entrevu le monde... et toi ?

— Moi, je ne sais, ma sœur. Te figurais-tu, que, sur la terre, il pût exister un être aussi parfaitement beau ?

— Jamais je ne l'aurais cru, mon frère.

— Ce regard ces élégances, ce sourire dont nulle parole ne peut dire le charme...

— Et cette fierté ! et cette auréole de poésie ! ce front pur comme celui d'une statue, sous cette chevelure plus noire que l'ébène...

Julien releva sur elle son regard.

— Tu parles du comte Doria ? murmura-t-il.

— Et de qui donc parlerais-je ? demanda Céleste.

— Tu avais dit, ce sont tes propres paroles : — « Si

tout à coup nous avions devant les yeux un jeune homme et une jeune fille, un frère et une sœur, de ceux-là qui brillent dans le monde et qui résument en eux les bonheurs du monde, je devinerais le monde rien qu'en regardant la sœur... »

— C'est encore vrai, prononça tout bas Céleste ; mais n'as-tu regardé que le frère ?

— Hélas ! répondit Julien bonnement, je ne l'ai pas même vu

Céleste avait les yeux baissés.

— Mon frère, dit-elle, Dieu m'a punie. Je voudrais n'avoir pas vu cela... Nous mourrons jeunes.

— Pourquoi? demanda Julien plus naïf.

— Parce que ceux-là c'est *le monde*. Ils ont la noblesse, la richesse, la grandeur : tout ce qui sépare du monde les pauvres enfants comme nous !

Julien soupira et lui tendit ses bras où elle tomba en répétant tout bas :

— Nous mourrons jeunes !

Derrière eux, sous la treille, un bruit léger se fit ; ils se retournèrent effrayés. Manuele était debout à quelques pas de la table où ils avaient pris leur repas. Il tenait à la main la pelle et la pioche, prêtées par l'aubergiste.

— Richesse, noblesse, grandeur ! murmura-t-il, car il n'avait entendu que ces mots. Pauvres enfants ! qui vous a donc appris à jalouser cela ?

Céleste et Julien ne répondirent pas. Manuele, d'ordinaire si calme et si doux, semblait en proie à une agitation extraordinaire.

— Après Bourbon, Monteleone ; après Monteleone, Doria prononça-t-il entre ses dents serrées ; ces gens ne viennent qu'en troisième ligne !

Il s'approcha et vint baiser Céleste au front.

— Oui, oui, dit-il comme on rêve tout haut : grandeur, richesse, noblesse ! L'oiseau dont on n'a pas coupé les ailes s'envole un jour et va chercher l'azur du ciel. Les temps sont peut-être venus. Ceux-là qui voyagent avec fracas sont bien nobles et sont bien riches, mais il y en a d'aussi nobles qu'eux... il peut y en avoir de plus riches !

Son second baiser fut pour Julien.

— Tu ferais un beau comte ! murmura-t-il encore. Regarde-moi, Céleste. J'ai vu bien des princesses... tu as les yeux d'une reine. Que Dieu nous aide, enfants ! les vieux troncs refleurissent chaque printemps. J'ai rencontré des Doria qui demandaient leur pain sur les routes. On monte les marches des trônes en revenant de l'exil. Ceux qui ont noblesse se couchent misérables et s'éveillent grands... Dormez, enfants, la Providence veille !

Sa main s'étendit sur eux en un geste de bénédiction. Sa figure avait une expression inspirée. Il s'éloigna lentement et descendit les degrés de la treille sans se retourner.

Céleste et Julien restèrent silencieux. Ce n'était pas la première fois qu'il leur tenait de ces discours étranges. Il avait beaucoup souffert ; la souffrance affaiblit l'esprit.

Le bruit et le mouvement cependant augmentaient dans l'osteria du Corpo-Santo. Pietro, l'hôtelier, avait mis de côté sa paresse et se multipliait. Il s'agissait de préparer le souper de Leurs Excellences. Leurs Excellences étaient fort lasses. On nourrissait le légitime espoir qu'elles coucheraient au Corpo-Santo, au lieu de gagner la ville de Monteleone. Or, quel honneur pour l'osteria !

Le comte Lorédan et la comtesse Angélie n'étaient pas du tout des étrangers dans le pays. Bien que Naples fût leur résidence habituelle et que le Doria de Rome leur eût laissé d'immenses domaines en Sicile, on pouvait aussi les mettre à la tête des seigneurs terriers de la Calabre ultérieure deuxième. Seuls les Monteleone avaient possédé plus de terres et plus de châteaux, au temps de leur splendeur. Mais il n'y avait plus de Monteleone, et personne désormais, entre Cosenza et Reggio, ne pouvait le disputer aux Doria, qui avaient hérité des Monteleone eux-mêmes.

Il s'en fallait de beaucoup que l'osteria du Corpo-Santo fût un palais. C'était néanmoins une maison bâtie en bonnes pierres et possédant plusieurs terrasses, comme presque toutes les habitations de l'Italie méridionale. L'une de ces terrasses, voisine de la treille où Julien restait avec Céleste, avait vue sur la mer Thyrrénienne par une coulée. Ce fut là que Lorédan et Angélie s'installèrent pour prendre leur repas du soir.

Ils arrivèrent sur leur terrasse en causant et en riant. L'eau fraîche avait baigné les tempes d'Angélie, qui avait laissé au fond du *calesso* sa langueur. Elle était vive, elle était heureuse. Elle donnait son front au vent parfumé du soir.

Par respect pour Leurs Excellences, la cour fut évacuée, et le branle-bas se confina dans la maison. Angélie et son frère étaient réellement seuls, si l'on fait abstraction de Céleste et de Julien, oubliés derrière la treille. Qui donc eût pensé à ces deux pauvres enfants dans un moment aussi solennel? La treille n'eût pas été assez épaisse pour les cacher, si ce monticule dont nous avons parlé, et qui se couronnait d'un bouquet d'arbustes, n'eût jeté devant soi une ombre déjà profonde, tandis que la terrasse, blanche et découverte, restait vivement éclairée par les derniers rayons du couchant.

On ne voyait plus ni cavaliers armés ni gendarmes; mais on les entendait encore, attablés qu'ils étaient dans la salle basse de l'auberge. Les cavaliers avaient laissé leurs pistolets et leurs ceintures au-devant de la porte de l'écurie où les palefreniers prenaient soin de leurs chevaux. Les carabines des gendarmes étaient appuyées le long du petit mur de la treille, en dehors, derrière la table où Céleste et son frère étaient encore assis.

Ils avaient mis tous deux leurs siéges contre le grillage, où couraient de rares feuilles de vigne, pendant aux vieux ceps tordus, comme ces guirlandes capricieuses mais sobres qui tournaient autour de l'anse des vases antiques. Ils étaient muets. Ils regardaient.

Lorédan et Angélie parlaient, mais on ne les entendait pas. Vous eussiez dit, en voyant les deux enfants, curieux, des espions l'oreille et l'œil aux aguets.

De quoi parlaient-ils, ce comte et cette comtesse? De leurs plaisirs, de bals, de fêtes? Ou peut-être de ceux qu'ils aimaient? Tout à l'heure on avait dit: Le roi veut la marier! Coriolani! le prince Coriolani! C'était celui-là sans doute que devait épouser Angélie! Et Lorédan la fille de quelque prince : noblesse, grandeur, richesse...

C'était une belle soirée d'automne, calme et rafraîchie par la brise de mer. Tout à coup, les yeux de Céleste et ceux de Julien se détournèrent à la fois de la contemplation qui les absorbait. Un éclair venait de les frapper à l'improviste. Quelque chose brillait au sommet du monticule, coupé à pic par la route de Monteleone.

Ce monticule tranchait en noir sur le ciel carminé. Les broussailles, détachées comme une dentelle, frangeaient la crête de la colline. Au-dessus d'elles, se balançaient à la brise, comme des découpures d'ombres chinoises, les clairs branchages des bouleaux et la feuillée plus lourde des hêtres. On devinait derrière la colline cette lumière rosée qui éclairait si vivement la terrasse où Lorédan et sa sœur souriaient à ce beau ciel.

C'était du sein des broussailles que l'éclair avait jailli : Une lueur rouge et fugitive, semblable à celle que les enfants espiègles envoient au loin avec un miroir. Céleste et Julien regardèrent en même temps le point d'où la lueur était partie. Ils ne virent rien d'abord qu'un imperceptible mouvement dans les ronces. Ce mouvement-là même devait échapper au jeune couple, assis sur la terrasse régnante, à cause de l'éclat du ciel qui mettait le sommet de la colline dans une nuit profonde.

Mais en regardant mieux, Céleste crut distinguer comme une tête humaine dans le noir. Presque aussitôt après, un second éclair jaillit des broussailles. Julien dit :

— Te souvient-il de ce chasseur de Catane dont le fusil double nous semblait de loin un feu dans le taillis ? Il était plus haut que nous. Le soleil que nous ne pouvions voir frappait son arme en dessous...

— Il y a deux hommes ! interrompit Céleste.

Julien ne poursuivit point son explication scientifique. Il mit sa main en visière au-dessus de ses yeux.

— Deux hommes armés ! murmura-t-il.

Céleste se sentit trembler sans savoir encore pourquoi. Elle regardait de toute la puissance de ses yeux, et pouvait distinguer maintenant deux torses sortant à demi des broussailles.

— Que feraient en ce lieu des chasseurs ? se demandait Julien.

Celui des deux hommes qui était le plus en avant se retenait d'une main au tronc d'un jeune bouleau pour ne point être précipité sur la pente. L'autre était couché à plat ventre et semblait attendre que son compagnon eût pris son assiette.

— Ce ne sont pas des chasseurs ! dit Céleste qui avait de la sueur au front.

Elle jeta tout autour d'elle un regard de détresse et vit les carabines des gendarmes sous ses pieds. Julien s'était levé et allait crier. Céleste lui ferma la bouche avec sa main.

— N'appelle pas ! ordonna-t-elle tous bas et avec un calme étrange. Les cavaliers et les gendarmes sont à table. Ils ont laissé leurs armes au dehors. Je sens que dans une seconde tout secours sera inutile.

Le front de Julien s'inondait de sueur. Un troisième éclair jaillit des broussailles. C'était le plus avancé des deux prétendus chasseurs qui était parvenu à prendre son aplomb. Il mettait en joue et visait la terrasse, où Lorédan et Angélie avaient le verre aux lèvres et causaient en souriant. C'étaient des assassins.

Céleste avait eu raison de fermer la bouche de son frère. Un cri devait tout perdre. Voici pourquoi : entre le cri d'appel et la venue de l'escorte, une minute devait s'écouler, une minute dont chacune des secondes suffisait à consommer le crime.

Julien s'appuyait, défaillant, à la treille :

— Si je pouvais mettre, murmurait-il, ma poitrine au devant de la mort !

— Tu peux faire mieux, dit Céleste qui était pâle, mais qui ne tremblait pas.

Elle saisit en même temps par les carreaux du treillage le canon d'une carabine et mit l'arme entre les mains de Julien. Elle acheva d'une voix ferme :

— Vise et tue :

L'écolier eut comme un vertige. Une troisième ombre se dessina dans les buissons, parmi les ténèbres qui allaient s'épaississant. Celle-là n'avait point de mousquet. On la vit frapper dans ses mains l'une contre l'autre. C'était un signal sans doute.

— Tuer un homme! moi! murmura Julien dont les jambes trop faibles ne soutenaient plus le poids de son corps.

L'ombre avait frappé deux fois dans ses mains.

— Si tu n'oses pas, donne ! s'écria Céleste qui le dépassait de la tête en ce moment,

Elle lui arracha la carabine des mains et en appuya le bout contre un des barreaux de la treille. A l'instant même où l'ombre donnait le dernier signal, la carabine partit entre les mains de la jeune fille.

Un second coup de feu répondit au sien comme un écho au sommet du monticule. Lorédan s'affaissa aussitôt dans les bras de sa sœur, tandis que l'arme s'échappait des mains de Céleste et qu'elle se laissait aller sur le sein de Julien.

Au haut de la colline une forme humaine se leva toute droite parmi les broussailles. Un instant, on vit sa noire silhouette se détacher sur le ciel. Puis elle chancela, cette silhouette sombre, et un homme vint tomber mort, la tête la première, dans la poussière du chemin, à cinquante pas de la treille. Celui-là n'avait pas tiré. Les gendarmes et les cavaliers amenés par le bruit de la double détonation trouvèrent auprès de lui sa carabine chargée.

Ses deux compagnons, l'autre assassin et cette ombre qui avait frappé les trois signaux, avaient disparu comme par enchantement. Lorédan avait une blessure à l'épaule. Ce n'était pas lui que Céleste avait sauvé...

A ce moment, la cloche du Corpo-Santo se prit à sonner le glas à toute volée, et peu d'instants après, du fond de la vallée du Montorello, un bruit monta, semblable à la lointaine détonation d'un canon de gros calibre. C'était la mine d'Athol qui sautait.

La nuit remplaçait le crépuscule, l'escorte inquiète était rassemblée dans la cour. Chacun se demandait ce qui se passait aux alentours cette nuit.

Sur la terrasse, une femme que personne n'avait vu entrer, apparut soudain derrière le groupe formé par Lorédan et sa sœur. La blessure de Lorédan était légère ; il avait déjà repris ses sens. Cette femme, cette apparition, avait une robe blanche, et de longs cheveux noirs flottaient sous un voile autour de son front pâle. Elle resta tout au bout de la terrasse. On vit sa main s'étendre vers les tours lointaines du couvent. On l'entendit qui murmurait :

— Les enfants de Doria sont beaux... où sont les enfants de Monteleone ?

Puis, d'une voix éclatante :

— Entendez-vous le son de cette cloche ? Mettez le harnais à vos chevaux ! La mort est ici aux alentours. L'ombre est pleine des poignards du Silence. C'est la nuit du 15 *octobre !*

VIII

LA MESSE DE LA VINGT-DEUXIÈME HEURE

Manuele marchait dans la vallée déserte, quand il entendit la double explosion. Il ne se retourna même pas. Quand le son des cloches du couvent arriva jusqu'à lui, il se découvrit et fit le signe de la croix. Plus tard, quand cette grande détonation de la mine fit trembler le sol sous ses pieds, il pressa le pas.

— C'est la nuit du 15 octobre dit-il, lui aussi ; on prie en accomplissant la dernière volonté des morts !

L'obscurité était complète lorsqu'il arriva dans les ruines. Il ne fit point comme Athol, notre aventurier, qui avait cherché si longtemps. Le souvenir le guidait dans ce labyrinthe de décombres ensevelis sous l'herbe. Il alla droit au talus où Athol avait vu pour la première fois la femme blanche.

— Oui, oui, se disait-il : grandeur, richesse et noblesse !

Il faudra compter. Ce qui manque aux uns, les autres l'ont. Je savais bien, moi, que le maître avait pensé à tout avant de mourir!

En arrivant au talus, il planta sa pelle en terre et prit la pioche à la main, disant :

— Richesse, noblesse, grandeurs! tout est ici!

Mais un cri d'étonnement s'échappa de sa poitrine lorsqu'il vit devant lui un trou béant et noir.

— On est venu! s'écria-t-il. Qui est venu ?

Il entra dans ce réduit dont Athol avait franchi le seuil avec une sorte de recueillement. L'odeur de la poudre était encore là-dedans. La lune, qui sortait d'un nuage, montra son croissant d'argent, dont les rayons enfilèrent l'ouverture, et la chambre basse s'emplit de clarté.

Il n'y avait point d'humidité, parce que le pavillon, tout en marbre, était bâti sur voûte. C'était une retraite charmante, dans le style italien moderne. Les murs, ornés de guirlandes légères en mosaïque, gardaient leur fraîcheur. Seulement, les étoffes étaient déteintes et fanées.

Un lit et deux berceaux, nous avons dit cela déjà, formaient tout le mobilier de cette chambre. Pour avoir tardé à venir, l'impression produite sur Manuele n'en fut que plus profonde. Il tomba sur ses deux genoux, et ses yeux s'inondèrent de larmes.

— Quatorze ans écoulés! murmura-t-il; au lieu de la jeunesse, et du bonheur, la mort !

Il tira de son sein un papier qu'il déplia lentement Il était en face de l'entrée, et la lumière de la lune

tomba d'aplomb sur l'écriture, par-dessus son épaule.
Il lut :

« ... Nul n'est entré en ce lieu depuis le jour où tout mon bonheur périt à la fois. La porte fut murée sur le lit de Marie, et les deux pauvres berceaux vides... »

Manuele s'arrêta parce que ses larmes l'aveuglaient. Il se releva tout à coup, pris d'un frémissement.
— Mais quelqu'un est venu ! s'écria-t-il.
Un instant il l'avait oublié, tant les souvenirs du passé lui avaient étreint fortement le cœur. Son regard fit le tour de la chambre souterraine. Dans ce regard, il y avait plus d'espoir que de crainte.
— Ceux qui sont venus, pensa-t-il, ne savaient pas le secret...
Il consulta encore le papier qu'il tenait à la main :

« ... A la tête du lit, lut-il, le troisième panneau ; celui qui porte à son centre l'écusson de Monteleone avec la devise... »

Il n'y avait pas à s'y tromper. Tous les panneaux étaient semblables, excepté celui-là qui avait, outre son léger encadrement de mosaïque, un écu entouré du cordon de la Toison-d'Or. L'écu était d'*azur au cœur d'or transpercé de deux épées de même en sautoir*, avec cette devise : *Agere, non loqui*.

Manuele posa son doigt sur l'écu qui occupait le centre du panneau et opéra une pression. Le panneau bascula aussitôt et montra une cavité carrée, en forme d'armoire, qui contenait un coffret d'acier ciselé. Manuele poussa un cri de joie et s'empara du coffret.

Mais la serrure du coffret avait été brisée d'un coup de pistolet. Elle portait encore la trace de la balle. — Et le coffret était vide. . . . .
. . . .

— Holà ! Mariola ! folle ! cria une voix cassée au dehors ; as-tu creusé ce trou pour te cacher ? Voyons, si tu reviens comme une bonne fille, tu ne seras pas battue, mais si tu me fais courir, prends garde à toi !

Un claquement de fouet très-expressif accompagna ces dernières paroles. C'était une vieille femme qui allait clopin-clopant dans les herbes, la lanterne d'une main, le fouet de l'autre ; une vieille femme à la Rembrandt : longue figure maigre, hérissée de cheveux gris, nez tranchant qui descendait jusqu'au menton taillé à la poulaine ; petits yeux gris clignotant derrière une broussée de sourcils révoltés. Elle s'arrêta devant l'ouverture de l'ancien pavillon.

— En vérité, murmura-t-elle, voilà un lit qu'on pourra emporter, s'il n'est pas trop lourd. J'ai passé bien souvent par ici sans me douter qu'il restât quelque chose...

Elle s'interrompit en un rire lassé, puis elle ajouta :

— La Mariola est capable de s'être endormie en pleurant sur les deux berceaux.

La lumière de sa lanterne éclaira tous les recoins de la chambre. Elle ne vit rien. On eût dit qu'elle avait peur d'entrer.

— C'est *son glas* qu'on tinte là-haut, murmura-t-elle ; je n'aime pas sortir par ces nuits du 15 octobre... et la Mariola va me le payer !

— Allons ma bonne fille, reprit-elle d'un ton mielleux, quand tu passes la nuit à courir, tu sais bien que le travail ne va pas le lendemain, tu t'endors sur ton rouet. Et, je le demande à Dieu, gagnes tu le pain que tu manges ?... Viens, Mariola, viens, viens !

Elle attendit la réponse un instant. La réponse ne se fit pas.

— Vas-tu venir ! s'écria-t-elle en colère ; où faut-il que j'aille te chercher !

Le fouet menaçant claqua, mais la réponse ne vint point encore. La vieille passa le seuil d'un pas trébuchant. Elle avait peur. La lanterne tremblait dans sa main. Quand elle fut au milieu de la pièce, elle aperçut une masse sombre à demi-cachée derrière la tête du lit. Elle s'approcha.

C'était un homme qui tenait entre ses mains crispées un coffret d'acier ouvert et vide. L'homme était privé de sentiment et comme mort. La vieille s'accroupit près de lui et dirigea l'œil de sa lanterne sur son visage.

— Manuele ! Mon neveu Manuele ! grommela-t-elle avec plus de surprise que d'émotion ; j'ai donc bien de l'âge, puisque ceux que j'ai bercés sur mes genoux sont maintenant des vieillards !

Elle habitait, cette vieille femme, une petite cabane

perdue dans les roches à un mille de là, presque au sommet de la falaise qui séparait le Martorello du rivage. Elle se nommait Berta Giudicelli. Elle avait été la nourrice de Barbe de Monteleone. Elle seule avait eu le secret des espoirs de Barbe avant le mariage du comte défunt; elle seule avait eu le secret des pleurs et du désespoir de Barbe, quand Mario Monteleone eut pris pour épouse Maria des Amalfi. Cependant, elle témoigna dès l'abord à la jeune comtesse, un dévouement ardent et empressé. Elle brigua et obtint pour sa fille l'honneur de prêter le sein au premier-né de Monteleone.

Lorsque, après la catastrophe qui plongea la maison dans le deuil, l'espoir sembla de nouveau sourire au maître, lorsque Maria des Amalfi lui eût donné successivement un second fils et une fille, Berta s'empressa autour d'eux comme Barbe elle-même. Les enfants l'aimaient, parce qu'elle savait des chansons et les contes qui amusent la veillée villageoise. Elle les nommait ses anges chéris et les attirait tant qu'elle pouvait dans sa cabane.

Ce jour où la tartane barbaresque croisa dans le golfe de Santa-Eufemia, ce jour cruel où disparurent à leur tour le second fils et la fille de Maria des Amalfi, comtesse de Monteleone, on les avait vus jouer tous les deux le matin au seuil de la maison de Berta...

Comme elle avait près de quatre-vingts ans, on lui avait laissé sa cabane, lors de la *dépopulation,* comme on appelle en Italie ces brusques migrations ordonnées par les gouvernements. Elle seule dans le pays avait vu les beaux jours du Martorello. Les pêcheurs disaient que c'était une sorcière. Ils disaient encore qu'elle avait en quelque trou profond de l'or mal acquis : les trente deniers de la trahison. Quand elle était loin et qu'elle ne les pouvait entendre, ils l'appelaient la femelle de Judas. Mais ils n'osaient pas refuser le caret fin qu'elle filait au rouet et qu'elle leur vendait pour leurs engins de pêche.

Elle vivait seule. Quand elle allait porter son fil aux grèves, sa porte restait close, mais il y avait de vagues bruits dans le pays. Les contrebandiers, une nuit qu'ils escaladaient la falaise, pour faire filer un chargement de draps de France à travers le Martorello, avaient entendu qu'on se disputait dans la cabane de Berta. La vieille menaçait. Un fouet claqua et il y eut un gémissement, quelque chose de semblable à la plainte d'une femme.

En outre, la quantité de caret qu'elle apportait aux pêcheries semblait depuis longtemps trop considérable pour être le produit de son seul travail, eût-elle tourmenté son rouet nuit et jour.

Cependant ceux qui, par hasard, avaient passé le seuil de sa cabane, l'avaient toujours trouvée solitaire. Elle vivait misérablement. Elle achetait juste ce qu'il fallait de pain noir pour se nourrir elle-même.

Les nouveaux habitants du village s'occupaient peu de cette octogénaire revêche et repoussante qu'ils ne connaissaient point. La frayeur superstitieuse des hommes de la mer les tenait à distance, et Pietro, l'hôtelier du Corpo-Santo, son plus proche voisin, avait bien assez de ses fièvres. Berta était donc là sur sa falaise, comme au fond d'un désert. Elle faisait ce qu'elle voulait. Elle avait une esclave au milieu d'un pays chrétien, une esclave qu'elle faisait travailler, à coups de fouet, dans un trou.

Et si, de temps à autre, la nuit, un passant égaré rencontrait un fantôme dans la vallée, c'est que l'esclave de la vieille Berta avait pris la fuite. Il y avait des gens qui donnaient un nom à ce fantôme, et qui disaient que Maria des Amalfi, comtesse de Monteleone, morte on ne savait où, revenait les nuits et rôdait autour de ces ruines, où était le berceau de ses enfants.

Cette nuit, l'esclave avait rompu sa chaîne, et Berta la cherchait, le fouet à la main. Berta laissa Manuele, étendu sans mouvement dans la chambre de marbre, et sortit pour parcourir de nouveau les ruines. Elle disait, en boitant, parmi les herbes :

— Viens, Mariola, ma fille, viens, viens !...

Il était en ce moment un peu plus de neuf heures du soir. Les cloches du Corpo-Santo se taisaient, mais on voyait luire les fenêtres de l'église au haut de la montagne.

Sur la route, la calèche de voyage du comte Lorédan et de sa sœur, recouverte maintenant et bien close, filait au grand galop au milieu de l'escorte. Pistolets et carabines étaient armés. Après ce qui s'était passé, le chef des gendarmes avait déclaré qu'il n'y avait désormais de sûreté qu'à la ville, et Lorédan, malgré sa blessure légère, s'était déterminé à partir. Auparavant, néanmoins, le frère et la sœur s'étaient informés de ceux qui leur avaient sauvé la vie. Au grand étonnement de l'honnête Pietro, Julien et Céleste refusèrent de paraître devant leurs Excellences. Encore pouvait-on expliquer cela par la timidité ; mais Céleste et Julien refusèrent également une bourse pleine de ducats que Leurs Excellences leur faisaient offrir. Pour le coup c'était de la folie, et Pietro vit bien que les deux enfants avaient la cervelle à l'envers comme le vieux Manuele leur père.

Céleste et Julien suivirent longtemps des yeux la calèche au milieu du nuage de poussière qu'elle soulevait sur sa route. Quand ils la perdirent enfin de vue, au détour du chemin, Céleste jeta ses deux bras autour du cou de son frère, qui restait immobile et morne.

— Julien dit-elle, nous avons vu le monde. Le monde ne vaut rien pour nous... Nous mourrons jeunes. N'aimons que Dieu !

Ugo, seigneur de Monteleone, avait bâti au douzième siècle ce monastère du Corpo-Santo pour des reliques qu'il apportait de terre sainte. C'était un de ces fiers couvents à créneaux et à tourelles, comme il en existe encore quelques-uns dans l'Italie du sud. Au moyenâge, les abbés du Corpo-Santo avaient eu juridiction religieuse et temporelle sur une grande partie du pays, néanmoins, le grand écusson de Monteleone restait au frontispice de pierre qui couronnait le portail intérieur de l'église. Malgré le temps, on pouvait le blasonner encore, parti qu'il était de Bourbon et de Montferrat, portant sur le tout les armes des princes de Bénévent, et en cœur, *sur le tout du tout,* comme disaient les anciens hérauts, les armoiries propres de Monteleone : *d'azur au cœur d'or, transpercé de deux épées du même en sautoir.* Les supports étaient deux lions. Autour de leur crinière s'enroulait la devise latine : *Agere, non loqui.*

On disait que le 15 novembre 1815, Mario Monteleone avait été exécuté au château du Pizzo, à neuf heures et demie du soir, une heure juste après le roi Joachim Murat. Ce soir, c'était l'anniversaire. On voyait confusément sur le parvis tout noir une foule silencieuse.

Quand le beffroi sonna neuf heures et demie, les portes de l'église s'ouvrirent à deux battants, projetant de grandes lueurs dans les cours. La voix de l'orgue s'éleva et dit les premières mesures de cette gigantesque symphonie funèbre que le vieux maître Porpora composa, rapporte-t-on, pour ses propres funérailles. Le son se prolongea, grave et doux sous les voûtes, pendant que cette foule muette, rassemblée naguère dans la cour, montait les degrés du perron.

L'église était une vaste nef à voûte surélevée, soutenue par deux rangs de pilastres énormes, auxquels se collaient des colonnes cannelées de cette forme régulièrement cylindrique, particulière à l'ordre bysantin. Les chapiteaux, variés à l'infini, depuis le dessin grossièrement rappelé de la forme Corinthienne, jusqu'au fouillis de feuilles, de monstres, de palmes, de serpents sans fin, enlacés comme des paraphes, avaient des dorures pleines, ressortant sur un fond rouge obscur. Chacun des pilastres avait sa nuance qui, différente par le fait, tombait en harmonie avec les pilastres voisins. Les bas côtés, étaient percés de profondes chapelles dont les fenêtres hautes, en plein cintre, aux archivoltes supportées par deux colonnes ioniennes, passaient derrière le chœur et contournaient l'abside.

A l'étage supérieur, les fenêtres, réunissant ensemble deux arcs très-surélevés, renfermés dans un centre commun, étaient ornées de vitraux plats de Bologne.

Mais c'étaient le chœur et l'autel qui pouvaient passer pour des modèles de cet art un peu chargé dans sa magnificence qui rappelle les profusions babyloniennes. Les peintures latérales, exécutées à fresque sur fond d'or, par quelqu'un de ces splendides imagiers grecs, précurseurs de Cimabue et de Giotto, représentaient, sans perspective, il est vrai, mais avec des couleurs incomparables, des scènes de la Passion de Notre-Seigneur. La mise au tombeau formait le fond, et la coupole étincelante reproduisait les éblouissements de l'Ascension.

Les colonnes torses de l'autel, formées de deux serpents entrelacés, l'un de marbre noir, l'autre de porphyre sanguin, séparés par un cable d'or, entouraient au nombre de douze le tabernacle où étaient les saintes reliques. Le tabernacle figurait un tombeau, et le globe à la croix qui surmontait l'autel était de basalte noir.

Dans l'un des tremblements de terre qui marquèrent la fin du dix-huitième siècle, l'église de San-Nicolao d'Andri avait été engloutie. Depuis lors, la basilique du Corpo-Santo, ouverte à tous, servait de paroisse à la contrée. Eussiez-vous quadruplé le nombre des chrétiens répandus sur ces côtes, la basilique eût encore été trop grande pour qu'ils la pussent remplir.

Aussi cette foule qui encombrait naguère l'étroit parvis, disparut-elle dès qu'elle eut passé sous la maîtresse porte. Hommes et femmes se noyèrent dans la nef et dans les bas-côtés tendus de noir. Quand l'orgue se tut, un silence de mort régna dans l'immense vaisseau en deuil.

Cette foule qui venait d'entrer se composait de deux éléments très-distincts. Il y avait d'abord les gens du pays, pêcheurs, contrebandiers, villageois qui venaient depuis sept ans, chaque automne, à cette solennité nocturne, comme on assiste à un curieux spectacle. Ces gens n'avaient aucun lien de souvenir ou d'affection pour le nom de Monteleone. C'étaient des transplantés.

Mais une autre catégorie, aussi nombreuse pour le moins, se composait de voyageurs aux sandales blanchies par la poudre des routes. Ceux-là venaient de loin, et c'étaient pour la plupart d'anciens habitants du pays, expulsés après la tentative avortée de Murat. Ils ne se mêlaient point aux hôtes nouveaux des campagnes voisines. On les voyait par groupes dans l'ombre des piliers le manteau sur la joue. Il y avait parmi eux des femmes voilées.

L'éclairage de la nef donnait du reste toute facilité à ceux qui ne se voulaient point montrer. L'autel resplendissait aux feux d'une innombrable quantité de cierges. Les lustres du cœur étaient allumés, et un double rang de candélabres à pied entourait le grand catafalque élevé devant le tabernacle, mais c'était tout. A partir de la balustrade du chœur, il n'y avait pas une seule lumière dans l'église.

Depuis sept ans que cette cérémonie avait lieu, jamais les agents de la police centrale n'avaient fait la moindre tentative pour l'entraver. Ce n'était pas un acte séditieux, puisque Mario Monteleone avait péri par suite d'une trahison privée : L'ordre de grâce avait été expédié en temps utile par le roi Ferdinand. Cependant sous chaque manteau, dans ces groupes, protégés par l'ombre des piliers, il y avait une arme.

Le catafalque portait la couronne comtale et le manteau. Il y avait en outre les insignes de la Toison-d'Or d'Espagne, de l'Annonciade de Sardaigne et de Saint-Ferdinand de Naples. Sur la face du drap qui regardait la nef, était brodée une série d'emblèmes mystiques. rappelant ceux qui sont à l'usage de la franc-maçonnerie. Le principal de ces emblèmes était un marteau de forge posant sur l'enclume, et entouré de cette inscription, lettre-morte pour les profanes :

$$AA^5 \ LA^4AA^3E \ E^2AI^2OA^3I^2$$
$$EA^5$$
$$IL^2AA^4MNA^3$$
$$I^2O \ EA^5$$
$$A^2I^2A^4$$
$$RI^2M^3 \ INE^2DALA^3NM^2 \ EA^5 \ M^2I^3RI^2A^5II^2$$

Un étendard noir, qui pendait de la voûte, portait en lettres d'argent cette devise latine, qui avait été celle du mort, et qui appartenait maintenant à la mystérieuse association dont les menbres s'intitulaient les Compagnon du Silence :

AGERE, NON LOQUI.

Au moment même où la porte extérieure s'ouvrait, les moines faisaient leur entrée solennelle dans le chœur. Ils étaient au nombre de vingt-trois, y compris l'abbé et les deux prieurs. Leur costumes consistait en un froc blanc, lié par une ceinture de chanvre. Ils portaient la tonsure majeure, dont le diamètre est la ligne qui rejoint une oreille à l'autre. C'était l'ordre des Célestins du Temple, institué par Jean de Gaëte, et dont la règle diffère peu de celle de Saint-Bruno.

Ils se rangèrent dans leurs stalles, des deux côtés du chœur. Le chapelain, qui avait jeûné tout le jour pour dire cette messe de la vingt-deuxième heure, parut bientôt revêtu de ses ornements de deuil, et suivi de ses deux servants.

Quand le pied du chapelain toucha la première marche de l'autel, six hommes, enveloppés dans leur manteau et masqués de noir, sortirent de l'ombre. Ils s'avancèrent à pas lents et se rangèrent debout, en face du catafalque, devant la balustrade du chœur. Leur aspect, causa une certaine émotion. On put entendre un murmure où dominaient ces mots prononcés à voix basse :

— Les *Cavalieri Ferraï*! Les Six !...

A l'introit, ils s'agenouillèrent, mais leurs visages restèrent masqués. La messe commença. Dans la nef, vous eussiez entendu une mouche voler. Au dehors, c'était ce grand silence des nuits italiennes où la nature elle-même se tait et dort : un silence si complet, que l'oreille percevait le lointain murmure de la mer qui, calme et lente, semblait dormir aussi sur les grèves désertes à plus d'une lieue de là.

Après l'évangile, pendant que le prêtre continuait d'officier, il y eut une étrange cérémonie. Une longue file d'hommes, enveloppés de leurs manteaux, sortit de la nuit des bas-côtés. Ils vinrent pas à pas, un par un, s'agenouiller devant le catafalque. Ceux qu'on appelait les *Six* les couvraient tour à tour de leurs mains étendues, et décorées de l'anneau de fer. Chacun des compagnons ne faisait que fléchir le genou, puis il se relevait et cédait sa place à un autre. Ils allaient ensuite se placer derrière les Six, sur deux files, de manière à occuper toute la ligne centrale de la nef.

L'orgue qui semblait une voix de l'autre monde dans ce silence, disait en sourdine le motif de Fioravante : *Amicici, alliegrè, andiamo alla pena...*

Cela dura jusqu'à l'élévation. A l'élévation, tous mirent le front contre terre. Comme ils étaient ainsi, une voix tomba tout à coup de la voûte.

Si mystérieuse qu'on eût fait cette cérémonie, ceci n'était point dans le programme, car chacun tressaillit en l'écoutant. La voix dit :

— Pour qui priez-vous ? La tombe est vide. J'ai vu Mario vivant, plus fort, plus beau qu'aux jours de sa jeunesse. Il n'y a que moi de morte !...

Tous les regards s'étaient élancés à la fois vers la

voûte, dôme d'azur où pendaient des étoiles d'or. On vit une forme blanche qui glissait derrière les arcades tréflées de la plus haute galerie. Le clocher tinta trois grands coups espacés largement.

Quand les yeux se tournèrent de nouveau vers l'autel, il y eut un étonnement de plus. A droite du catafalque un homme de haute taille était debout, le dos tourné à la nef. Un manteau noir se drapait sur ses épaules, et un masque de velours lui couvrait le visage.

Les Six se comptèrent. Nul ne manquait dans leurs rangs. Qui donc était le septième ?

IX

LE SEPTIÈME ANNEAU.

Au-dessous de la nef, dans la crypte, six lampes brûlaient autour d'un cercueil suspendu par des cordages. La tombe ouverte attendait ce cercueil. Une septième lampe était éteinte.

Celle-là était en or. Les six autres étaient d'argent. Chacune des lampes portait un nom gravé sur le métal. Ces six noms étaient : Amato Lorenzo. — David Heimer. — Luca Tristany. — Felice Tavola. — Policeni Corner.— Marino Marchese. La lampe d'or éteinte portait le nom de Mario Monteleone.

Ce cercueil qui pendait occupait la place correspondante au centre du chœur où nous avons vu le catafalque, dans l'église supérieure. Dans le cercueil il y avait un corps embaumé. Un noble visage, doux et calme. La lumière des lampes ne s'étendait qu'à quelques toises de la bière. Au loin, l'œil n'aurait pu que deviner la perspective des piliers larges et courts. La crypte était déserte, et cependant il y avait des instants où l'on aurait cru entendre, derrière cette forêt de pilastres, des mouvements et des murmures. De loin en loin la voix de l'orgue arrivait comme un bourdonnement sourd.

A quelques pas de la fosse ouverte et du cercueil, immédiatement au-dessous de l'autel de l'église supérieure, il y avait un drap noir tendu sur une enclume, un marteau de forge et un morceau de charbon. Un crucifix dominait cette table symbolique, et le long du drap courait une inscription en quatre versets, séparés par des têtes de mort brodées en argent. L'inscription était ainsi figurée :

$I^3R\ A^6A\ I^4A^5I^2RI^4A^5I^2\ IL^2NM^2I^2\ EI^2\ DRA^5M^2\ A^2NA^4O$
$I^4A^5I^2RI^2\ A^2I^2A^4.$

$II^2M^2O\ RA\ A^2NI^3$

$I^3R\ A^6\ A\ I^2A^6I^2RI^4A^5I^2\ IL^2NM^2I^2\ EI^2\ DRA^5M^2\ A^3NI^3A$
$I^4A^5I^2\ RI^2\ IL^2AA^4MNA^3.$

$II^2M^2O\ RA\ INA^3M^2II^3I^2AII^2\ EA^5\ OA^4AI^3\ OA^4I^2.$

C'était la coutume : chaque année, après la messe de la vingt-deuxième heure, les six chevaliers du Silence venaient renouveler leur vœu autour des restes du grand maître décédé. Cette nuit, il y avait en eux je ne sais quelle appréhension secrète lorsqu'ils descendirent les escaliers conduisant à la crypte du Corpo-Santo. La cérémonie avait été troublée deux fois. Cette voix mystérieuse, qui avait laissé tomber de la voûte d'obscures et emphatiques paroles, restait dans leur souvenir comme une menace. Autre menace : Quel était l'homme qu'ils avaient d'abord pris pour l'un deux et qui s'était tenu debout, en dedans de la balustrade, à côté du catafalque? D'où venait-il? Par où était-il entré dans cette enceinte close? et de quel droit avait-il pris cette place d'honneur?

Il y avait une chose plus étrange encore. Après la bénédiction, au moment où la foule s'écoulait, les moines du Corpo-Santo étaient venus se ranger sur deux files des deux côtés de l'inconnu, qui, la tête haute, avait marché au milieu d'eux jusqu'à la sacristie. Si bien que les compagnons massés dans la nef avaient murmuré, demandant :

— Avons-nous un grand-maître? Est-ce là l'héritier de Mario Monteleone?

Et d'autres disaient :

— S'il n'est un des six seigneurs, qui peut-il être?

C'était bien la pensée des seigneurs eux-mêmes, tandis qu'ils allaient, silencieux, sous les sombres arceaux conduisant à la crypte. Chacun d'eux se disait :

« Il faut un grand-maître! »

Ceci étant posé, chacun ajoutait : « Il faut que ce soit moi. »

Ils entrèrent ensemble dans la crypte et arrivèrent au-devant du cercueil sans avoir prononcé une parole. Il y avait parmi eux quatre chevelures noires, un crâne à demi dépouillé, et un tête coiffée de cheveux blancs, appartenant au doyen de la frèrie. Celui-ci dit :

— Salut, seigneur et père.

Les autres répétèrent tous ensemble :

— Salut, seigneur et père !

— Je suis, reprit le vieillard, Amato Lorenzo, votre compagnon et votre serviteur.

Celui qui avait la tête chauve à demi, dit avec un accent allemand fortement prononcé : « Je suis votre compagnon et serviteur David Heimer. » Puis une sorte de géant, dont le front dépassait les autres de quatre bons pouces : « Je suis Luca Tristany, le capitaine. » Puis les autres tour à tour :

— Je suis Policeni Corner, votre cousin. — Je suis Felice Tavola, votre parent. — Je suis Marino Marchese, votre ami.

Tous les Six alors étendirent au-dessus du cercueil leurs mains, qui avaient au doigt medius un anneau semblable, un anneau de fer avec la devise : *Agere non loqui.*

— La septième année s'achève, dit Amato Lorenzo ; entre la vingt-deuxième heure du dernier jour et l'année nouvelle, le silence est rompu tant que la main reste étendue. Le maître avait coutume de nous dire à ce moment : « Que voulez-vous de moi ?. » Je parle en son nom, et je dis comme lui : Frères, que voulez-vous ?

— Vivre libre, répondit le premier, le géant Luca Tristany. J'ai tué deux hommes, deux traîtres. C'est assez. Je demande le partage. Je me retire de l'association, à moins que vous ne me fassiez grand-maître, comme cela m'est dû.

— J'ai donné, dit à son tour David Heimer, mon temps et ma fortune à la vengeance du maître, ma tâche est accomplie. Je veux être maître ou libre, et je demande le partage.

— Je suis parent de Monteleone, objecta Felice Tavola.

— Je suis plus près parent que toi, repartit Policeni Corner.

Amato Lorenzo dit :

— Mes cheveux blancs ne peuvent plus obéir !

— Mes cheveux noirs veulent commander ! s'écria Marino Marchese en riant ; frères, la comédie est jouée. La septième année est accomplie. Nous sommes tous riches. Le temps du repos est venu. Coupons cette corde, et que notre seigneur repose enfin en terre sainte... le temps promis n'a-t-il pas été donné ? La vengeance jurée n'est-elle pas accomplie ?

Toutes les bouches s'ouvraient pour répondre affirmativement, car tel était le sentiment général, lorsqu'une voix s'éleva distincte et retentissante.

— Non ! prononça-t-elle avant que personne n'eût parlé !

Les Six se regardèrent à travers les trous de leurs masques.

— Qui a dit non ? demanda Marchese.

Et tous les autres répétèrent :

— Qui a dit non ?

Puis Luca Tristany d'un ton provoquant :

— Homme ou diable, celui qui a dit non en a menti !

Sa voix rude résonnait encore sous la voûte lorsque les cordes qui soutenaient le cercueil entre ciel et terre eurent un grincement aigu. Chacun put voir la poulie tourner au haut du guindeau, et le cercueil se mit à descendre lentement, lentement. En même temps, la draperie noire s'agita. Les Six, plongés dans une indicible stupéfaction, virent les lampes d'argent s'éteindre tout d'un coup. Parmi l'obscurité complète qui régna pendant quelques secondes, on entendit un pas ferme et sonore frapper à intervalles égaux les dalles de la crypte.

Puis la lumière reparut. Mais c'était la lampe d'or qui brûlait. La lampe d'or n'était plus suspendue. Elle brillait entre les mains d'un beau jeune homme au visage hardi et fier.

Nous eussions reconnu ce port hautain, cet œil d'aigle dont le regard semblait une pointe d'acier. C'était Athol, notre aventurier. Mais quelque chose était changé dans sa physionomie. Une grave émotion avait dû peser sur lui, car ses traits exprimaient une sorte de recueillement.

A sa vue, les Six reculèrent. Et comme s'ils n'eussent eu qu'une seule voix :

— Qui êtes-vous ? dirent-ils.

Leurs regards s'abaissèrent vers le cercueil qui était déjà au ras du sol, puis remontèrent de la figure du mort, immobile et pâle, à cet autre visage tout rayonnant de jeunesse. Ils semblaient faire une comparaison.

Et la comparaison faite amena pour tous un résultat pareil. Leurs têtes se baissèrent. Il n'y en eut pas un parmi eux qui ne tremblât. Tous cependant, depuis sept ans, jouaient leur tête chaque jour.

Le cercueil dépassait le niveau du trou. L'ombre se

faisait sur le visage du mort. Machinalement, les mains des Six restaient étendues au-dessus de ce cadavre qui s'enfonçait peu à peu dans la nuit. Une septième main se tendit de l'autre côté de la fosse. C'était celle du nouveau venu. Cette main avait comme les six autres à son doigt medius un anneau de fer. Seulement, l'anneau était double et portait pour chaton trois diamants disposés en triangle.

À l'instant où le cercueil disparaissait tout à fait, sous le sol, le nouveau venu prononça d'une voix distincte et vibrante :

— Adieu, seigneur et PÈRE !

Les Six restèrent muets. L'inconnu reprit :

— Luca Tristany, tu es fort, soulève la table de marbre et recouvre cette tombe.

— Qui es-tu, pour me donner des ordres? demanda le géant.

— Je suis le MAITRE, répondit le nouveau venu avec simplicité. Refuses-tu, capitaine ?

Auprès de la fosse, il y avait en effet une table de marbre, gisant dans la poussière depuis sept ans. Le géant la mesura de l'œil.

— Il n'y a pas d'homme capable de soulever cela, murmura-t-il.

Athol se baissa, prit la pierre à deux mains, la fit pivoter sur une de ses tranches comme une porte qu'on ferme et la rejeta sur la fosse. Le sol rendit un grand bruit qui alla se répercutant d'arceaux en arceaux jusqu'au fond de l'église souterraine.

— Tu es fort, dit Luca Tristany, tandis que les autres

gardaient toujours le silence ; mais pendant que tu tenais cette pierre à deux mains, un enfant aurait pu te poignarder ; tu n'es pas prudent.

Athol sourit encore et montra de sa main droite, où brillaient les trois diamants, la table de marbre retournée. Le marbre était blanc. Deux mots y étaient gravés en lettres noires : Dieu veille.

— Nous sommes six, prononça tout bas le vieux Lorenzo, et tu es seul. Tu as la bague du maître, c'est vrai, mais j'ai vu de ces joyaux dérobés au cimetière. Nous ne savons pas ce que tu veux.

Athol répondit :

— Je veux l'obéissance.

— Es-tu seulement initié ? demanda David Heimer.

Athol se retourna vers le drap noir où était cette inscription, dont nous avons figuré plus haut les indéchiffrables caractères. Il fit cela parce que Tristany, le capitaine, Marino Marchese et Policeni Corner s'étaient écriés en même temps : « Qu'il lise l'écriture ! »

— Là-haut, sur le catafalque, dit Athol, j'ai lu cette inscription : *Au grand maître du charbon et du fer, les Compagnons du Silence.*

— Et là ? fit Lorenzo qui ne dissimulait plus son étonnement.

Athol lut aussitôt les quatre lignes brodées en argent sur la draperie noire :

Il y a quelque chose de plus fort que le fer.
C'est la foi.
Il y a quelque chose de plus noir que le charbon.
C'est la conscience du traître.

— La clé ! s'écria David Heimer ; les simples compagnons connaissent cette formule. Dis-nous la clé qui est le secret des maîtres !

— Non, répondit Athol, je ne vous dirai point la clé.

— Tu ne la sais pas ! fit-on de toutes parts.

— Je la sais.

— Alors pourquoi refuses-tu de la dire ?

Athol prit sur l'enclume le morceau de charbon. Au lieu de répondre à haute voix, il écrivit sur la table de marbre du tombeau :

$$RI^2M^2 \; OI^2A^3I^2MA^4I^2M^2 \; I^2INA^5OI^5A^3O \; !$$

David Heimer se pencha, en proie à une agitation singulière, et lut tout bas : « Les ténèbres écoutent ! »

— Il a la clé ! dirent les cinq autres ; pour écrire il faut avoir la clé !

— Chacun de nous la possède, répliqua David Heimer ; le grand maître doit en savoir plus long que les chevaliers.

Athol remit le morceau de charbon sur l'enclume, saisit le lourd marteau d'une seule main, et brisa le charbon en mille pièces.

— Voilà ce que je sais ! dit-il en redressant tout à coup sa riche taille ; je ne suis pas venu pour discourir. Ainsi ferai-je à quiconque me résistera !

Et, comme un murmure s'élevait parmi les Six, Athol ajouta :

— J'ai six épées contre chacun de vos poignards.

Involontairement, les *Cavalieri Ferraï* plongèrent leurs regards effrayés dans la nuit lointaine des galeries. Ils virent, à la distance d'une trentaine de pas, un cercle sombre et immobile. Athol appliqua à ses lèvres le manche de son couteau calabrais. Un coup de sifflet aigu retentit, auquel un chœur grave et calme répondit :

— Seigneur, nous sommes là !

— Allons ! dit Martino Marchese qui était un gai luron, les ténèbres font mieux qu'écouter, elles parlent. Voilà plus d'un quart d'heure que je sentais ces braves gens derrière moi. Maître, si tu es l'héritier de Monteleone, je consens à t'obéir.

— Moi de même ! dirent ensemble Policeni et Felice Tavola.

— Parle, ajouta le vieux Lorenzo, que nous connaissions notre nouveau seigneur !

Athol mit le pied sur le marbre de la tombe.

— Vous voyez mon visage et vous ne me connaissez pas, dit-il ; moi, mon regard perce vos masques : je sais vos noms comme je sais votre vie. Monteleone est mort tout entier ; sa pensée est là-dedans morte avec lui. Les compagnons du martyr se sont faits bandits, contrebandiers et pirates, tant mieux, vous êtes mes hommes. Les saints ont des scrupules : je suis bandit comme vous ; ce sont des proscrits et des bandits qu'il me faut !

— Pour arriver où ? demanda Marino Marchese.

— Ceci est mon secret, répliqua Athol, je le garde.

— Serons-nous donc esclaves ? se récria David Heimer.

— Ne l'êtes-vous pas déjà, puisque votre vie est entre mes mains ? puisque vous êtes faibles et que je suis fort ? puisque je suis riche et que vous êtes pauvres ? Vous souriez. Sous prétexte de venger le maître vous aviez amassé beaucoup, je sais cela, vous étiez riches ; tout à l'heure vous parliez de partage...

Il les couvrait de son regard moqueur. On ne l'interrompait plus.

— Il est en Sicile, reprit-il lentement, entre Castro-Reale et Santa-Lucia, une grande maison isolée qui fut, dit-on, un couvent... Connaissez-vous cela ?

Les Six s'étaient rapprochés d'un commun mouvement. Nul d'entre eux ne répondit.

— Voilà que vous ne souriez plus ! poursuivit Athol, vous connaissez bien, je le vois, cette maison qui avait six maîtres. C'était votre caisse, cette maison, votre coffre-fort. Luca Tristany, on dit que le marquis de Francavilla avait pour six cent mille ducats de diamants. Trenta-Capelli n'était que millionnaire, mais Samuel Graff, l'ancien secrétaire du duc de l'Infantado, avait de quoi acheter un royaume, n'est-ce pas, seigneur Felice Tavola ? Bonne vengeance qui a rapporté plus de cent mille onces d'or ! Oh ! certes, il y avait là de quoi partager... Et le seigneur David Heimer était un gardien fidèle. Quand avez-vous quitté la grande maison isolée entre Santa-Lucia et Castro-Reale, meinherr David ?

— Avant-hier au soir, répliqua celui des six hommes masqués qui avait le front chauve.

— Vous avez eu tort. Je vois bien que votre besogne

était double ; vous guettiez le départ du fils et de la fille de Giacomo Doria d'un côté, de l'autre l'arrivée de deux pauvres enfants, obscurs orphelins élevés aux environs de Catane...

David Heimer fit un geste de surprise.

— Ne vous étonnez pas, dit froidement Athol ; il y a déjà quelque temps que je m'occupe de vous. Et à dater de l'heure où je me suis occupé de vous, vous m'avez appartenu.

— Nous verrons bien cela ! s'écria Tristany impatient ; mais que parliez-vous de la maison entre Santa-Lucia et Castro-Reale ?

— Nous allons y venir, capitaine. Auparavant, j'ai à vous dire que si Lorédan Doria et sa sœur étaient tombés sous vos coups, pas un seul parmi vous ne serait sorti vivant du lieu où nous sommes. Lorédan Doria et sa sœur sont à moi ! J'ai besoin d'eux. David Heimer vous aviez envoyé douze des vôtres à leur poursuite sur la route de Monteleone : ces hommes ont rebroussé chemin ou ils sont morts.

— Moitié l'un, moitié l'autre, dit une voix tout au fond du souterrain : six fuyards, six défunts !

— Bien, Ruggieri ! dit Athol.

— Quant aux deux enfants de Catane, continua-t-il en s'adressant à David Heimer, si un cheveu tombe de leur tête, vous m'en répondrez sur votre vie ! Je ne veux plus de sang ! cette tombe est fermée ; Monteleone est vengé !

— Vous avez dit le contraire il n'y a qu'un instant ! s'écria Tristany.

— Monteleone est vengé, parce que je me charge de sa vengeance! je prends en main le levier que le maître vous avait laissé, levier capable de remuer le monde et dont vous n'avez rien fait, parce qu'il était trop lourd pour vous. Vous avez frappé à droite et à gauche selon votre haine et votre cupidité. Après sept ans, il faut qu'un homme vienne prendre votre tâche inachevée et vous fasse l'aumône, car votre coffre-fort est en pièces et vous n'avez que le vide à partager!

— Voulez-vous dire que notre maison a été pillée? demanda Heimer d'un ton d'incrédulité.

— Pillée et brûlée, répondit Athol ; moi aussi, je viens de Sicile. En passant hier vers Castro-Reale, j'ai vu fumer des ruines...

— Corbac! s'écria Luca Tristany; que je sache seulement le nom de celui qui a osé !...

— Il est facile de le savoir, repartit Athol ; on le disait tout haut : c'est Porporato.

— Porporato! répétèrent les Six d'une seule voix.

Puis tous se turent. Tristany lui-même cessa de tourmenter le manche de son poignard. Athol souriait toujours et les regardait.

— Il me plait, reprit-il, de vous faire aujourd'hui plus riches et plus puissants que vous n'étiez hier. Approchez-vous. Je vais parler pour vous seuls : il ne faut plus que les *ténèbres écoutent*.

Les Six obéirent machinalement. Athol baissa la voix

— J'ai des soldats, poursuivit-il de façon que ce mystérieux Ruggieri et ses compagnons ne pussent désormais saisir ses paroles ; je cherche des lieutenants ; vous êtes mon fait. J'ai besoin d'hommes habiles comme David Heimer, braves comme Luca Tristany, élégants comme Marino Marchese, vénérables comme Amato Lorenzo. Je vous emmène à Naples.

— A Naples! se récria-t-on, c'est impossible !

— Nos têtes sont à prix ! ajouta David Heimer.

— La vôtre à cinq mille ducats, repartit froidement Athol, c'est affiché ; celle de Felice Tavola à cinq mille également ; celles de Marchese et de Policeni, quatre mille chacune : c'est peu, ils valent mieux que cela ; celle de Lorenzo six mille ; celle du vaillant Luca Tristany dix mille. Dans un mois, je veux que Felice Tavola soit le plus respectable banquier de la rue de Tolède, je veux que Policeni et Marchese fassent honte aux élégants de la villa Reale. Les cheveux blancs d'Amato Lorenzo feront bien dans les salons de la noblesse, et je ne sais personne qui puisse porter comme Tristany l'uniforme de colonel.

— Mais... voulurent objecter les Six.

— Silence quand je parle ! dit Athol impérieusement ; quant à David Heimer, je lui garde un emploi de confiance, mais le nom de cet emploi ne doit point être prononcé.

— Mes compagnons, reprit-il plus gaiement, vous êtes en bonnes mains, je vous en préviens. Fi de ceux qui ont dit : Notre œuvre est achevée ! Notre œuvre commence. Je vais vous donner, au lieu de ces solitudes, Naples la belle, Naples la riche et la joyeuse ! Je vais changer vos cavernes contre des palais ; je vais étendre sous vos pas, à la place de ce sol foudroyé et fendu, les délicieuses pelouses de nos retraites royales, tout ombragées de myrtes, d'orangers et de lauriers roses. En échange de la montagne dépeuplée, voici la ville d'un demi-million d'âmes ! Entrez-y sans souci et sans peur : vous y êtes chez vous, elle est votre domaine !

— Mais encore une fois, s'écrièrent deux ou trois voix, nos têtes sont à prix ?

Athol les compta du regard.

— Deux fois cinq, dit-il, deux fois quatre, une fois six, une fois dix, cela fait en tout trente-quatre mille ducats pour vos six têtes. Pour la mienne toute seule on en a promis quarante mille !

— Quarante mille ducats ! répéta Tristany.

— Il n'est qu'une tête à ce prix dans le royaume ! s'écria David Heimer.

— Et tous à la fois :

— Qui êtes-vous donc ? qui êtez-vous donc ?

Athol écarta son manteau dont il rejeta les pans en arrière, et parut vêtu d'un justaucorps écarlate, lacé à l'aide d'une ganse de même couleur. Ses calzoni étaient de velours noir, serrés à la cheville par des brodequins rouges. Ce fut un seul cri, contenu et comme étouffé par la stupeur.

— Porporato !

— Par saint Janvier ! ajouta Luca Tristany le premier, je vous suivrai au bout du monde !

— Une tête de quarante mille ducats ! ajouta Marino Marchese.

Les autres dirent :

— Où vous irez, maître, nous irons !

Athol tendit sa main ouverte. Chacune des six autres mains se posa tour à tour dans la sienne, de telle sorte que les anneaux du fer sonnassent en se touchant. C'était le serment du Silence. Puis Athol dit :

— Nous sommes au 15 octobre. D'aujourd'hui en huit jours je vous donne rendez-vous à Naples, au théâtre de San-Carlo, à neuf heures et demie du soir.

— Le théâtre est grand, à quelle place vous trouverons-nous ? demanda David Heimer.

— Cherchez, répliqua Athol en drapant son manteau pour sortir, la loge de Son Altesse Royale le prince François, et regardez bien l'homme que vous verrez assis à la droite de l'héritier de la couronne.

FIN DU PROLOGUE

PREMIÈRE PARTIE

BELDEMONIO

I

PETER-PAULUS BROWN DE CHEAPSIDE

En 1823, c'était encore, le paquebot à voiles qui faisait le service entre Marseille et Naples. Par une matinée d'été *Le Pausilippe*, joli brick levantin dont l'équipage entier parlait ce langage sonore qui réjouit les rivages de la Cannebière, doubla le môle toutes voiles dehors, rangea la pointe du Salut, et fit son entrée dans le port de Naples.

Depuis plus de deux heures, il y avait sur le pont un homme qui gênait énergiquement la manœuvre, occupé qu'il était à regarder Naples dans une lunette d'approche brevetée à douze verres, système Dawson de Lincoln Inn's-Field, (fournisseur privilégié de H. G. M.

la reine, et de H. S. H. le prince Albert.) La lunette d'approche était de taille respectable. Il en portait l'étui sous le bras, et, chaque fois que cet étui volumineux, accrochait quelque matelot au passage, notre homme disait avec une scrupuleuse politesse, et un accent d'outre-Manche solennellement comique :

— Jé démandé bien né pâdonne, fômellemente !

Les matelots riaient et le maudissaient. Notre homme était un Anglais, et il en avait bien l'air. Circonstance aggravante, il avait vu pour la première fois cette lumière crépusculaire que les joyeux Anglais appellent le jour dans Cheapside, au cœur de la Cité de Londres, entre Fleet-Street et Poultry. Les gentlemen du commerce qui naissent dans ces latitudes sont trois fois plus Anglais que le reste des sujets de la reine.

Donc Peter-Paulus Brown, de la maison Marjoram, Watergruel, Brown and c°, pour les cotons, était à bord du *Pausilippe*. Mistress Pénélope Brown, cinquième fille de Lysander Marjoram et de Jocasta Watergruel, y était aussi, mais dans la cabine, où elle avait le mal de mer. Jack, domestique de Peter-Paulus, se tenait non loin de son maître, portant une partie des ustensiles dont le gentleman faisait usage ; Melicerta, Mely, ou simplement Mel, camériste de Pénélope, coupait en quatre les citrons pour sa maîtresse.

Pénélope Brown était une blonde, bouche trop grande, yeux d'émail. Mely était bien découplée. Jack avait la face d'un dogue que vous connaissez. Voici l'histoire de cette famille :

Un soir après la bourse, Peter-Paulus trouve son fils

William, impertinent, et Clary, sa fille, maussade. Il aperçoit une patte d'oie à l'œil bleu de Pénélope. Le spleen, ce vampire des bords de la Tamise, s'est glissé là dans quelque coin. Si Lysander Marjoram vient par hasard, on le trouve fatigant ; si le grand-père Watergruel ou Joky (*alias* Jocasta) la mère, fait visite, on constate avec étonnement qu'ils répètent aujourd'hui ce qu'ils disaient d'insignifiant hier. C'est l'attaque d'Italie.

On se couche de mauvaise humeur. On rêve de restaurants : C'est l'Italie. Et dès le matin, on appelle :

— Jack !

Jack arrive avec le thé.

— Jack, tu vas aller au *foreign bookseling* tu vas m'acheter le *Guide de poche du voyageur en Italie*, la carte routière de l'Europe, la *Description du Piémont*, les *Antiquités de Rome*, un dictionnaire anglais-italien, la *Storia d'Italia*...

Ici Peter-Paulus s'interrompt. Il a un sourire, qui montre la puissance de ses dents.

— *La Storia d'Italia !* répète-t-il avec cet accent que vous savez ; j'ai d'évidentes dispositions pour apprendre les langues !

Jack a déjà acheté tout cela pour d'autres. Il revient avec un fardeau de bouquins.

Peter-Paulus va voir G. C W. Drake, S. Stevenson, J. N. Stewart, et d'autres marchands de coton qui ont eu déjà le mal d'Italie et qui ont rapporté des petits morceaux de marbre de Pœstum. Ceux-ci, unanimes, lui disent :

— A Milan, le Dôme ; à Vérone, l'amphithéâtre ;

à Venise, Saint-Marc ; à Parme, la cathédrale ; à Florence, la Campanile ; à Livourne, la Madonna et la Tour penchée à Pise ; à Bologne, le musée ; à Rome, les Catacombes et autres ; à Naples, le Vésuve, Pompéïa, etc., etc.

— Mais tout le monde sait cela ! objecte Peter-Paulus Brown.

G. C. W. Drake, S. Stevenson, J. N. Stewart lui tournent le dos et Peter-Paulus se dirige vers le Diorama pour se donner un avant-goût de l'Italie. On lui montre Saint-Pierre de Rome et la grande place de Venise. Il se reconnaît parfaitement sous le portail de Saint-Pierre ; il se reconnaît mieux encore au pied de l'escalier des Lions. Le peintre l'a mis là avec ses longues jambes, avec les promesses de son ventre, avec ses épaules étroites et son chapeau à petits bords légèrement rejeté en arrière. En rentrant il dit à Pénélope :

— Vous êtes phthisique au deuxième degré. Le docteur Temple vous ordonne l'air de l'Italie.

Depuis sa plus tendre enfance Pénélope a rêvé la phthisie, elle fait dessein de passer désormais toutes ses nuits à écrire son testament afin de faire fondre en larmes Lysander Marjoram, Joky Watergruel et le grand-père. Il y a de ces testaments de Pénélope qui sont des chefs-d'œuvre. On les relit dans les familles.

La question est de savoir si on laissera William et Clary à la garde de Marjoram, Watergruel et C°. Peter-Paulus, ne vous y trompez pas, quand il ressent les attaques de l'Italie, perd tout à coup ses vertus de famille, mais rassurez vous, dans six mois, il reviendra bon marchand de coton, honnête père, fidèle mari. Laissez passer le chaud mal.

En ce moment, nul ne lui résiste. Il y a sur son visage une nuance de férocité. Il achète une canne-parapluie, pouvant servir également de pliant pour s'asseoir et de nacelle en cas de naufrage, une paire de bottes en caoutchouc pour traverser les marais Pontins, une de ces larges bourses pleine de jetons de cuivre qu'on jette aux brigands des Abruzzes, un sac de voyage pour l'attacher à son cou, un sac pour *médèm*, un sac pour Jack un sac pour Mel, — la fameuse lunette d'approche, le marteau qui doit casser les échantillons d'architecture antique, une cuisine portative, une tente, un hamac, plusieurs chapeaux mécaniques et d'importantes quantités de gilets de flanelle.

Chaque jour augmente les bagages. Enfin l'heure de départ arrive, les adieux sont déchirants. La France est traversée. *Le Pausilippe*, parti de Marseille, est en mer depuis quatre jours, Pénélope, épuisée par le *vomito marino*, n'a pu écrire une seule ligne de son testament, mais elle a mangé vingt-quatre douzaines de citrons.

Peter-Paulus Brown, lui, se porte bien ; à douze lieues des côtes de Naples, il a ouvert son guide et braqué sa lunette. Il est content. Son guide ne l'a point trompé. Naples est visiblement située sur la côte d'Italie, au-dessous du Mont-Vésuve. La ville est bâtie en amphithéâtre. Cela fait bien. Malheureusement, le Vésuve ne fume pas. Mais il a fumé, et il fumera.

Avant de clore cette monographie de Peter-Paulus

Brown, de Cheapside, nous croyons devoir ajouter que ce gentleman a généralement trois idées fixes quand il entreprend le voyage de Naples. Elles peuvent varier, mais pas beaucoup. Le plus ordinairement, ces trois idées sont : 1° Observer les mœurs si curieuses et si peu connues des lazzaroni. 2° Voir un brigand de la Calabre. 3° Recevoir un coup de poignard de la marchesa.

Au moment où *le Pausilippe* doublait la pointe du môle, Peter-Paulus avait braqué sa lunette sur le Vésuve et cherchait des fumerolles au sommet du volcan.

— Gare ! cria un matelot.

Le câble de la maîtresse ancre se déroulait violemment. Il toucha la jambe de Peter-Paulus, vêtu d'un pantalon à damier. Peter-Paulus alla tomber au pied du grand mât. Il regarda d'abord si sa lunette était endommagée, puis il se tâta les côtes d'un air attentif. En troisième lieu il salua de la main le matelot et lui dit:

—Jé démandé bienne pâdonne... Fômellemente !

De l'escalier qui conduisait au salon des premières places, deux femmes venaient de sortir. On devinait la beauté de la première sous le voile épais qui lui couvrait le visage. Elle était de grande taille. Son port avait de la fierté, mais aussi de la tristesse. Son costume était celui des veuves, au moment le plus rigoureux de leur deuil.

A bien considérer cette femme, qui marchait sur le pont lentement et d'un air pensif, il y avait en elle quelque chose d'extraordinaire. Les matelots s'écartaient d'elle avec respect. Elle ne semblait point voir cela, mais quand un regard croisait le sien, elle baissait précipitamment les yeux. Elle paraissait avoir de trente à trente-cinq ans. On avait entendu le patron l'appeler « madame la comtesse. »

L'autre était une jeune fille aux yeux noirs qui semblait occuper le rang de suivante auprès de madame la comtesse. Mais il y a du don Quichotte chez Peter-Paulus Brown, il avait élu cette brune Paola marchesa de ses rêves. C'était elle qui devait lui donner le coup de poignard ; elle ne s'en doutait point ; elle le trouvait fort drôle et il avait le don de la faire rire à gorge déployée.

Le patron vint, chapeau bas, à la rencontre de la femme en deuil. Il lui adressa quelques mots et la conduisit à l'arrière, la laissant aux soins du second du brick. On pouvait apercevoir déjà sur le môle, la foule napolitaine, bruyante, bavarde, gesticulante, qui trépignait, qui criait, qui riait et qui attendait comme une proie les passagers du *Pausilippe*.

Trois esquifs quittèrent le rivage en même temps : *la Polizia, la Dogana, la Sanita*, la police, la douane et le service de santé : Les Napolitains se sont souvenus jusqu'aux environs de 1830 de la peste de Marseille. Aussitôt que les trois barques eurent accosté le navire, tout fut confusion sur le pont. La Police demandait les passe-ports, la Santé avait la prétention de tâter tous les pouls, la Douane usait de son droit, qui est de bouleverser les bagages. Peter-Paulus se tourna vers

Jack et lui demanda son dictionnaire italien-anglais.

— Ils sont flattés quand ont leur donne leur titres, murmurait-il en feuilletant vivement le vocabulaire.

— *Doganiere !* s'écria-t-il avec triomphe ; signor doganiere ! còme vos pôtez-vos ?

— N'avez-vous rien à déclarer ? demanda celui-ci après avoir salué.

Peter-Paulus feuilleta rapidement son dictionnaire.

— *Niente*, répondit-il.

Et après de nouvelles recherches, il ajouta :

— *Assolutamente !*

Le médecin et l'inspecteur de police s'approchèrent en même temps. L'inspecteur réclama les passe-ports ; Peter-Paulus n'eut pas le temps de chercher son titre dans le dictionnaire. Le médecin demanda :

— N'avez-vous aucune maladie contagieuse ?

Pénélope, à cette question qui reculait les bornes du *shocking* se voila de vert. Peter-Paulus lui-même ferma les poings, au risque de faire surgir un cas de guerre entre le royaume de Naples et le cabinet britannique. Puis, craignant d'avoir été trop loin, il murmura :

— Jé démandé bien pâdonne.., fòmellement !

— N'avez-vous aucune maladie contagieuse ? répéta le docteur.

Les veines du front de Peter-Paulus se gonflèrent. Le docteur avait vu tant de Peter-Paulus en sa vie qu'il devina bien où le bât blessait celui-ci.

— C'est une simple formalité, dit-il.

— Aoh ! s'écria l'associé de Marjoram et Watergruel

avec effusion ; entendé-vos, milédy ? c'été *a mere formality* !...

Il saisit les deux mains du docteur.

— Regâdez ! poursuivit-il en ouvrant la bouche toute grande pour montrer ses longues et fortes dents ; regâdez aussi le matchoare de milédy, et le matchoare de Jack, et le matchoare du petite servante. Tute été proper... fômellemente !

Il y avait là en effet cent vingt-huit dents à roastbeeff capables de dévorer un taureau vivant. Le docteur parut content, Pénélope mit sur son carnet :

— Naples : visite des dents par le service de santé, inconvenant et tyrannique.

Pendant cela, Peter-Paulus répétait, pour calmer ses propres susceptibilités :

— Pioure et simpel formality !

On lui toucha l'épaule légèrement par derrière. C'était l'officier de police, qui lui dit en français et tout bas :

— Pourquoi Grégory n'est-il pas à bord ?

— Aoh ! fit Peter-Paulus stupéfait ; vos disé Grégory ?

— Est-ce vous qui avez le Pendjâb ?

Le docteur se pencha en passant auprès de Pénélope et murmura à son oreille :

— On vous prendra ce soir à huit heures... ayez le diamant.

Il s'éloigna rapidement.

II

ÉMEUTE A BORD

Pendant que Peter-Paulus Brown cherchait à comprendre la signification de ces mystérieuses paroles et que Pénélope s'émerveillait, il se fit tout à coup un grand mouvement à l'avant du *Pausilippe*, lequel, malgré les visites achevées, n'avait point mine de procéder au débarquement de ses passagers. Depuis quelques minutes un équipage armorié stationnait entre le théâtre del Fondo et le quai du Port. Un homme vêtu avec élégance en était descendu. Il avait pris une barque sous le môle et s'etait avancé à la rame jusqu'à la hanche du *Pausilippe*, qu'il abordait en ce moment. Le patron l'avait salué de loin avec un respectueux empressement. Les officiers de la douane, de la santé et de la police, s'étaient également découverts en croisant sa barque.

La santé, la douane et la police étaient montées à bord comme elles avaient pu, mais on mit dehors pour le nouveau venu ces rampes mobiles et garnies de velours qui ne servent, dans la marine royale, qu'aux officiers de marque, et qu'on appelle des tireveilles. C'était trop d'honneur, à ce qu'il paraît, car le nouveau venu, jeune, leste et ayant le pied marin, sauta sur le pont sans y toucher. Le patron l'attendait chapeau bas.

— Un joli brin de mirliflor ! se disaient entre eux les matelots.

Le nouveau venu méritait assurément cette qualification par la suprême recherche de sa toilette, par l'élégance gracieuse et un peu efféminée de sa tournure ; mais il méritait mieux aussi. Un coup d'œil suffisait pour juger cela. Il possédait bien, il est vrai, cette qualité peu définie que les hommes mal élevés et les femmes de chambre appellent *la distinction*, mais tout en lui était tellement au-dessus de ce vulgaire avantage que nous le notons seulement pour mémoire.

Il était beau, de cette beauté grande et audacieuse qui parle de puissance. La puissance a son signe visible ou pour le moins sensible alors même qu'elle dort. Ce mirliflor, comme l'appelaient les marins du *Pausilippe*, ce dandy aux mains blanches et à la chevelure de soie n'avait pas fait dix pas sur le pont que les marins changeaient de ton à son égard.

— Des fois ça a le sang rouge ! dit un timonier.

— *Tron dé l'air !* reprit le second lieutenant, homme d'ail, nourri de barigoule et de bouillabaisse ; ce faraud, il est tout nerfs !

Et d'autres :

9*

— C'est un dur !

— Elle n'a pas souffert du voyage ? demanda le nouveau venu au patron en lui tendant la main.

— Non, prince, répondit celui-ci.

— Excusez ! fit le second lieutenant ; c'est prince !

Les deux dames inconnues s'étaient levées à l'approche de l'étranger, qui prit la main de la comtesse pour la porter très-respectueusement à ses lèvres. On pouvait lire sur le beau visage de celle-ci, malgré l'épaisseur de son voile de deuil, une émotion extraordinaire. Paola aussi était émue, mais à sa manière. Elle baissa ses regards sournois, et un sourire espiègle naquit autour de sa bouche.

— Je vois, madame, disait pendant cela l'étranger à la dame voilée, que le docteur Daniel vous a appris ce que vous deviez savoir. Ces vêtements de deuil m'annoncent...

— Je sais tout ! balbutia la passagère qui fondait en larmes ; tout ce que le docteur Daniel pouvait m'apprendre. C'est vous, monsieur, qui me direz le reste, et qui ferez de moi la plus heureuse ou la plus infortunée des femmes.

— Aujourd'hui le repos, dit-il ; demain les affaires.

— Quoi ! s'écria la passagère, il me faudra attendre jusqu'à demain !

— Je suis à la lettre les prescriptions du docteur Daniel, répondit le beau jeune homme.

Puis il ajouta :

— Si vous voulez bien me suivre, je vais vous conduire à votre palais.

— Mon palais ! répéta la passagère étonnée.

Les yeux de son interlocuteur lui dirent :

— Silence ! On nous observe.

Elle se tut. Il lui offrit son bras, et ils traversèrent les groupes des passagers.

— Est-ce que ceux-là vont s'en aller ? demanda un gros marchand.

— Pécaire ! dit une savonnière de Marseille au patron, vas-tu nous faire des passe-droits ?

Le beau cavalier, sa compagne et Paola, qui riait en écoutant les murmures de la foule arrivaient à l'avant, où la barque attendait. Le patron n'avait pas l'air peu embarrassé. Il fit signe de loin à deux matelots qui se mirent au-devant du jeune inconnu en disant :

— On ne passe pas !

— A la bonnne heure ! cria la savonnière ; quand j'attends, le roi peut attendre !

Les groupes des marchands battirent des mains.

— Que signifie ceci, monsieur Bergasse ? demanda le bel inconnu en se tournant vers le patron.

— Prince, les réglements n'admettent aucune espèce d'exception.

— Pas même pour moi, mon petit ! interrompit la savonnière marseillaise.

— Pas même pour nous ! appuyèrent les autres marchands.

Et Peter-Paulus ajouta :

— Pas même pòr mòa qui été seudjett anglaise !

Ceux qui ont eu le bonheur d'entendre prononcer par Peter-Paulus Brown, de Cheapside, ce mot : *sujet anglais*, comprennent l'emphase sublime de l'antique : *Ego sum civis Romanus !* La foule des passagers avait cependant rétréci son cerle pour jouir un peu de la confusion de ce dandy qui avait cru se faire ouvrir une porte fermée à tant de négociants marseillais. La savonnière émaillait sa joie de toutes les fleurs de langage nées aux rives odorantes de la Cannebière. Au milieu de ce bruit, le jeune inconnu prononça à demi-voix un nom :

— Cucuzone !

On vit un des câbles du hauban de bâbord se tendre brusquement, une large main toucher le plat-bord, et un grand gaillard à figure basanée, portant le costume des rameurs du port, tomba comme une balle sur le pont.

— Excellence ? dit-il en se campant devant l'inconnu, qu'on avait titré de prince.

L'assistance se taisait, émerveillée de la sauvage agilité de ce drôle.

— s-t t le bulletin ? demanda le jeune dandy au rameur.

Celui-ci tira de son sein un papier qu'il remit au patron.

— Laissez passer, ordonna aussitôt ce dernier, qui ajouta avec un respectueux salut : — Prince, vous me pardonnerez d'avoir fait mon devoir.

La barque était bord à bord sous le flanc du *Pausilippe*. Cucuzone sauta dedans d'un bond. Puis l'échelle fut posée et le jeune inconnu fit descendre ses deux compagnes.

Pour le coup il y eut émeute, et Peter-Paulus entra

dans une agitation telle que Jack ne se souvint point de l'avoir vu jamais en pareil état. Il fermait les poings, il enflait ses joues ; son front et ses oreilles, rouges comme du sang, ressortaient parmi le jaune fade de ses cheveux. Il répétait :

— Je volé pâtir ! pâtir tute souite ! J'été sudjet anglaise, entende-vos ?

Il se mêla à la foule glapissante des passagers. L'autre foule, grouillant sur les quais, riait de tout son cœur et encourageait l'émeute. La barque cependant faisait force de rames vers le débarcadère, emportant le prince et ses deux compagnes, dont une seule se retourna pour adresser un regard espiègle aux passagers du *Pausilippe*.

La barque atteignit le quai. Le prince, la femme voilée et Paola montèrent dans l'équipage armorié, qui partit au galop et disparut derrière le ministère d'État.

III

LA STRADA DI PORTO

Une demi-heure après, Peter-Paulus était installé dans la chambre de l'hôtel de la *Grande-Bretagne*, où il se couvrait d'un costume qu'il avait acheté expressément pour garder l'incognito dans ses voyages, après quoi, il sortit sans bruit de l'hôtel, descendit la villa Reale et remonta la rue Sainte-Catherine, puis la strada di Chiaja, pour regagner les environs du port. La nuit commençait à se faire. Peter-Paulus marchait à grands pas.

Une pensée le dominait : il voulait trouver la marchesa. Il avait des lettres de recommandation pour les hauts dignitaires de la police. Avec un peu d'aide, en quelques heures, il pouvait découvrir la retraite de celle qu'il avait choisi entre toutes pour recevoir d'elle le coup de poignard byronnien.

Il arriva sans avoir demandé sa route jusqu'au ministère d'État, où se tient la direction de la police. Les bureaux étaient fermés, bien entendu. Il entra chez le concierge et fit savoir qu'il désirait parler au seigneur Spurzheim pour affaire de la plus haute importance. Le concierge lui dit que le seigneur Spurzheim, malade depuis quatre jours, habitait son hôtel de la piazza del Mercato, à l'autre bout de la ville. Peter-Paulus prit sa course vers la place del Mercato.

Les environs du môle et les abords du théâtre del Fondo étaient déserts. On ne jouait pas ce soir ; mais au moment où Peter-Paulus tournait la poste aux lettres pour s'enfoncer dans la vieille ville, un spectacle vraiment extraordinaire ralentit la vivacité de sa course. Le bruit, le mouvement, le bavardage, les cris, les poussées, les rires qui étaient le long du môle lors de l'arrivée du *Pausilippe*, semblaient avoir émigré dans cette partie de la ville et s'être en même temps centuplés. On voyait briller et courir des milliers de lumières semblables à des feux follets. Des foyers fumaient et brûlaient çà et là au beau milieu de la rue. A chaque bouffée de vent, une odeur de cuisine arrivait, de plus en plus forte et pénétrante.

Peter-Paulus s'arrêta sous un réverbère et feuilleta son Guide aussitôt. Le plan lui indiqua sa position. Il était à l'entrée de la Strada di Porto, rue longue, assez large, irrégulière et mal pavée de dalles de lave, qui entre profondément dans la vieille ville en contournant le port de commerce et le petit port, à trois ou quatre rues de distance. En 1823, cette voie conduisait, par le Vico-Piccolo et le Sotto-Portico de Saint-Pierre, à la pricipale entrée du Castello-Vecchio, démoli depuis.

Vers l'entrée se trouvait la célèbre fontaine des Trois-Vierges, près de laquelle Tommaso Annielo, renversant son étalage de fruits et de poissons le 7 juillet 1647, leva l'étendard de la révolte contre les Espagnols. Le mascaron de la fontaine représentait, dit on, la tête de Masaniello. Voici ce que Peter-Paulus trouva dans son Guide, au sujet de la Strada di Porto : « Cette rue, très-vivante et très-fréquentée, pleine de cuisines en plein vent où le petit peuple prend sa nourriture, offre un spectacle curieux aux étrangers. Avant d'y pénétrer il est prudent de mettre en lieu sûr sa montre et ses bijoux. »

Peter-Paulus, toujours docile aux conseils de son Guide, envoya aussitôt sa chaîne rejoindre sa montre dans les profondeurs de son gousset. Il mit dans la poche de son gilet les boutons en brillants de sa chemise, ferma son twine du haut en bas, et, ainsi armé, affronta vaillamment les dangers de cette rue. Au bout d'une centaine de pas, il se trouva noyé au milieu d'une cohue tellement bruyante, qu'il fut tenté de se boucher les deux oreilles.

Les foules de Londres sont plus denses peut-être et assurément plus brutales. On y reçoit dans la poitrine des coups de coudes beaucoup mieux appliqués; on s'y fait bien plus nettement enfoncer les côtes. Elle est inhumaine, elle est homicide, cette foule anglaise qui se presse silencieusement, aux heures des affaires, sur les trottoirs de la Cité, elle étouffe les femmes, elle écrase les enfants, et passe sans se retourner, mais ses milles bouches ne crient pas, ne rient pas, ne chantent pas à la fois. Elle a les avantages de cette tristesse chronique qui est le repos de Londres : elle se tait.

A Paris, la foule est bruyante, mais la foule est bonne fille. Si elle écrase quelqu'un par hasard, elle en est au désespoir. Elle offre ses vingt mille bras pour porter un enfant malade chez le pharmacien du coin. Pourtant, nous n'hésitons pas à le dire, les foules napolitaines méritent la palme, tant par leur gaîté que par leur bonhomie. Elles grouillent à miracle, elles se poussent selon l'art, tombent, se relèvent, ondulent, bourdonnent, tournoient, trépignent, caquettent d'une façon vraiment inimitable.

Entre toutes les foules napolitaines, celle de la Strada-di-Porto est renommée pour sa joyeuse humeur. C'est une cohue gastronomique. Il y a là, chaque soir, un banquet de dix mille convives où l'on ne voit pas un seul couvert. Ce festin criard et bouffon se prolonge parmi les lazzi et les poussées jusqu'à onze heures ou minuit, selon la saison. Des centaines de restaurants forains, faisant leur cuisine, *coram populo*, se disputent activement la faveur publique. Le potage est d'un côté, les entrées de l'autre, le rôti un peu plus loin, le dessert se promène sur la tête des marchandes à la voix gaillarde et hardie.

Une seule tache dépare la gloire de cette heureuse Strada ; une tache large qui offense à la fois la vue et l'odorat des étrangers : c'est le ruisseau. Là-bas, les ruisseaux ne coulent pas. Tout ce qu'on leur donne, ils le gardent. Ce sont de petits lacs asphaltites, pleins d'un liquide visqueux, jaune ou noir, et qui donneraient très-certainement la peste à nos forts du quartier des Halles. Les immondices du temps de la domination espagnole sont encore là. Cette fange pourrait occuper les loisirs d'un antiquaire.

Peter-Paulus n'excita pas dans le premier moment une attention très-grande. Ce n'était pas ici, comme ce matin, dans la rue du Môle. On est dans la Strada-di-Porto pour manger et se divertir, non point pour courir après « milord. » D'ailleurs, Peter-Paulus, avec son déguisement, car un membre du Cotten-Club ne fait pas une pareille expédition sans se déguiser profondément au moyen d'une perruque et de lunettes bleues, Peter-Paulus ressemblait à s'y méprendre à ses quartiers-maîtres anglais dont la physionomie est connue dans le monde entier. Ce qu'il appelait sa *kesquette* était un chapeau de marin en caoutchouc. Il est rare que le port de Naples n'ait pas quelque navire anglais tout plein de braves gens habillés comme l'était en ce moment Peter-Paulus.

Chacun faisait autour de lui ses emplettes et dévorait sur le pouce, en assaisonnant le repas de lazzi. De temps à autre, une petite guerre s'engageait à coup de tranches de melon, mais c'était peu de chose, et Peter-Paulus n'en reçut qu'une seule au travers de la figure. Il s'essuya la joue en s'avouant que « C'été tré cucuricusse ! »

Il se mit cependant un peu à l'écart et s'accota contre une borne, à une trentaine de pas de la fontaine des Trois-vierges, afin de consulter son dictionnaire italien, au sujet de cette multitude de cris qui l'assourdissaient. Un réverbère pendait au-dessus de sa tête. Près de lui était un groupe, composé en majeure partie de femmes. Elles parlaient toutes à la fois Peter-Paulus feuilletait son dictionnaire avec acharnement.

Il crut comprendre qu'il s'agissait d'exécution prochaine, d'échafaud, de brigands! et que le brigand avait nom baron d'Altamonte. Quel magnifique nom de brigand! Arriver à Naples justement pour voir cela! Les commères disaient :

— Ce sera pour demain ! Est-il bel homme ?

— Superbe! Et ce n'est pas malheureux ! le dernier était bossu...

— *Ostriche* (huîtres) ! criait-on cependant, *ostriche di fusaro* fraîches comme des roses !

— Peter-Paulus cherchait *ostriche* dans son dictionnaire ; et avant qu'il n'eût trouvé :

— *Lasagne* d'Almafi ! *Lasagne fondente* !

— *Ravioli Dolci* !

— *Macaroni di grano duro* !.

Ce sont trois sortes de pâtes chères aux palais Napolitains. Peter-Paulus abandonnait *ostriche* pour chercher *ravioli*.

— *Frittella calida! Frittata! Frittume! — Carbonchiosi! carnesecche! carotate! cestole! scotate! esselate! megliaccie!*

« Beignets chauds, omelettes, fritures ! Grillades, salaisons, ragoûts, côtelettes, fromages au petit-lait, conserves au miel, tourtes, etc. »

Le pauvre Peter-Paulus lâchait l'un pour suivre l'autre et ne trouvait rien du tout. Le tumulte allait croissant à chaque instant, et il semblait que la joyeuse turbulence de ce peuple dût bientôt dépasser toutes bornes.

Tout à coup, en un moment où la flamme d'un foyer de cuisine éclatait vivement, activée par la graisse qui tombait du gril, la base de la fontaine fut éclairée comme en plein midi, et Peter-Paulus aperçut un groupe qu'il n'avait point encore remarqué : Trois hommes, dont l'un était appuyé nonchalamment contre le mur, sous la niche d'une des trois madones, le second assis sur la marche du bassin, le troisième couché sans façon comme un chien aux pieds des deux autres.

Le premier portait le costume de pêcheur, seul costume qui soit resté bien tranché à Naples. Il avait les *calzoni* ou pantalon collant de laine rouge, la veste ronde et la ceinture. Son bonnet rouge laissait échapper les masses désordonnément bouclées de sa chevelure châtain blond, aux reflets fauves. Cet homme était magnifique. Un peintre eût voulu saisir sa pose nonchalante et mâle à la fois. Il y avait dans son indolente fierté une poésie si parfaitement italienne que son aspect faisait songer involontairement aux superbes types que l'art nous a conservés. C'était cette tête affectionnée par Veronèse avec plus de caractère peut-être et plus d'effet. Éclairée comme elle l'était par ce feu qui venait d'en bas, elle s'ombrait violemment aux saillies de ses traits aquilins, mais d'une extraordinaire pureté. Le bonnet encadrait le front puissant où rayonnait l'intelligence.

Le cou, qui supportait avec une sorte de paresse cette tête si belle, avait évidemment des muscles de fer sous ses gracieux contours. Le torse était composé de vigueur et d'élégance ; jamais calzoni collants ne dessinèrent une paire de jambes mieux découplées. Mais tout cela, intelligence et puissance était au repos. L'homme sommeillait dans le *far-niente* chéri des populations méridionales.

Et tout cela encore était dominé par cette chose dont nous avons parlé au prologue de notre histoire, par cette couleur, dirons-nous, ombre ou rayon, qui s'appelle l'insouciance. Ses regards se fixaient au-devant de lui sans voir. Sa pensée ne se trahissait que par le sourire rêveur qui jouait autour de ses lèvres.

Le second, l'homme assis sur la margelle, avait en lui du marin. Il était court, trapu, large, et fumait avec délices une pipe d'écume dont le fourneau descendait entre ses jambes. Il portait aussi le bonnet, mais ses cheveux plantés bas et presque ras formaient une pointe aiguë entre ses deux yeux.

Le troisième, enfin, n'avait, à vrai dire, ni forme ni costume. C'était une masse bizarre, couverte de haillons. Il était couché dans une attitude impossible, qu'un clown de notre Cirque-Olympique n'eût pu garder pendant trente secondes. Ses bras et ses jambes s'emmêlaient je ne sais comment, et ôtaient à son corps roulé en boule toute apparence humaine. On ne voyait point son visage, caché sous un de ses bras.

Tel était le groupe qui apparut pour un instant aux yeux étonnés de Peter-Paulus Brown et excita grandement son attention. Peter-Paulus considéré comme type ou résumé des divers habitants de Cheapside atteints du mal de l'Italie, a presque toujours puisé dans les *Guides* une certaine somme de connaissances artistiques.

Il sait que l'Italie est la patrie de Raphaël et du Titien.

En mettant le pied sur le paquebot qui descend la Tamise, il n'est pas éloigné d'avoir du goût pour les arts. Peter-Paulus examina ce groupe en artiste, et fut content, content de lui-même principalement, à cause du bon goût qu'il montrait.

Mais celui des trois personnages qui le frappa le plus fut, sans contredit, l'étrange créature couchée aux pieds du beau pêcheur. Il était admirateur éclairé des *désossés* et des *contorsionnistes* du cirque d'Astley ; il dut s'avouer qu'il n'avait jamais rien vu d'aussi remarquable.

La flamme tomba ; le groupe rentra dans l'ombre. La ronde des gais mangeurs de macaroni redoublait la pétulance de ses mouvements. Peter-Paulus avait presque oublié le motif de sa sortie de l'hôtel, tant il était occupé de ce spectacle proclamé « curieux » par le *Guide* lui-même. Il observait avec un mélange d'orgueil et d'étonnement les mœurs de ces contrées étrangères...

Deux hommes passèrent rapidement devant lui, allant vers la haute ville. Tous deux portaient le manteau ramené sur le visage. Au moment où ils le croisaient, l'un deux prononça des paroles que Peter-Paulus put saisir en partie, puis ils passèrent.

La tournure de ces deux hommes donnait à Peter-Paulus une incroyable envie de savoir. D'ailleurs, la phrase italienne contenait un nom qui eût suffi à lui seul pour le mettre en fièvre : Un nom qui était dans son *Guide* : le nom du plus célèbre brigand des Abruzzes.

Les deux inconnus avaient parlé de Porporato. Il se

mit en besogne et à l'aide de son dictionnaire, il traduisit la phrase entendue ; la phrase était ainsi :

Porporato ne le laissera pas mourir. Il a juré par le Silence qu'il escaladerait plutôt lui-même les murailles du Castel-Vecchio!

IV

LES ÉTONNEMENTS DE PETER-PAULUS BROWN, DE CHEAPSIDE

Que de mystères dans une seule phrase ! Il s'agissait sans doute de ce baron d'Altamonte, dont l'exécution était fixée au lendemain, mais ce terrible Porporato était donc à Naples ! Et qu'était-ce que ce serment du Silence ?...

L'esprit anglais n'est pas très agile et l'atmosphère de la Cité de Londres ne développe pas l'amour du fantastique, cependant, le fantastique d'un certain genre, la poésie-brigands, s'il est permis de s'exprimer ainsi, saisit très-fortement les imaginations d'outre-Manche. Anne Radcliffe, le chantre célèbre de tant de bandits, était Anglaise.

Cette aventure ramena Peter-Paulus à sa première idée de réclamer l'aide du haut employé de la police à qui il était recommandé, mais ce n'était plus pour retrouver la marchesa

Il s'agissait bien de la marchesa! Il eût fallu, pour la remettre à flot, qu'elle se trouvât inopinément mêlée à cette nouvelle et ténébreuse histoire. Ce que Peter-Paulus voulait, c'était l'appui du seigneur Spurzheim, afin de s'introduire dans le cachot du baron d'Altamonte! Voilà une entrevue à raconter!

Il ferma vivement dictionnaire et guide pour prendre sa course vers la haute ville. Comme il allait se mettre en mouvement, les deux hommes à manteaux relevés se montrèrent de nouveau à dix pas de lui. Il devint tout oreilles. Les deux hommes semblaient examiner la foule d'un regard plus que curieux. Quelques-uns les saluaient. D'autres s'écartaient d'eux. Un troisième personnage, tout semblable à eux, les rejoignit à l'instant où ils repassaient devant Peter-Paulus.

— Le chef qu'ils ont cette nuit, dit le nouveau venu, s'appelle Beldemonio....

Il allait poursuivre. Les deux autres lui serrèrent le bras, et tous trois s'arrêtèrent court, regardant Peter-Paulus avec attention. Il entendit que l'un d'eux disait :

— C'est le signalement.

L'idée que c'étaient des gendarmes déguisés le saisit, et il allait leur exhiber son passe-port lorsqu'un objet, une main crut-il d'abord, se posa sur son épaule. En même temps une voix lui disait gaiement: — Ne bouge pas, matelot, mon ami, tu me ferais faire la culbute.... Là!.., nous y voilà! merci!

Il se retourna, et vit que l'objet était non pas une main, mais un pied. Il avait servi d'appui à un grand garçon, vêtu d'une manière hétéroclite, pour monter sur la corniche d'une porte demi-ruinée, et le grand garçon le remerciait. Jusque-là c'était tout simple.

Mais les trois inconnus avaient de nouveau disparu, et du haut de son estrade improvisée, le grand garçon cria tout à coup d'une voix de ténor qui domina les bruits environnants.

— Très-exactes et très-intéressantes notices sur le prétendu baron d'Altamonte, capturé par la police royale, et condamné à mort par arrêt de la Consulte Majeure. Sa vie, ses crimes, ses aventures... Documents qui prouvent que ce bandit est bien le véritable Porporato des montagnes de l'Abruzze. Quatre pages imprimées avec soin par Ducchino de la rue des Libraires, avec le portrait du brigand et pièces justificatives... se vend deux *grains* !

Avant que le grand garçon eût fini de réciter cette leçon, un cercle opaque et grouillant était formé autour de lui.

— A moi, Frasconi ! à moi ! à moi ! criait-on déjà de toutes parts.

— A moâ ! dit aussi Peter-Paulus en tendant une pièce blanche.

Frasconi, trop pressé, omit de lui rendre la monnaie. Peter-Paulus eut pour sa pièce blanche un petit carré de papier d'emballage plié en quatre, ce qui donnait en effet huit pages. Sur la première de ces pages était une épaisse tache d'encre : le portrait du baron d'Altamonte, autrement dit Porporato.

— A moi ! à moi ! à moi !

La vente marchait bien. Tous les bras se tendaient,

et la poche de Frasconi se gonflait rapidement. Peter-Paulus, captif de la foule, essayait de lire sa notice et ne pouvait pas. Ces chiffons de mauvaise mine que l'on vend le soir dans nos rues de Paris sous le nom de *canards*, sont des Elzévirs auprès de leurs frères les canards de Naples. Ne pouvant lire, Peter-Palus réfléchissait et se disait :

— Je suis évidemment au centre d'un océan de mystères. Comment concilier la teneur de cet écrit avec les paroles prononcées devant moi tout à l'heure par ces deux inconnus qui passaient, et qui, entre parenthèse, devaient appartenir à la police ou à la classe la plus dangereuse de la société? Si ce baron d'Altamonte est Porporato, Porporato se trouve actuellement sous les verrous. Dans cette situation, comment Porporato pourrait-il avoir promis, sous le *serment du Silence* (qui me fait l'effet d'être un terrible serment), d'escalader les murs du Castello-Vecchio et de délivrer ce même baron d'Altamonte? Il y a manifestement là-dessous quelque chose que je ne saisis pas, et le plus court est d'aller tout droit vers le directeur de la police...

Mais la muraille humaine se resserrait autour de lui. « A moi! à moi! à moi! » criait-on sans cesse. Et, dès que la vente se ralentissait, le ténor de Frasconi reprenait avec un entrain nouveau : « Très exactes et très intéressantes *notizie* sur le prétendu baron d'Altamonte, capturé par la police royale et condamné à mort, etc., etc.... »

Une main froide toucha en ce moment celle de Peter-Paulus, et lui chatouilla la paume doucement. L'associé de la maison Marjoram et Watergruel n'aimait pas la plaisanterie. Il se retourna brusquement, et vit devant lui un homme de sa taille, qui portait un costume à peu près semblable au sien. Cet homme avait le nez dans le collet relevé de sa redingote, et ses yeux se cachaient derrière des lunettes bleues.

— Il fait chaud autour du Castello-Vecchio, lui dit ce personnage d'un ton confidentiel.

Ces paroles furent prononcées en italien. Le premier mouvement de Peter-Paulus fut de consulter son dictionnaire, mais il perdait pied au milieu de ce torrent d'aventures. Il répliqua d'un ton bourru :

— Je ne vous comprends pas !

— Plaît-il ? fit l'inconnu ; je vais donc mettre les point sur les *i*....

Et il ajouta en se penchant à l'oreille de notre gentleman ;

Le fer est fort et le charbon est noir....

Peter-Paulus, cette fois, au lieu de répondre, le repoussa rudement. L'autre le regarda un instant d'un air stupéfait, tourna le dos, et se perdit dans la foule. A cet instant un mouvement se fit dans le cercle qui entourait Frasconi. Une concurrence venait de s'établir sur la borne voisine. C'était une femme. Elle criait d'une voix de contralto :

— Notices officielles, et seules autorisées par le ministère d'Etat, concernant le brigand Felice Tavola, soi-disant baron d'Altamonte, et plus connu sous le nom de Porporato. Liste complète des hommes et des femmes qu'il a mis à mort. Renseignements précis sur sa bande, noms de ses complices.... où l'on trouve également le lieu et l'heure de son exécution, avec son portrait ressemblant, dessiné d'après nature par un de nos peintres à la mode, huit pages d'impression, beau papier, *cinque calle* ! (cinq centimes.)

Peter-Paulus put se dégager, grâces aux oscillations de la foule, abandonnant Frasconi pour s'élancer vers la Marinaja, comme on appelait de toutes parts la nouvelle débitante d'imprimés. Il se trouva porté tout contre elle par un mouvement de la cohue, et tendit la main pour avoir une notice. La Marinaja le regarda fixement. Au lieu de lui donner sa notice elle lui saisit la main et l'attira jusqu'à elle :

— Pourquoi n'es-tu pas à la Madeleine ? murmura-t-elle. As-tu vu Beldemonio ? l'heure approche, tous les Anglais sont là-bas....

Les Anglais ! voici bien une autre affaire ! Il y avait des Anglais là-dedans ! Quelle damnée conspiration se tramait donc parmi l'épaisse fumée de ces cuisines en plein air, au milieu de toutes ces joies étourdies et rieuses ? La foule, qui se massait à chaque instant plus pétulante, plus exaltée, était-elle de cette conspiration ? Peter-Paulus penchait à le croire. Il regardait maintenant avec inquiétude ceux qui l'entouraient. Il leur trouvait des figures menaçantes.

Cependant ses efforts, pour percer la foule et courir chez l'intendant de la police royale se ralentissaient. Il se laissait aller en quelque sorte à la dérive de ses méditations. Il se trouvait en ce moment sous un portique obscur, à dix pas environ de la fontaine des Trois-Vierges.

— Enfin! s'écria près de lui une voix fraîche et décidée, on trouve à qui parler! Je cherche Beldemonio depuis un quart d'heure...

Un bras se passa familièrement sous le sien. Qu'était-ce encore?

C'était, cette fois quelque chose de si extraordinaire, que Peter-Paulus faillit tomber à la renverse. La femme qui venait de lui prendre le bras était jeune, et portait le costume coquet des grisettes napolitaines. Elle avait à la main une corbeille d'oranges. Sous sa petite marmotte de dentelles noires, qui recouvrait une luxuriante chevelure, Peter-Paulus avait vu briller les yeux rieurs de la marchesa du Pausilippe C'était la marchesa, cette marchande d'oranges! Il fit un tel saut à cette vue qu'elle lui lâcha le bras.

— Qu'as-tu donc, Sansovina? dit-elle.

Puis, voyant que son compagnon ne bougeait pas, elle lui arracha sa casquette d'un geste rapide. Les cheveux jaunes de Peter-Paulus se montrèrent couronnant son visage effaré. La marchesa fut prise d'un fou rire.

— Le goddam du paquebot! s'écria-t-elle en se tenant les côtes; le vrai goddam!

Peter-Paulus était comme ivre. Il crut entendre qu'on disait auprès de lui en français :

— Fiamma! On te cherche!

Il ferma les yeux pour se recueillir. Quand il les rouvrit, la marchesa n'était plus auprès de lui, mais l'instant d'après, à une lueur plus vive qui se fit sous une marmite voisine, il la vit de nouveau au pied de la fontaine, entre les trois hommes formant ce groupe qu'il avait tant remarqué naguère : Le beau pêcheur adossé contre le mur, le marin assis sur la margelle, et cet être prodigieux, ce clown courbé sur la lave.

En ce moment, le visage du beau pêcheur était fortement éclairé. Peter-Paulus se prit à marcher vers lui machinalement et sans savoir. Il se frottait les yeux ; il se croyait le jouet d'un rêve, car ce n'était pas la première fois qu'il voyait ce visage si fier, aux traits aquilins et hardis. Ce visage était celui de l'inconnu, qui était venu le matin même à bord du *Pausilippe*, pendant que la police, la douane et la santé visitaient : Le *prince*, comme l'avait appelé très respectueusement le patron du paquebot : celui-là même qui avait emmené la comtesse en deuil : Prince le matin, le soir pêcheur ! Tombant d'un carrosse armorié dans la boue fétide de la Strada-del-Porto ! Qu'y avait-il là dessous ?

La jolie marchande d'oranges lui parlait cependant avec vivacité. Il n'avait point perdu sa pose indolente, mais ses yeux brillaient. L'homme à la pipe d'écume, cessant de balancer ses jambes pendantes, avançait curieusement le cou pour mieux entendre. Le clown lui-même, déroulant l'étrange anneau que son corps formait naguère, relevait la tête comme un serpent. Tout à coup les yeux du beau pêcheur se fixèrent par hasard sur Peter-Paulus, qui restait là, regardant de toute sa force, immobile, la bouche grande ouverte.

Le pêcheur toucha le bras de Paola et lui dit un mot

à l'oreille ; aussitôt, elle eut ce bruyant et franc éclat de rire que la vue de Peter-Paulus semblait avoir le privilége de lui procurer.

Le pêcheur prononça encore quelques paroles à voix basse. Le clown se mit sur ses jambes paresseusement. C'était un grand beau diable, admirablement déhanché, qui devait faire le saut périlleux à miracle. Le marin se laissa glisser comme à regret du haut de la margelle et mit sa pipe dans sa poche. C'est à peine si Peter-Paulus fit attention à ces préparatifs, tant il contemplait avec avidité les deux principaux personnages de la scène : le prince pêcheur et la marchesa marchande d'oranges. Il put constater seulement que le marin et le clown avaient disparu.

Dans la foule, un mouvement léger se fit. Peter-Paulus entendit ces mots prononcés plusieurs fois : *Alla girella! alla girella!* Instinctivement il ouvrit son fidèle dictionnaire, mais au moment même où son dictionnaire lui disait les diverses acceptions du mot *girella*, la foule parut vouloir se charger de lui en offrir une traduction littérale et plus frappante.

« Tourniquet, moulinet, poulie, girouette », avait répondu le dictionnaire. Une épaule toucha l'épaule droite de Peter-Paulus sans trop choquer ; mais au même instant une autre épaule toucha tout doucement son épaule gauche. Le premier choc ayant lieu par devant, le second par derrière, Peter-Paulus exécuta malgré lui un parfait demi-tour, juste la moitié d'une *girella*. Pendant qu'il tournait déjà, une main lui poussa le coude droit en dedans ; une autre main poussa son coude gauche en dehors. Le tour complet se fit.

Avez-vous vu parfois une locomotive se mettre en mouvement? Les coups de piston et les bouffées de vapeur sont largement espacés d'abord. Au bout de quelques secondes, ils se rapprochent de plus en plus. Cependant on pourrait encore les compter, mais bientôt l'espace manque entre chaque battement. Cela produit pour l'ouïe le même effet qu'une longue rangée de réverbères à la vue. Le pouls de la machine devient un roulement continu, de même que les lanternes présentent en perspective une ligne non interrompue de lumière.

Ainsi marche le beau jeu napolitain de la *girella*. Les temps du mouvement que nous avons indiqués, épaule droite, épaule gauche, bras gauche et bras droit, suivent l'échelle descendante d'une progression géométrique, jusqu'à l'instant où l'effet gyratoire atteint son *summum* d'intensité, c'est-à-dire lorsque la victime des gaîtés parthénopéennes tourne avec la vélocité d'une toupie d'Allemagne! Alors la foule, heureuse, s'épanouit en un rire homérique, et crie à pleins poumons, en suivant la toupie humaine: *Alla girella! alla girella!*

Peter-Paulus, étonné du premier demi-tour, offensé du second, inquiet du troisième, voulut résister; mais le moyen? ils sont experts à cet exercice, les diables joyeux.

Le marin avait imprimé le branle à la première épaule, le clown à la seconde. Bravo, Ruggieri, amico! Bravo, amico Cucuzone! alla girella!

Au bout d'une douzaine de tours, le pauvre Peter-

Paulus avait perdu la tête complètement. Il se soutenait par la multiplicité des chocs contraires, et virait follement, étendant ses bras au hasard. La foule, les boutiques, les foyers, les lumières, tournoyaient autour de lui avec une éblouissante vitesse. Il ne voyait plus rien, sinon une danse macabre de flammes et de visages dont le rire uniforme le jetait en d'extravagantes colères Il eût donné cinquante livres sterling pour pouvoir dire seulement à ces cannibales: — J'été soudjet anglaise !

Mais la parole s'étouffait dans sa gorge ; et d'ailleurs, comment se faire entendre au milieu de ce tintamarre ? Il allait, il tournait, perçant comme le vent cette foule où chaque main faisait l'office du fouet sur le sabot. Son cœur se soulevait, des myriades d'étincelles poudroyaient au-devant de ses yeux, et toujours, autour de lui cette farandole diabolique, d'où partaient de loin les cris : — *Lasagne* d'Amalfi. *Ravioli* ! *maccaroni di grano duro* ! — *Ostriche di Fusaro* ! — *Frutti di mare* ! — *Carbonchiosi* ! *Frittume* ! *carnesecche* ! Et par-dessus tout la grande clameur : — *Alla girella* ! *Alla girella* !

Cela dura combien de temps ? Peter-Paulus eût été hors d'état de le préciser. Seulement après un long martyre, les odeurs de cuisine arrivèrent moins âcres à son pauvre estomac bouleversé. Le mouvement lui sembla moins impétueux ; les cris moins assourdissants. Les lumières semblèrent s'éteindre. Étaient-ce ses yeux qui se voilaient ?

Puis ce fut comme une grande nuit et un grand silence où grinçaient quelques rires isolés. Les rires s'éloignèrent à leur tour. Il se sentit virer à vide pendant une seconde. Il chancela comme un toton qui va choir : puis il s'affaissa sur lui-même en face d'une sorte de rampe lumineuse qui lui blessa les yeux. Le pavé de la rue était humide et froid sous son corps qui brûlait. Cela la réveilla. Comme il relevait ses paupières alourdies, le sol tressaillit au galop d'une voiture qui arrivait ventre à terre.

— Gare ! cria le cocher.

Peter-Paulus, éveillé tout à fait, jeta un regard autour de lui. Son état ressemblait à une ivresse pesante et engourdie. Aux banquets solennels du Cotton club, Peter-Paulus s'était mis assez souvent dans des situations pareilles, mais alors Jack avait charge de le rapporter dans son lit. Où était Jack ? Où était Pénélope, dont la main maigre versait en ces circonstances le thé digestif, le thé secourable ? Pour Jack, Peter-Paulus n'aurait pas trop répondu de lui, mais Pénélope ! Ah ! Pénélope était bien sagement couchée dans son lit, à l'hôtel de la *Grande-Bretagne* !

Peter-Paulus ne connaissait pas du tout l'endroit où il se trouvait. C'était une place vaste, entourée de constructions élégantes et pour la plupart modernes. Une longue rue bien alignée s'étendait à sa droite. Au-devant de lui brillait cette grande clarté qui l'avait ébloui au moment de sa chute. C'était la façade illuminée d'un palais de style grec, orné d'un double rang de colonnades.

Peter-Paulus avait rampé sur les mains et sur les genoux jusqu'à l'angle de cette place, pour se mettre à l'abri des voitures. Ses yeux se reportèrent vers l'éclatante façade du palais. La voiture qui avait failli l'écraser était arrêtée devant le péristyle. Les fantasmagories sont comme le malheur, qui, dit-on, ne vient jamais seul. On peut bien affirmer qu'une fois entré dans ce monde des étonnements, nul ne sait où le caprice s'arrêtera. Certes, la stupeur avait foudroyé bien des fois Peter-Paulus Brown, depuis qu'il avait relevé le collet de son twine et mis des lunettes bleues pour voyager incognito dans Naples ; mais cette fois, c'était le comble !

Peter-Paulus vit descendre de la voiture un homme de près de six pieds, portant un costume militaire, et après ce géant, descendit une femme longue et mince, avec une robe de satin bleu de ciel, un mantelet rose et un turban orange.

A la rigueur, il pouvait y avoir d'autres femmes aussi minces que Pénélope. Mais était-ce pour une autre que, dans un jour de munificence, Peter-Paulus avait acheté six aunes de satin bleu de ciel ? L'ancêtre Watergruel, malheureux vieillard, avait-il fait emplette de ce mantelet rose pour une autre ? Et le turban orange avec des effilés ponceau, était-ce pour une autre que Jocaste l'avait fait établir à grands frais chez sa propre modiste française de Mary-le-Bone ?

Pénélope avec un colonel ! Délire ! Pénélope avec la toilette de bal qu'elle portait l'an passé au raout de Smithson et Copperfields, la plus honorable maison de cuirs de tout Ave-Maria-Lane ! Démence !

Peter-Paulus appela Pénélope par son nom, et s'élança jusqu'au péristyle du palais. Quand il arriva, la femme maigre et longue, sa robe bleu de ciel, son mantelet rose et son turban orange orné d'effilés ponceau avaient déjà disparu sous le vestibule. Il ne restait plus que le géant colonel. Peter-Paulus que la rage transformait en lion rugissant, se précipita sur lui en l'appelant *malfaitor* ! Le géant le rejeta d'un simple revers de main au milieu d'un groupe de laquais et entra.

— Je vôllé âllé ! s'écria Peter-Paulus écumant, c'été milédy ! Jé prié vos instantement ! Oh ! le déstèbeule scélérate !

Les laquais l'entouraient et lui barraient le passage en riant. Il voulut les payer, mais sa bourse s'était envolée sur les ailes de la girella. Sa bourse, sa montre, sa chaîne, tout ce que le *Guide* lui avait conseillé de laisser en lieu sûr. Il fit effort pour s'élancer ; mais les valets, voyant ce costume déchiré et crotté, cette figure bouleversée, ne purent se douter qu'ils avaient affaire au chef d'une importante maison de cotons.

— On n'entre pas au palais Doria, dirent-ils, sans avoir un bulletin d'invitation.

Peter-Paulus se débattit un instant, puis il frémit de la tête aux pieds et devint calme tout à coup.

— C'été très-bienne ! dit-il ; j'été caountente dé savoar : le palais Doria! J'avé mon letter de recommandécheune. Je faisé venir le police toute de souite !

Il fendit la presse des valets, traversa la place du

Saint-Esprit à grands pas, et se jeta tête baissée dans le premier fiacre qu'il rencontra.

— A la maison de le director de le police royale! s'écria-t-il ; j'été soudjette anglais, et jé sòpçonné milédy. Je prié vos dé còrir très-bienne... fômellemente !

V

MARIOTTO L'IMPROVISATEUR

Depuis l'époque où se passe notre récit, les abords de la Strada-di-Porto ont peu changé, au moins pour la partie comprise entre cette rue principale et les ports. Là s'élevait encore, en 1823, le Castello-Vecchio, ancienne résidence des rois de Naples de la maison d'Anjou. La Strada-di-Porto aboutissait au Castello-Vecchio, non pas directement, mais par ses prolonges. Elle communiquait, en outre, avec les diverses portions de l'antique édifice par plusieurs ruelles qui faisaient branches le long de son tronc.

Évidemment, le Castel-Vecchio était le centre d'origine de tout le quartier. Il était là, noir et revêche, mais robuste encore malgré l'injure du temps, au beau milieu d'un véritable labyrinthe. Il servait de prison, et une grande place irrégulière, qui séparait le rempart oriental de l'église Saint-Pierre-le-Martyr, était le lieu où se faisaient les exécutions capitales.

Derrière la fontaine des Trois-Vierges, où nous voyions naguère ce groupe immobile que Peter-Paulus avait regardé de trop près pour son malheur, deux ruelles s'ouvraient dont l'une rejoignait le largo San Pietro, en face de l'église, tandis que l'autre débouchait devant l'entrée méridionale du château, au cortile d'Avalos.

Cinq minutes après que notre Peter-Paulus eût été emporté dans le tourbillon de cette girella qui lui avait fait voir tant de chandelles, la Strada-di-Porto ne se souvenait plus de lui. Au bout de dix minutes, l'homme à la pipe d'écume qu'on appelait Ruggieri revint s'asseoir sur la margelle de la fontaine des Trois Vierges. Le clown Cucuzone qui l'avait accompagné jusqu'à la place du Saint-Esprit, devant le palais Doria où ils avaient laissé Peter-Paulus commodément assis sur le pavé, ne le suivait point. Il s'était attardé en route. Il avait saisi à deux mains le mât qui soutenait l'enseigne d'un marchand de macaroni, et faisait là le *bracchio ferrato*, au grand plaisir des passants. Cucuzone aimait la gymnastique.

La queue diminuait autour des cuisines. Le succès était désormais aux marchands d'imprimés et surtout aux improvisateurs, qui racontaient avec des fioritures infinies l'histoire contenue dans les imprimés : l'histoire de Felice Tavola, soi disant baron d'Altamonte, bandit de la Calabre et l'un des sept *Compagnons du Silence*. Il y avait du reste un schisme parmi les différents distributeurs de nouvelles. Les uns prétendaient, comme nous l'avons dit déjà, que ce baron d'Altamonte était le célèbre Porporato ; les autres affirmaient avec une sorte de jactance que la corde destinée à ce roi des bandits n'était pas encore filée. Quant à ce qui regardait les Compagnons du Silence, c'était bien une autre confusion : autant d'orateurs, autant d'avis divers. On peut dire que, parmi les dix mille habitués de la Strada-di-Porto, il y avait dix mille versions sur le compte des Compagnons du Silence.

Ce n'était pas d'aujourd'hui que l'on s'occupait d'eux. Depuis trois mois, ces mots : Compagnons du Silence, étaient à Naples dans toutes les bouches ; mais plus on parlait de cette mystérieuse confrérie, moins la lumière se faisait autour d'elle. Les bruits se croisaient et s'amoncelaient. Dans cet amas sans cesse grossi de rumeurs, la vérité était peut-être, mais perdue au milieu de tant d'exagérations et de fables, qu'il eût fallu des yeux de lynx pour l'y découvrir.

Il y avait du reste une bonne raison pour que la vérité ne se fît point jour. Le titre même que s'étaient donné les membres de l'association du Silence résumait leurs statuts et leur loi. Se taire, voilà la règle de l'ordre. Chacun le disait ; chacun ajoutait que toute parole indiscrète était trahison, et que toute trahison était punie de mort. A ceux qui étaient renseignés si bien, on aurait pu demander d'où les renseignements leur venaient, mais quand il s'agit de sociétés secrètes, l'histoire est toujours la même, depuis les mystères d'Isis jusqu'aux Carbonari et aux Compagnons du Silence : Nul n'a pu percer la nuit terrible, et cependant tout le monde croit savoir.

Sitôt qu'une énigme est posée, tout homme a la passion d'en chercher le mot. La foule était complice : nonseulement la foule déguenillée encombrant la Strada-di-Porto, mais cette autre foule brillante, qui emplissait à cette heure les salons du palais Doria. En bas comme en haut, vous eussiez entendu les mêmes paroles : Compagnons du Silence, et le même nom : Porporato !

Savait-on ? ne savait-on pas ? Était-il sous les verrous du Castel-Vecchio ? courait-il encore la montagne ? Ou bien, chose redoutable, était-il à Naples même, comme on l'affirmait, puissant par son or, par sa beauté, par son audace, insaisissable autant qu'une vision, prenant toutes les formes, jouant tous les rôles : aujourd'hui femme, demain, soldat, mondain, grand seigneur, et mettant au défi sans cesse la proverbiale habileté de la police royale ! Était-il l'ennemi des Compagnons du Silence ? était-il leur chef ? Si c'était lui, le baron d'Altamonte, allait-on le voir gravissant les degrés de l'échafaud ?

Lui, Porporato, qui tant de fois montrant sur l'échafaud même sa casaque sanglante, avait délivré la victime et dispersé les bourreaux ! Lui qui, parlant comme s'il eût été le roi, avait dit : « Je ne veux plus de hache ! »

N'y aurait-il pas au dernier moment quelque coup de tonnerre ? Et la hache était-elle forgée qui devait couper le cou de ce moderne franc-juge ? Car c'était un bandit, c'est vrai : mais cette page grossirait à la taille d'un volume s'il nous fallait noter ici tous les torts qu'il avait redressés, selon le bruit public, et tous les crimes qu'il avait punis. Dans son histoire, poëme populaire aux cent mille épisodes, le bien abondait comme le mal, le crime côtoyait la grandeur.

Il avait, ce demi-dieu, au dire de la légende sans cesse amplifiée, tout ce qui vient du ciel et tout ce qui vient de l'enfer. Il était généreux et il était cruel, lion et tigre à la fois. Il tenait le glaive d'une main, de l'autre le baume. On l'aimait. Si les bruyants convives de la Strada-di-Porto avaient été bien convaincus de ce fait que leur Porporato devait être mis à mort le lendemain, on ne peut dire vraiment quelle eût été cette nuit la physionomie de la foule. Le plus probable, c'est qu'il y aurait eu deuil, peut-être émeute.

Mais le peuple napolitain se fait de tout une amusette. On jouait avec l'émotion. Personne ne croyait au danger. Porporato etait, aux yeux de tous, invulnérable comme Achille. Celui qu'on tenait enchaîné dans le Castello-Vecchio devait être quelque obscur affilié comme ceux que la police royale avait déjà présentés sous le nom de Porporato. Son génie familier veillait sur lui. On n'avait point entendu dire que sa sœur Fiamma, la fille des Zingares, fût prisonnière : Fiamma, son ange gardien, son esclave et sa reine.

Il n'y avait qu'un homme et qu'une femme à Naples pour être aussi populaire que Porporato et Fiamma. L'homme c'était Fulvio Coriolani, le magnifique prince à la main toujours ouverte, dont le carrosse laissait derrière lui une trainée d'or quand il passait dans les pauvres quartiers de la vieille ville. La femme, c'était Angélie Doria, belle entre les belles, la providence des malheureux, le sourire des affligés.

Si Porporato s'était attaqué à Coriolani ou Fiamma à la belle Angélie, eh bien ! cette pétulante population de Naples se fut partagée : il y aurait eu guerre civile.

Naples tout entière avait fiancé Coriolani et Angélie, ses deux idoles. Dans le monde noble dont Angélie et Coriolani étaient les étoiles, on en savait peut-être plus long sur le compte du prince que dans la Strada-di-Porto, mais pas beaucoup. Les motifs de la faveur singulière dont il jouissait à la cour étaient un secret pour tout le monde.

Une anecdote avait couru : Le comte Lorédan Doria, ce beau Romain que nous avons vu si près de la mort à l'auberge du Corpo-Santo, était l'ami de Coriolani et le frère-tuteur d'Angélie. Le jour où le prince Coriolani vint lui demander la main de sa sœur, Lorédan répondit : — « Ma sœur est fiancée. » C'était la vérité. Angélie avait été promise dès son enfance à Roméo des princes d'Angri, marquis de Malatesta, son cousin, un des plus braves et des plus brillants de la jeune noblesse de Naples. Coriolani n'insista point ; mais le soir même il provoqua Malatesta au sortir du théâtre de Saint-Charles, et le mit au lit d'un grand coup d'épée. Le roi connut le fait et défendit qu'on poursuivît Coriolani.

François de Bourbon, le prince royal, fit plus, il manda Lorédan Doria, qui lui dit :

— Quand même Malatesta et tous les marquis de

Naples s'eniraient en terre avec tous les comtes, par la main de notre ami Fulvio, je ne lui donnerais point Angelia Doria, ma sœur.

— Pourquoi cela ? demanda François de Bourbon.

— Parce que nous sommes les Doria répondit Lorédan.

François sourit.

— Vous trouvez donc que Fulvio est trop petit gentilhomme ? dit-il.

— Je ne sais d'où il vient, repartit Lorédan ; je ne sais qui il est. Ce nom de Coriolani serait bon pour un fils de roi, puisque la coutume est de leur donner des titres de fantaisie. Mais des fils de roi, quand il s'agit de ces noms de caprice, on tombe du premier coup jusqu'aux chevaliers d'aventure.

Le prince royal devint sérieux et se mit à réfléchir. Puis il reprit :

— Les Doria sont des gentilshommes... mais Bourbon vaut aussi quelque chose, n'est-ce pas, comte Lorédan ?

— Monseigneur veut railler... balbutia le Doria.

— Dieu m'en garde ! dit l'héritier du trône presque solennellement ; je veux seulement vous dire, comte Lorédan, que, si tout en restant Bourbon, je n'étais pas fils de roi je donnerais volontiers la princesse ma sœur à cette altesse de fantaisie, qui s'appelle Fulvio Coriolani.

Le reste de la conversation ne se racontait point, mais peu de jours après, on commença de dire que le roi de Naples signerait le contrat de mariage de la princesse Coriolani. Ainsi nommait-on déjà la belle Angélie.

Le marquis de Malatesta était un noble jeune homme qui avait de nombreux amis. Il se fit un parti contre Fulvio, qui ne daigna pas même accorder un regard à cette conspiration. On éclaira sa vie ; on voulut fouiller dans son passé. Les curieux et les hostiles s'arrêtèrent interdits dès les premiers pas. Derrière le présent de cet homme il y avait la nuit. Rien que la nuit !

Une nuit où nul regard ne sut pénétrer ! De sourdes rumeurs s'élevèrent alors non point parmi le peuple, qui ignorait ces anecdotes de salon, à la cour même.

Là où la malveillance et la haine, faisant halte en face de l'inconnu, ne rencontrent point cette prise ordinaire qu'offre chaque homme, la malveillance et la haine finissent par franchir toutes bornes. Elles vont d'autant plus loin que l'obstacle est plus haut. Les amis de Malatesta prétendirent...

Mais il ne nous plaît pas de dire tout de suite quelles folles accusations la colère des jaloux et des vaincus porta contre le lion des élégances napolitaines. Il s'agit maintenant pour nous de Porporato, et non point de Fulvio Coriolani ; de nos Compagnons du Silence et non point des courtisans du roi.

Au moment où Ruggieri, l'homme à la pipe d'écume et le clown Cucuzone revenaient de leur expédition contre Peter-Paulus Brown de Cheapside, le beau pêcheur avait déserté la place qu'il occupait naguère au pied de la fontaine des Trois-Vierges. On ne voyait plus là qu'un improvisateur entouré de son avide auditoire. Mais y avait un va-et-vient silencieux des ruelles situées derrière la fontaine à la rue principale, et le beau pêcheur ne devait pas être bien loin, car la marchande d'oranges montrait à chaque instant son minois à l'embouchure du vicoletto Delfino ou du vico Sorrente. Ainsi avaient nom les deux ruelles qui allaient rejoindre le Castello-Vecchio, à quelques trois cents pas de là, l'une à droite, l'autre à gauche de la petite place San-Pietro-Martire.

Ces gens qui faisaient le va-et-vient, comme des sentinelles, ressemblaient exactement, pour le costume, aux mangeurs et aux buveurs de la Strada-di-Porto ; seulement, ils ne prêtaient qu'une attention distraite aux emphatiques récits de l'improvisateur. Cela établissait entre eux et la foule une terrible différence. La foule était tout oreilles. Outre ces sentinelles affairées, on pouvait distinguer dans la cohue quelques individus aux yeux perçants et inquiets, cherchant à se faufiler dans les groupes. Nous avons vu déjà ceux-là rôder un instant autour du bon Peter-Paulus.

A Paris, nos agents de police se gardent d'écrire en lisibles caractères sur leurs chapeaux, comme le berger de La Fontaine : « C'est moi qui suis Guyot... » A Naples, on dirait un peu que toute chose se fait pour rire ; tout a physionomie théâtrale ; les brigands ont leur costume qui crie : « Venez voir un brigand ! » Les agents sont de comédie et leur uniforme murmure : « Nous sommes des alguazils : » Ces individus aux yeux perçants et curieux étaient des agents de la police royale. On les connaissait ; ils ne gênaient personne. Les filous leur offraient volontiers une prise dans la tabatière volée, et nos mystérieuses sentinelles clignaient de l'œil amicalement en les croisant sur la lave.

— Pour être Porporato, disait cependant l'improvisateur en pur patois napolitain, c'est Porporato, mes amis si chers ! j'en fais serment sur mon salut éternel... Et voilà là-bas le seigneur Onofrio qui peut bien vous dire si je mens... Le bon soir, seigneur Onofrio !

Le seigneur Onofrio était l'un des Guyots de la police centrale : tête naïvement sombre comme celle d'un figurant de mélodrame. Il fut manifestement flatté de l'apostrophe, mais il mit le collet de son manteau sur sa bouche en murmurant :

— Retiens ta langue, Mariotto, si tu veux vivre longtemps !

— Grand merci, seigneur Onofrio ! cria Mariotto l'improvisateur, quand l'agent se fut perdu dans la foule ; vous voyez, mes chers amis, s'il m'a dit que je mentais ! Et pourquoi mentirais-je ? Dieu me soit témoin ! Ce serait donc la première fois de ma vie !

— Bravo, Mariotto, bravo ! s'écria-t-on de toutes parts ; tu n'as jamais menti, c'est article de foi !

Mariotto prit un visage attendri.

— Il m'est bien doux, mes amis si chers, de recevoir publiquement cet honorable témoignage. Je suis pauvre et ne saurais payer la flatterie ; ainsi donc vos paroles sont sincères. En conséquence, je vais vous dire une chose que vous ne savez pas.

— Parle, Mariotto, parle.

On fit silence. Mariotto sembla se recueillir.

— Mes seuls amis, reprit-il, on ne vit pas de l'air du temps. J'ai une femme, deux fils et trois filles. Vous trouverez juste et raisonnable de me *faire* un carlin pour la nouvelle que je vais vous apprendre.

— Si la nouvelle est bonne, tu auras ton carlin, Mariotto.

— Mieux vaut tenir que courir, mes amis choisis, répliqua l'improvisateur, donnant, donnant : le carlin pour la nouvelle !

Le carlin de Naples vaut dix grani ou vingt deniers tournois, environ quarante-deux centimes. On connaissait Mariotto : il fallait le carlin pour avoir la nouvelle. Denier à denier, le carlin fut *fait*. Alors, Mariotto, après avoir remercié ses seuls amis, parla de la sorte :

— Il y a bal ce soir au palais Doria-Doria ; c'est moi qui vous le dis !

— Eh ! s'écria la foule désappointée, nous savons tous cela !

— Es-tu devenu voleur, Mariotto ? ajouta une bouilleuse de *lasagne* qui vint lui mettre le poing sur le nez.

Et vingt voix irritées :

— Rends-nous le carlin, scélérat de Mariotto !

C'était en ces moments de tempête que Mariotto montrait toute sa valeur.

— Si je suis devenu larron, Taddea, sorcière impénitente ! s'écria-t-il, ai-je jamais dit la vérité, qu'il y a dans ton macaroni plus de vers que de farine ! Si je suis devenu larron, vous autres, tas de réprouvés ! Est-ce moi qui ai volé la montre de l'Anglais, Ruzzola, fils de pendu? Est-ce moi qui ai mis l'oreiller sur la bouche de ma femme, Miterino, neveu de bandit? Ai-je donc pris de tes leçons pour devenir larron, Farfalla, pavé de prison, toi qui te mouches là-bas dans le foulard de ton maître ?

— Allons, la paix, Mariotto! firent ceux qui n'étaient pas encore nommés ; on a voulu rire, garde ton carlin et gagne-le !

— San Gennajo ! repartit l'improvisateur, je le sais bien qu'on a voulu rire ! Et moi aussi, j'ai voulu rire un petit peu. Cela fait du bien, mes amis si chers. Ne sait-on pas que Taddea, ma commère, cuit les meilleurs *lasagnes* de la Strada-di-Porto? que Ruzzola a trouvé la montre de l'Anglais? et que Miterino voulut réchauffer sa femme?... Il y a donc, mes colombes, que vous avez parlé trop vite. Ma nouvelle vaut dix carlins plutôt qu'un, et même une piastre de douze. Savez-vous pourquoi il y a bal ce soir au palais Doria? Non. Et comment le sauriez-vous? Vous ne voyez ces gens-là, mes pauvrets, qu'en carrosse ou à l'église.

— Et toi, tu les vois de plus près, n'est-ce pas, Mariotto? interrompit Farfalla qui lui gardait rancune.

— Moi, répondit l'improvisateur avec dignité, je ne flatte pas les grands, mais je les fréquente : je suis cousin issu de germain avec Mario Caffaro, le camérier second du Lorédan Doria. Il y a bal au palais parce que la contessina va être fiancée.

— Avec Fulvio Coriolani? s'écria le chœur tout d'une voix.

— Pour le coup, vous avez deviné, mes bien-aimés !

Et quoi d'étonnant? vous avez tant d'esprit! mais ce n'est pas encore ma nouvelle.

Le cercle se rapprocha.

— Ma nouvelle, continua Mariotto, ne vaut pas une piastre : elle en vaut vingt. Le prince Coriolani a été assassiné ce soir!

VI

LE SALTARELLO

Vous eussiez dit que cette masse compacte d'auditeurs attentifs venait de recevoir un choc électrique. Une grande clameur s'éleva, formée de mille cris.

— Est-ce possible ! — Coriolani assassiné ! — Si c'est Malatesta qui a fait cela, par saint Janvier, Malatesta ne le portera pas en paradis !

— Où ce meurtre ? — A quelle heure ? — connaît-on les assassins ?

— Là, là, là ! fit Marietto, fier et heureux de l'effet produit ; en savez-vous beaucoup qui vous eussent donné cela pour un carlin ? Mes amis chéris, quand je dis assassiné, je n'ai pas vu le corps...

Il y eut dans la foule un grand soupir de soulagement.

— Mais, reprit l'improvisateur, pas mieux n'en vaut, je vous fais juges ! Il y avait grand festin au palais Doria. Le prince y était, comme de juste, placé à côté de la contessina...

— Oh ! le cher ange, celle-là !
— Belle et douce comme la mère de Dieu !
— Laissez dire ! laissez dire !
— C'était plaisir de les voir tous deux, continua Mariotto ; le prince brillait comme un soleil. Angélie, la bien-aimée était habillée de blanc et ressemblait à l'une de ces tendres fleurs d'oranger qui s'ouvrent le soir pour parfumer le vent... Mais voilà bien autre chose, mes chérubins ! Il y avait aussi festin chez le Malatesta, et Dieu sait qu'on n'y faisait point de fiançailles ! Une douzaine de jeunes diables incarnés, tous en colère contre ce doux agneau de Coriolani, à cause de la diva contessina, étaient réunis. Le festin avait lieu sous prétexte de célébrer la relevaille du Malatesta qui est guéri de son coup d'épée. Ils étaient là, tous les beaux qui ne brillent plus, depuis que le prince Fulvio a paru dans notre ville, toutes les étoiles que cet astre a si vite éclipsées : le Pitti de Florence, le Ziani de Venise, le d'Angri-Vespuccio-Doria, le Colonna, les deux Doria-Panfili de Bologne et d'autres ; ceux-là, voyez-vous, ils sont tous enragés de jalousie, parce que Son Altesse Royale François de Bourbon (Dieu le conserve cent ans !) est de la noce, et parce que le roi Ferdinand lui-même (puisse-t-il atteindre l'âge de Mathusalem !) doit mettre sa signature au contrat.

Ils complotaient en festoyant. Et voilà ce qui est arrivé, je vais dire la vérité, ni plus ni moins, j'en jure par mon salut éternel ! Vers cinq heures de relevée, le gala du palais Doria était presque terminé ; on s'était mis à table à deux heures ; le prince royal était là qui regardait Angélie souriant. Une lettre est venue. D'où est-elle venue ? hachez-moi menu comme chair à pâté, je ne pourrai vous le dire, puisque je n'en sais rien. Honte à ceux qui inventent des fables ! La lettre était pour le prince Coriolani. En lisant, il est devenu tout pâle. Il s'est levé. Il a parlé bas au prince royal, puis il est sorti en disant : « Je reviens... »

Mariotto fit une pause. Cent voix haletantes s'écrièrent :

— Et il n'est pas revenu ?

— Attendez donc, mes amis de choix ! Comment voulez-vous savoir la fin de l'histoire, si vous ne me laissez pas dire ? Vous avez bien su, n'est-ce pas, qu'il était allé ce matin à bord du paquebot de Marseille ?

— Oui, oui, à bord du *Pausilippe* répondit-on.

— Nous étions là, dirent quelques-uns ; il a fait monter dans un carrosse deux dames voilées.

— C'est l'avantage que vous avez sur moi, mes tourterelles. Je n'y étais pas, non, personne ne peut être en deux endroits à la fois, mais si j'y avais été, foi de chrétien, j'aurais bien trouvé le joint pour savoir qui étaient les deux dames. Enfin n'importe, il les a emmenées on ne sait où, et voilà certes ce qui complique l'aventure, vous allez voir. Une demi-heure s'est passée là-bas au palais Doria, puis une heure, puis deux, puis le reste, Coriolani ne revenait pas... Tous ceux qui étaient chez Malatesta, vous savez, le Pitti, le Ziani, le Colonna, le Sampieri, le Panfili et compagnie, ont leurs entrées, comme de juste, au palais Doria. Ils sont arrivés vers les sept heures, et ils avaient du vin de Sicile dans la tête, du vin de France aussi, j'en fais serment ! Alors, on en a dit de toutes les couleurs, on a parlé des deux dames voilées. Et la pauvre belle Angélie s'est évanouie dans les bras de son frère... Mais Dieu du ciel, on a parlé de bien d'autres ! Les sourires ne manquent pas autour du beau Fulvio, et, à vrai dire, les noces ne sont pas faites : pourquoi lui reprocher déjà ses aventures ! Lorédan Doria écoutait et gardait le silence. C'est un Romain : il sait se taire. Savez-vous pourquoi, mes colombes, tout l'esprit de l'Italie est venu se loger à Naples ?

Cette question valut à Mariotto un long et unanime applaudissement. Cela lui fit plaisir, mais il eût préféré un second carlin. Il reprit :

— Si vous êtes contents de moi, mes seuls amis, tant mieux, je fais ce que je puis. Il y a donc que le prince royal était fort irrité. Il s'est approché du Lorédan et lui a parlé bas. Le Lorédan a répondu tout haut : « Jusqu'au sacrement on peut se dédire... » Cependant, il y en avait qui étaient partis pour aller chercher Coriolani. C'étaient des bons, ceux-là : le colonel San-Severo qui a six pieds de haut, le vieux banquier Massimo Dolci, le cavalier Hercule Pisani, qui était toujours avec ce scélérat d'Altamonte. Ah ! s'il avait su que c'était un bandit !... Et tous les amis de Bourbon et de Doria avaient dit : « Nous ramènerons Fulvio mort ou vif ! » Le noble marquis Andrea Visconti Armellino, intendant second de la police, était avec eux. Ils allèrent ici et là, battant tout le pavé de Naples... point de Coriolani ! Naples est une grande ville, mais Coriolani est aussi grand que Naples, et il est malaisé de cacher l'un dans l'autre. Le bruit s'est répandu tout à coup au palais Doria, mes amis, qu'on avait trouvé une mare de sang au pont de la Madeleine. Et cela vient à la mode de trouver du sang dans nos nuits. On a dit tout de suite : Le prince Fulvio Coriolani a été assassiné ! Et les Malatesta de rire en répondant... devinez quoi ? En répondant : — Assassiné, non ; assassin, oui !

Il y eut une grande rumeur dans la foule, et Mariotto se frotta les mains. Cette rumeur était grosse de carlins nouveaux. La cohue affriandée allait vider ses poches pour savoir.

— Tu ne nous dis pas tout, Mariotto s'écria en effet le chœur. Il y a une histoire.

— Ah ! ah ! mes vrais amis, répliqua l'improvisateur en souriant, on ne vous passe rien. Ce ne seraient pas des Romains qui auraient si bien deviné, ni des Milanais ni ceux de Florence ou de Turin ou de Venise... Oui, oui, mes compagnons, il y a une histoire et même deux histoires, aussi vrai qu'il me faut travailler pour nourrir la femme et les enfants. Et vous ne voudriez pas avoir ma peine pour rien, ô mes amis ! j'en jurerais sur mon salut éternel !

— L'histoire ! l'histoire ! l'histoire ! cria tumultueusement le chœur.

— Laquelle ? demanda Mariotto ; je puis vous dire comment notre Fulvio a été accusé de meurtre devant le prince royal en personne, et je puis vous dire où on l'a vu deux heures après sa sortie du Palais Doria...

— Le meurtre ! choisit la moitié de la cohue.

— Le prince ! demanda l'autre ; pourquoi le prince a-t-il quitté la fête de ses propres fiançailles ?

— Je puis vous dire encore, continua Marietto à qui appartenait ce sang qu'on a trouvé au pont de la Maddalena...

— Dis-le donc, Mariotto !

Mariotto releva la ceinture rouge en lambeaux qui serrait son *bracone* (haut-de-chausses).

— C'est un tari (deux carlins) par histoire, prononça-t-il d'une voix ferme.

Avez-vous lu des descriptions de tempêtes dans des tragédies classiques ? Crébillon l'aîné offre de beaux modèles en ce genre. La mer creuse ses gouffres sans fond et envoie ses vagues jusqu'au ciel... Pas davantage ! Eh bien, les tempêtes de tragédies sont de simples bourrasques à côté de l'orage suscité par les dernières paroles de Mariotto, célèbre improvisateur. La foule trépigna, sacra, jura, cria, hurla. Tous les poings se fermèrent afin de menacer ce coquin de Mariotto, ce larron, ce faussaire ! Mais après avoir jeté feu et flamme dans toute la force du terme, la foule mit la main à la poche ; il y eut un tari de *fait*.

Alors Mariotto d'un ton pénétré :

— Vous aurez deux histoires pour ce simple tari, mes tourtereaux, deux belles, deux bonnes histoires. D'abord, et celle-ci est par-dessus le marché, l'histoire du pont de la Madeleine. Ah ! vous voulez des mystères ! nous en avons à revendre !.. Toute l'après-dînée, mes amis, il y a eu un sloop anglais en rade. La chaloupe de ce sloop, dont personne ne sait le nom, était amarrée au quai de la Marinella, non loin du pont, et il y avait dedans quatre gros Anglais à collet relevé. Ce qu'ils faisaient là je vous le demande. Le maître avait des lunettes bleues comme celui que vous avez girellé tout à l'heure. Deux fois le sloop a fait des signaux, deux fois on a entendu des sons de cor au bout de la strada regia di Portici... Regardez voir si le seigneur Onofrio n'est point à portée d'entendre.

La foule se compta. Le seigneur Onofrio et ses collègues manquaient. Mariotto reprit :

— Vers la tombée de la brune, un homme s'est présenté seul au pont de la Maddalena. Presque aussitôt après six gendarmes sont venus à lui. L'homme a montré la barque comme s'il eût voulu dénoncer les Anglais et le brigadier lui a donné une bourse. Puis ils sont descendus ensemble sous le pont. Des gens qui passaient, quand la nuit a été toute noire, ont entendu un cri ; la barque s'éloignait à force de rames... On a couru. Sous le pont il n'y avait plus ni inconnu ni gendarmes, mais une mare de sang et un couteau avec trois mots latins gravés sur la lame : *Agere non loqui*.

— Mais voici la grande affaire, mes colombes! reprit Mariotto au moment où la foule allait l'accabler de questions, voici le vrai secret, et Dieu sait ce qui arriverait si quelqu'un allait conter la chose au palais Doria-Doria ! approchez-vous tout près et ouvrez l'oreille.

Point n'était besoin de ces précautions oratoires. La foule dévorait d'avance ses paroles.

— Le prince Coriolani, poursuivit-il a quitté le palais vers six heures. A sept heures, moi qui vous parle, je l'ai vu, de mes yeux vu, non point sous son costume d'altesse, mais déguisé en...

— Déguisé en quoi ? s'écria-t-on de toute part, parce que Mariotto s'était brusquement arrêté.

Mais celui-ci semblait frappé de stupeur. On eût dit qu'il avait aperçu la tête de Méduse là-bas dans l'ombre du vicoletto Delfino. Il restait la bouche béante et les yeux grands ouverts. La foule impatiente répétait :

— Déguisé en quoi ? déguisé en quoi ?

Et, comme le regard de Mariotto demeurait fixé dans le noir, à l'embouchure du vicoletto, tous les yeux prirent la même direction. On vit, de profil perdu seulement, ce pêcheur à la taille héroïque, qui naguère se tenait à la place occupée maintenant par l'auditoire de Mariotto, entre le marin à la pipe d'écume et cet étrange personnage couché en rond comme une chenille. Beaucoup se demandèrent : — Qui donc est celui-là ?

Quelques-uns échangèrent de rapides œillades. Un seul prononça ce nom que nous avons entendu déjà :

— Beldemonio !

Mais la vue du démon lui-même n'est point capable d'arrêter la fougue de la curiosité napolitaine. Les interrogations adressées à Mariotto recommençaient et se croisaient déjà, lorsqu'un cri bizarre domina tous ces bruits. Ce cri, d'espèce particulière, il n'est pas un Parisien qui ne l'ait entendu. Auriol, le maître du saut périlleux, le lançait toujours à son entrée dans l'arène. Auriol l'avait emprunté aux bouffons napolitains : cri railleur et joyeux, faible et perçant qui semble sortir du gosier de bois d'une poupée.

Alors on vit bondir, au-dessus des têtes qui se garaient de leur mieux, un corps souple, mais d'un considérable volume ; puis une créature prodigieuse, ayant ainsi franchi au vol le cercle des curieux, se prit à exécuter à l'intérieur du cercle des mouvements tout à fait fantastiques. Elle était retombée sur ses mains, la créature. Elle marchait les pieds en l'air et la tête horriblement renversée. La foule, tous ces grands marmots de Naples, la foule, se mit à rire et dit : Bravo, saltarello !

Le saltarello, qui n'était autre que Cucuzone, notre clown de la fontaine, lança son cri et salua des deux pieds bien respectueusement ; puis, bondissant sur la margelle et de la margelle dans la niche même de l'une des vierges, il engagea ses pieds, je ne sais comme, sous une draperie de pierre et se renversa tout à coup, soutenu seulement par ses orteils. La foule poussa un cri d'effroi et d'admiration. Dans cette position, la tête du saltarello était tout près de l'oreille de Mariotto. Il dit à voix basse ces seules paroles :

— Un mot de plus et ta femme est veuve !

Puis il se laissa choir sur ses mains dans le bassin, rebondit comme une balle élastique, fit le saut indien, le saut chinois, le saut périlleux sur la place, et, choisissant de l'œil la tête d'un facchino, l'atteignit d'un élan sublime, y posa ses deux mains, comme les enfants qui jouent au cheval fondu, et franchit de nouveau la haie curieuse par un saut de voltige exécuté à miracle. Le portefaix dut se fâcher, mais le saltarello avait déjà disparu.

VII

EXPLOITS DE PORPORATO

Quand la foule eut bien crié : « Bravo, saltarello ! » elle se retourna vers son improvisateur. Elle voulait son histoire pour son argent. Quoi de plus juste ? Mais l'improvisateur était muet et tout pâle. Il n'avait plus l'air en train de raconter. Son regard, désormais inquiet, parcourait le cercle qui l'entourait, et, passant par-dessus les têtes, sondait les profondeurs de plus en plus assombries de la strada-di-Porto, où les foyers allaient, s'éteignant, les chandelles aussi. L'heure du repas en plein air était passée ; les fourneaux volants pouvaient refroidir. Le concert de cris mercantiles avait perdu son entrain et sa fougue. On ne vendait plus guère que des friandises et des fruits. Encore étaient-ce des friandises dédaignées et des fruits restés au fond du panier. *Aux tard venus les os !* disait ce proverbe des écoles, presque aussi féroce que le *Malheur-aux vaincus!* des Gaulois.

Les facchini rassasiés, les pêcheurs désaltérés, les pauvres représentants de toutes ces petites industries obséquieuses et importunes qui font vivre la paresse napolitaine, ayant une fois le ventre plein, regardaient en mépris les viandes trop cuites, les citrons piqués, les melons d'eau invalides que le marchand parait de son mieux et poussait à la vente. Dieu sait qu'il faut peu pour remplir les estomacs de Naples. Avec la provende d'un porteur de charbon de Londres, vous donneriez amplement à dîner à une demi-douzaine de lazzaroni.

Ceux des marchands qui avaient achevé leur débit, devenus hommes de loisir, se mêlaient à la foule, mangeant çà et là un morceau sur le pouce. Les dernières clameurs, jetées à de longs intervalles étaient comme un écho attristé de la dernière heure du festin.

— Avec deux tournois, chantait au lointain la marchande de pastèques, vous buvez, vous mangez, et vous vous lavez la face !

Ce n'était point assurément la transformation subie par la strada-di-Porto qui occupait Mariotto l'improvisateur. Ceci était de tous les jours. On eût dit qu'il voyait, parmi ces groupes ambulants dont la rue était encore emplie, des choses qui échappaient aux yeux de ses auditeurs, et que lui-même jusqu'alors n'avait point remarquées.

— Ils sont tous là, murmura-t-il en se parlant à lui-même, et la police aussi ! Quelle sarabande allons-nous danser cette nuit ?

Un homme, qu'à première vue nous eussions pu prendre en vérité pour Peter-Paulus en personne, s'arrêta vis-à-vis de lui, un peu en dehors du cercle, Il avait le chapeau sur les yeux, et son northwest, ou twine de matelot anglais, avait le collet relevé jusqu'au-dessus du nez. Ses yeux se cachaient derrière des lunettes bleues. Cet homme fit signe de la main à Mariotto, qui lui répondit en montrant la ruelle Delfino, derrière la fontaine.

— Allons, Mariotto, allons ! criait la foule, vas-tu nous faire coucher ici ?

Mariotto pensait :

— Il y en aura plus d'un qui couchera cette nuit sur la dalle !

— J'y suis, mes vrais amis, reprit-il tout haut ; c'est cette sauterelle qui nous a interrompus. Soyez tranquilles, vous ne perdrez rien, c'est moi qui vous le dis.

Mais, avant d'apprendre au lecteur comment fit Mariotto pour satisfaire son auditoire sans mettre sa femme en deuil de veuve, nous sommes forcés de suivre un instant ce personnage, déguisé en Peter-Paulus, qui se dirigeait d'un pas lourd et lent vers le vicoletto Delfino. Au moment où il tournait la fontaine, la nuit se fit noire tout à coup autour de lui. Il n'y avait point de réverbères dans la ruelle.

— Ohé ! fit notre homme en se donnant de son mieux l'accent anglais, s'il y a quelqu'un là, qu'on me parle ! je n'y vois goutte !

Un éclat de rire étouffé se fit entendre auprès de lui.

— Bonjour, Sansovina, dit une gentille voix de femme. Beldemonio est dehors cette nuit et t'attend.

— Lui parlerai-je ?

— Non, mais tu me parleras, et ce sera tout un !

Il vit une forme svelte qui sortait de l'ombre d'une porte basse.

— Ah ! fit-il, c'est vous, signorina ? Est-ce pour ce soir ?

— Il le faut bien, Sansovina, puisqu'il ne serait plus temps demain.

— Et tout est prêt ?

— Tout sera prêt. Beldemonio met lui-même la main à la besogne.

La jeune femme qui était en face de Sansovina posa ses deux mains sur ses épaules et le regarda en riant.

— Si tu avais été là tout à l'heure, vieux loup, lui dit-elle, tu aurais pu prendre une leçon de baragouin anglais. J'ai accosté un brave homme, croyant que c'était toi et nous avons été obligés de faire une girella pour nous débarrasser de lui. Quoi de nouveau ?

— Beaucoup de nouveau. Il y a du mouvement dans le port. On dirait que les gardiens ont l'éveil.

— Ils ont l'éveil, dit froidement la jeune femme.

— Un homme a été tué ce soir à cinquante pas de notre barque, sous le pont de la Madeleine.

— Dieu ait son âme ! On sait cela. Que viens-tu annoncer ?

— Je viens annoncer une chose et m'informer d'une autre. Nous n'avons pas vu le Ruggieri de la journée.

— Beldemonio a eu besoin de lui.

— Et aussi de Cucuzone ?

— Et surtout de Cucuzone.

— C'est bien, mais nos gens murmurent.

— Fais-les taire !

— On y tâchera. La chose que je viens annoncer, c'est que la barque a dû quitter son poste en avant du petit port. Il y a là une nuée de mouches.

— On sait cela encore. Vous avez amarré à l'embouchure du Sebeto...

— Et c'est de là que nous avons entendu le cri de l'homme assassiné. Mais il y a autant de mouches dans la Marinella qu'au devant du petit port : voici ce qu'il faut qu'on sache : j'ai levé l'ancre. Avec nos avirons enveloppés de paille, nous avons gagné en haute rade, doublé la pointe du château de l'OEuf, et mouillé tout à l'ouest de la plage de Chiaja, dans les roches, entre le tombeau de Virgile et les grottes de Pouzzoles.

La signorina gardait le silence.

— Avez-vous entendu? demanda le prétendu matelot anglais.

— Beldemonio ne sera pas content, répondit-elle ; il nous faudra traverser toute la ville pour arriver à la barque.

— Il y a vingt chaloupes de surveillance entre le port et la Madeleine, répliqua Sansovina.

— Et le sloop ?

— Le sloop a changé de place aussi, à cause d'une goëlette de guerre qui a croisé toute la soirée entre la Gajola et le cap de Misène. Le sloop a passé le canal de Procida : il est à l'ancre de l'autre côté de l'île, à l'ouest-sud-ouest du feu de Fusaro... et Dieu veuille qu'on l'y laisse en repos !

— C'est tout ce que tu avais à dire ?

— Tout, répondit le marin anglais.

— Et qu'avais-tu à demander ?

— L'heure où la barque appareillera.

— S'il y a quelqu'un, hormis Dieu, pour savoir cela, Sansovina, répliqua la jeune femme, c'est le maître, et tu ne peux parler au maître, qui est loin d'ici maintenant. Retourne à ton poste et veille toute la nuit. Ce peut être dans un instant, peut-être aussi attendrez-vous jusqu'au point du jour. Il y a des obstacles nombreux et que nul ne pouvait prévoir. Le prisonnier a été extrait du cachot dont les barreaux étaient limés d'avance, et enfermé sous les combles. Il est au secret. Les postes ont été décuplés au dehors comme au dedans du Castel-Vecchio. Mais qu'importe tout cela, puisque la volonté du maître est que le prisonnier soit libre ?

— Beldemonio n'a pourtant pas des ailes comme un oiseau ! murmura le marin.

La main de la jeune femme pesa plus lourde sur son épaule.

— Il a des ailes comme un ange, prononça-t-elle à voix basse, ou comme un démon !

Une minute après, le vicoletto était de nouveau silencieux et en apparence solitaire.

— J'en fais serment disait en ce moment notre improvisateur Mariotto, que son auditoire serrait de très-près ; et voudrais-je me damner pour un tari, je vous le demande, mes colombes ? Ne sera-t-il pas toujours temps de vous parler du Coriolani?... Tandis que ce très fameux baron d'Altamonte sera exécuté par le glaive demain matin à la première heure. Personne ne pourrait vous parler comme moi à son sujet, mes amis, écoutez-moi !

— Rends l'argent ! crièrent cinq ou six rudes voix ; tu nous as trompés : il n'est rien arrivé au prince Fulvio.

— Rien arrivé, Spirito santo ! et c'est à moi qu'on dit cela !...

— Eh bien ! qu'est-il arrivé ?

La logique de cet auditoire napolitain était assurément écrasante. Mariotto se démenait comme un possédé.

— Y a-t-il une honnêteté sur terre ? s'écria-t-il : sais-je mieux que vous ce qui est intéressant dans mes nouvelles ? Entendit-on parler jamais de gens qui se bouchent les oreilles quand on veut les entretenir de Porporato ?

Ce nom faisait toujours un grand effet, cependant il y eut encore des murmures.

— C'est bon, reprit l'improvisateur, qui vit passé le plus fort de l'orage ; c'est entendu ! je ne vous dirai pas ce qui a eu lieu ce soir même au Castel-Vecchio, je ne vous parlerai pas du souterrain que les Compagnons du Silence avaient creusé sous le vicoletto de Sainte-Marie pour arriver jusqu'au cachot de Porporato...

— Un souterrain ! fit le chœur, émoustillé cette fois.

— Non, non, continua Mariotto ; vous ne voulez pas savoir cela !

— Mais si fait !

— Ai-je donc mal entendu ?

— Parle ! parle ! parle !

— Alors, entendons-nous, mes vrais amis. Je suis un chrétien comme vous tous, et non pas une toupie qu'on fasse tourner avec le fouet. Vous mettrez bien un carlin de plus pour le souterrain, les compagnons déguisés en geôliers, et la manière dont toutes ces choses ont été découvertes.

Une basse-contre profonde comme un puits se fit entendre et dit :

— Donnez-le-moi ; voilà du temps qu'il se moque de nous : je vais le casser comme une croûte !

— Bon ! bon ! s'écria bien vite Mariotto qui se voyait déjà coupé en deux ; ne comprenez-vous pas, mes vrais amis, que j'ai voulu rire ? Est-il défendu maintenant de s'amuser un peu entre camarades ? Voilà la chose, et je suis le seul à Naples qui puisse vous la dire : Quand le trésor du palais royal de Capodimonte fut pillé cet hiver, le Bourbon se mit en colère et augmenta de dix mille ducats la prime promise à quiconque livrerait Porporato. Cela faisait cinquante mille ducats ; c'est bon à recevoir, mais personne ne mit la main sur Porporato ! Il arriva peu de temps après que les joyaux de la villa Regina disparurent, puis l'argenterie de la villa Floridiani, où le roi avait sa vaisselle plate, puis le trésor de l'archevêché. On promit vingt mille ducats de plus à qui livrerait Porporato. Mais, saisissez donc ce qui est insaisissable !

Une nuit, Bianca Barberini, la fille du duc, fut enlevée. Ce fut un deuil. Une lettre sans signature apprit au vieux duc que, moyennant cinquante mille onces d'or doubles de six ducats, on lui rendrait l'unique espoir de sa race. Vous le savez bien ; il monta lui-même à cheval et se rendit au lieu indiqué, au-delà de Salerne, tout seul. Cela était ordonné. Il s'avança dans la grande plaine entre les deux torrents, le Tusciano et le Selo, jusqu'au pied du mont Alburne, dont les flancs se couvrent d'épaisses forêts. Il vit les troupeaux de cerfs et de sangliers que n'effrayent plus les chasses royales ; il vit le bloc de granit qui marque la place où le consul romain défit l'armée de l'esclave Spartacus ; Il vit à l'horizon, loin, bien loin, la vieille ville de Pœstum déserte, silencieuse, immobile comme un fantôme, et dormant depuis deux mille ans dans ses ruines.

Il vit cela. Le soleil couchant rougissait les longues perspectives des colonnes doriques. L'ombre s'allongeait au-devant de lui et portait jusqu'à ses pieds la silhouette gigantesque du temple de Neptune. Personne dans la ville, personne, jusqu'au moment où le soleil, mettant derrière les sombres propylées une large bande de pourpre, noya lentement son disque dans les eaux du golfe de Salerne.

Alors un homme parut, pourpre comme le soleil qui venait de se coucher, pourpre depuis la plume de son feutre calabrais jusqu'au cuir de ses sandales. Son visage se cachait derrière un masque rouge. Il montra la lisière de la forêt : Bianca Barderini était là, retenue par deux hommes et les bras tendus vers son père. Le vieux duc compta les cinquante mille onces en or et en bank-notes anglaises.

L'homme de pourpre ne daigna pas se baisser pour les prendre. Celui-là ne touche jamais l'or que pour faire largesse. Il remit Bianca aux mains de son père, salua comme un seigneur qu'il est et disparut sous bois...

— Voilà qui est raconté ! s'écria Farfalla pendant que Mariotto reprenait haleine.

— Ah ! dit Masaccio, pâle de l'émotion que faisait naître en lui cette poésie du paysage et du récit, Mariotto est un Napolitain quand il veut !

— Merci, Farfalla, merci, Masaccio, dit Mariotto tout fier ; vous vous connaissez en savoir-faire... Après Bianca Barberini, ce fut le tour de Preziosa Balbi. Seize ans, fiancée au Pisanelli, de Mantoue. Celle-là, moins riche, fut rachetée au prix de trente mille onces d'or. Après elle, deux à la fois : Jeanne Palliante, des princes Paléologues, fiancée du comte Doria-Doria, et Matilda Farnèse, filleule du roi Ferdinand (qu'il vive un siècle !) Pour ravoir Jeanne, il a fallu Fulvio Coriolani...

Mariotto s'interrompit ici brusquement et regarda du côté de la ruelle par où le saltarello avait disparu.

— Marche ! s'écria-t-on ; dis-nous comment Coriolani eut la fiancée de Lorédan Doria !

Il y avait sur le visage de l'improvisateur comme un reflet du trouble qui l'avait saisi lors de l'invasion du saltarello.

— Vous le savez mieux que moi, mes tourterelles, répondit-il ; quand on parle du Coriolani, cela mène loin... Quant à la belle Matilda Farnèse, personne n'a pu la reconquérir, pas même Fulvio ! Et le roi pleurant sa filleule chérie, a dit : « Je donnerai cent mille ducats à qui me livrera ce démon de Porporato ! » Si l'on songeait à Dieu, prendrait-on tant de peine, ô mes chers amis ? Dieu seul est puissant. Ce que l'homme ne peut faire arrive tout naturellement par la volonté de Dieu. Ecoutez ceci : Un jour de l'autre semaine, une vieille femme, l'ancienne servante de Samuel Graff le riche, qui avait gagné sa fortune au service du duc de l'Infantado vit passer un seigneur en sortant de l'église du Monte-Oliveto. C'est la Beata, que vous connaissez tous bien, et qui fait l'aumône maigrement pour purifier les bons ducats volés jadis à son maître. La Beata, en voyant ce seigneur qui passait, poussa un cri et tomba pâmée. Pourquoi ? parce quelle avait reconnu l'assassin du riche Samuel Graff...

— En vérité ! en vérité ! firent quelques-uns des auditeurs.

— On sait cela ! répliquèrent d'autres.

Et le plus grand nombre :

— Laissez aller le Mariotto ! Il est en verve !

— En verve ! se récria l'improvisateur aigrement ; y a-t-il des jours où d'autres causent mieux que moi à votre gré, mes agneaux ? Alors allez les écouter, je vous le conseille !

— Le premier bavard qui interrompra Mariotto, prononça solennellement la basse-contre, aura la girella double d'un bout à l'autre de la rue, en allant et en revenant. Et toi, Mariotto, marche droit, tu es payé !

Cette sentence à deux tranchants, digne du roi Salamon, fut unanimement approuvée, et Mariotto reprit :

— La Beata se rendit donc à l'intendance de son quartier, parce que le seigneur Spurzheim, directeur de la police royale, était dans son lit, malade, et voici ce qu'elle dit : Il y a du temps, un étranger vint dans la maison du riche Samuel Graff, à Palerme, qui est la capitale de la Sicile. L'étranger était beau et bien fait. Il s'appelait Felice Tavola. Il avait des lettres d'Espagne, et Graff le reçut cordialement. Bientôt, Felice Tavola fut comme de la famille. Une nuit, la Beata s'éveilla en sursaut. La maison était pleine de fracas et de cris. L'hôte du riche Samuel Graff avait ouvert les portes aux *Cavalieri Ferraï* qui avaient une vendetta à exercer sur l'ancien intendant du duc de l'Infantado. Ils avaient déjà tué comme cela le marquis de Francavilla, le colonel Trentacapelli et bien d'autres... La maison fut pillée de fond en comble. Samuel Graff, égorgé, avait dans la poitrine le poignard calabrais où sont gravés ces mots latins : *Agere, non loqui*.

— Le même qui a tué l'homme du pont de la Madeleine ! dit Ruzzola, tandis qu'un frémissement courait dans la foule.

— Le poignard du Silence ! prononça lentement Mariotto.

Puis il reprit :

— Felice Tavola, disparut avec les bandits, et tout Palerme reconnut en lui le terrible Porporato... Ce son là des événements dont on ne perd pas la mémoire. C seigneur que la Beata vit passer en sortant de l'église du Monte-Oliveto, c'était Felice Tavola. Vous savez bien qu'il portait à la cour le nom de baron d'Altamonte ; mais il ne leur en coûte rien de changer de nom ! Le baron d'Altamonte se mit à rire quand on voulut l'arrêter. Il se réclama du cavalier Hercule Pisani, du colonel San Severo, du vieux banquier Massimo Dolci et du seigneur Johann Spurzheim lui-même, directeur de la police royale ; il se réclama aussi du prince Coriolani. Le roi ordonna qu'on le mît au secret. La chambre des crimes s'assembla ; on fit venir des témoins du pays de Monteleone et de Sicile. L'assassinat de Samuel Graff fut prouvé jusqu'à l'évidence.

Mais une chose qui n'était pas prouvée du tout, c'était l'identité, comme ils disent, l'identité de Porporato. Les témoins venus de Monteleone et de Palerme reconnaissaient bien Felice Tavola comme la Beata elle-même ; mais ils n'avaient jamais vu Porporato. Or, la justice a été si souvent trompée ! Le roi voulut savoir. Il y avait à Naples cinq personnes qui avaient vu de leurs yeux Porporato et qui ne pouvaient pas dire non. C'étaient d'abord ces trois pauvres belles créatures : Bianca Barberini, Preziosa Balbi et Jeanne Palliante des princes Paléologue. C'était ensuite le vieux duc Trivulzio des Barberini. C'était enfin le prince Fulvio Coriolani.

Le duc avait vu Porporato pour Bianca sa fille ; le prince l'avait vu pour Jeanne Palliante des Paléologue, fiancée du Doria. Le roi ordonna que le baron d'Altamonte, déjà condamné par la cour des crimes, fut revêtu de ce costume couleur de pourpre qui est la toilette d'apparat du maître du Silence. Il ordonna de plus que Felice Tavola, soi-disant le baron d'Altamonte, fût confronté avec les trois jeunes filles nobles et les deux seigneurs... Pensez-vous, mes amis, qu'un autre que moi pourrait vous révéler ainsi les secrets de l'État? Si vous le pensez, vous vous trompez.

Voici donc quatre carrosses arrêtés dans le larghetto de San Pietro Martire. Blanche Barberini venait avec son père; Preziosa Balbi avec la supérieure de son couvent; Jeanne des Paléologue avec la duchesse de Leuchtemberg, née princesse de Bavière, sa tante. Fulvio Coriolani était seul dans le quatrième carrosse. Au Castel-Vecchio étaient réunis le prince royal, François de Bourbon, le ministre d'État, l'intendant supérieur de la police, le président de la cour des crimes, l'archevêque de Naples et d'autres hauts seigneurs. Dès que tout le monde fut entré, on introduisit le baron d'Altamonte, vêtu de la casaque pourpre portant une plume écarlate à sa toque, et le masque rouge sur le visage. Blanche Barberini et son père s'approchèrent les premiers. « Au nom du Dieu vivant! dit Sa Grandeur l'archevêque de Naples, qui présidait, reconnaissez-vous ici présent Porporato? » Le vieux duc répondit pour sa fille : « Nous ne reconnaissons pas celui-là pour être Porporato. »

Preziosa Balbi s'avança, soutenue par la supérieure. « Au nom du Dieu vivant, répéta l'archevêque, reconnaissez-vous ici présent Porporato? » Derrière le voile on entendit un *non*.

C'était le tour de Jeanne Palliante des Paléologue. Celle-là descend des empereurs ; elle a la beauté des reines. « Au nom du Dieu vivant, dit-elle avant qu'on l'eût interrogée, cet homme que voilà n'est pas Porporato. »

Disait-elle vrai ? Elle tomba évanouie aux pieds du tribunal. Il ne restait plus que le prince Fulvio... Quand je raconte, moi, je n'invente rien, vous le savez ; j'ai des amis à la cour, c'est mon état qui le veut. Dès le commencement de la séance, Altamonte avait regardé fixement le prince Coriolani à travers son masque rouge. Vous n'avez pas oublié, mes colombes, que cet Altamonte s'était réclamé du prince au moment de son arrestation, du prince, du directeur de la police royale et de bien d'autres encore. Le prince le regardait, lui aussi, sévère et froid. Au moment où Fulvio Coriolani s'avançait pour témoigner, Altamonte étendit la main vers le cartouche qui est au-dessus de la porte des cloîtres. Si vous ne le savez pas, je vous dirai qu'au temps des Espagnols, le Castello-Vecchio servait de palais au commandant militaire. Le cartouche contient l'écusson des Medina Torre avec leur devise : PRENDS GARDE !...
« Au nom du Dieu vivant, prononça pour la troisième fois Sa Grandeur l'archevêque de Naples, reconnaissez-vous ici présent Porporato ? » Le prince répondit aussitôt d'une voix ferme et assurée : « Oui, je le reconnais ! »

Altamonte fit un bond de tigre, mais ses mains étaient garrottées. Sur le seul témoignage du prince Coriolani, le tribunal décida dans sa conscience que le baron d'Altamonte était bien Porporato. Mais comme personne, à vrai dire, ne l'avait livré à la justice, la récompense de cent mille ducats resta dans le grand coffre des finances royales... Beaucoup de gens pensent que les Compagnons du Silence ont déclaré la vendetta contre le prince Coriolani. Il fera bien, le respecté seigneur, d'avoir présente à la mémoire la devise des Medina-Torre et de *prendre garde*. On l'a manqué aujourd'hui, mais demain ?

Qui sont-ils, cependant, ces Compagnons du Silence ? Ou sont-ils ? Ici et là, près et loin ; partout ! Il y en a dans le cercle qui m'entoure j'en jurerais sur mon salut éternel ! Et quelques-uns d'entre vous, en parlant de moi pauvre malheureux, se disent : *Il l'est peut-être...*

Or le roi veille. Pour délivrer Porporato cette nuit, il faudrait démolir la vieille forteresse pierre par pierre. L'essayera-t-on ? Le jour venu nous le dira. Je ne parle point mal des Compagnons du Silence, ô mes amis ! et je prononce le nom de Bourbon avec tout le respect qui lui est dû. Nous vivons dans des temps difficiles. Un mot imprudent peut causer la mort d'un père de famille. Je dis ce qui est : l'ombre de cette nuit couvrira une bataille. L'attaque est prête, la défense a l'arme au bras : Le régiment entier des gardes suisses est au Castel-Vecchio, deux escadrons de chevau-légers sont derrière l'église, les dragons sont cachés dans les maisons du parvis. J'ai vu des baïonnettes plein la cour de l'ancien hôpital des pauvres, des baïonnettes encore dans le jardin de l'Incarnation, encore des baïonnettes à l'arène des Pallonari. Quant aux conjurés....

Ici Mariotto eût la parole tranchée net par un coup

de sifflet aigu qui semblait parti de la terrasse d'une maison voisine. Plusieurs autres coups de sifflet répondirent au loin. La strada di Porto présentait maintenant un aspect tout nouveau. La plupart des lumières s'étaient éteintes, toutes les boutiques en plein vent avaient disparu ; les portes restaient cependant ouvertes. Il y avait foule encore ; mais elle formait une demi-douzaine de groupes massés autour des improvisateurs.

Au coup de sifflet, chacun d'eux fit comme le Mariotto : Il y eut soudain un grand silence. Dans ce silence, deux sonneurs de *vezzo* de l'Abruzze, placés aux deux extrémités de la rue, se prirent à jouer avec énergie, et en pressant le rhythme, l'air si connu de Fioravante : *Amici, alliegre, andiamo alla pena!* Et tout aussitôt un mouvement rapide se fit dans la foule : une sorte de triage. Dans chaque groupe, quelques hommes se dégagèrent soudain, perçant la cohue, étonnée et inquiète, à vigoureux coups de coude.

Une fois libres, ils prirent leur course vers le haut de la strada, conduits par un fort gaillard, court sur jambes, ayant le costume des marins du port, et une jeune femme habillée en marchande d'oranges. Tout cela eut lieu en un clin d'œil.

Et cela n'eut pas lieu trop tôt, car au même instant, à l'embouchure de toutes les ruelles à la fois des baïonnettes brillèrent. Les auditeurs de l'éloquent Mariotto le cherchèrent sur son piédestal. Il avait disparu. Toutes les lumières étaient éteintes comme par enchantement. Il ne restait plus que trois ou quatre réverbères fumeux, suspendus à trop longs intervalles du haut en bas de la rue. La foule muette de stupeur, entendait qu'on chargeait des armes dans la ruelle. Puis le commandement : « En avant, marche ! » se fit.

Deux minutes après la strada di Porto était hérissée, de baïonnettes, sauf le petit coin de la fontaine des Trois-Vierges. Là, la population était parquée, silencieuse et interdite comme un troupeau de moutons.

Mais dans ce troupeau, vous eussiez cherché en vain nos amis Farfalla, Miterino, Ruzzola, Masaccio et autres. Ce n'était pas pour rien que les cornemuses avaient sonné. La basse-contre elle même avait pris le large à ce signal. Et c'était bien vraiment un troupeau de brebis que les soldats du roi de Naples tenaient enfermé dans le cercle de leurs baïonnettes !

VIII

L'ESCALADE

Il pouvait être environ dix heures du soir au moment où la force armée occupait la strada di Porto. Toutes les autres avenues du Castel-Vecchio étaient pareillement et surabondamment gardées. L'autorité avait eu avis qu'on tenterait cette nuit de délivrer Porporato ; elle avait pris ses précautions en conséquence, persuadée qu'en tel cas donné, l'audace de la mystérieuse association qui semblait avoir élu domicile dans la capitale même du royaume, irait jusqu'à jouer cartes sur table et à tenter une bataille rangée.

Notre camarade Mariotto nous a laissé peu de chose à dire sur cette confrérie du Silence, qui causait depuis quelques mois un si grand émoi dans Naples et avait des ramifications jusque dans les provinces les plus reculées. Nous pouvons cependant établir deux faits : Le premier, c'est que nul ne savait si cette association, trop redoutable pour être considérée comme une simple bande de brigands, avait au fond une base politique. Ce doute tenait le gouvernement en éveil. Le second fait c'est que bien peu se souvenaient de l'origine de l'association, par cette bonne raison que la confrérie elle-même semblait avoir oublié profondément son point de départ : Il n'était plus question de venger Monteleone, et si le meurtre pour lequel Porporato allait porter sa tête sur l'échafaud avait trait aux événements racontés dans le prologue de cette histoire, c'est que ce meurtre, fort ancien déjà, remontait au temps où les Compagnons du Silence, éloignés de Naples et portant leurs efforts sur les principautés du sud, donnaient la vendetta pour prétexte à leurs violences, et se servaient du nom de Mario Monteleone, le saint martyr, comme d'un talisman auprès des pauvres populations de la Calabre.

Maintenant, une autre direction était imprimée aux souterrains travaux de la confrérie. Nous savons que, dans la crypte du Corpo-Santo, le chevalier d'Athol, ou, si mieux l'on aime, Porporato, avait dit : « La pensée de Monteleone est morte avec lui. Qu'il dorme en paix : il est vengé puisque je prends en main sa vengeance ! » C'étaient là de fières paroles. Nous saurons sans doute plus tard si Porporato avait tenu sa promesse.

Une seule circonstance nous donne le droit de penser que ces hardis chevaliers de la nuit, qui faisaient de Naples une cité conquise, étaient bien nos *Cavalieri Ferraï* de la vallée du Martorello ; une seule : le nom de Felice Tavola, que nous connaissons pour un des Six. En dehors de cela, nous n'avons jusqu'à présent rien vu.

Aucun des porteurs de l'anneau de fer ne s'est présenté à nos yeux. Nous n'avons rencontré ni le vieil Amato Lorenzo, ni le cauteleux David Heimer, ni le géant Tristany, ni Policeni Corner, ni Marino Marchese, les deux bandits fashionables, ni Porporato surtout.

Tavola était le premier tombé sous la main de la justice. Tavola? Mais qui donc pouvait être sûr de l'identité de Tavola lui-même? Bien souvent déjà des subalternes avaient pris le nom de Porporato et soutenu le mensonge jusque sur l'échafaud, nous savons cela. Pourquoi Porporato, enfin tombé dans le piége, n'aurait-il pas pris à son tour le nom d'un subalterne?

Allons plus loin. Quelqu'un au monde aurait-il pu certifier d'une façon absolue que Porporato existait réellement? et que ce n'était point une réunion de malfaiteurs *contractée* en quelque sorte sous ce nom collectif, une manière d'hydre à vingt têtes? Avec la moitié de ce qu'on imputait à Porporato, qui passait cependant pour être un tout jeune homme, on eût défrayé les légendes de dix Fra-Diavolo! Donner le change est le grand point dans ces associations occultes. Les chasseurs savent que vieux cerfs et vieux sangliers ont toujours quelques gardes-du-corps qui prennent chasse à leur lieu et place pour leur donner le temps du repos. Il n'est pas permis d'ignorer la surprenante tyrannie qui opprime en général les membres de semblables associations. La règle des Compagnons du Silence était fort étroite, à en croire les rumeurs qui couraient: C'était du carbonarisme perfectionné et poussé à l'état monarchique. Le maître avait le pouvoir souverain sans contrôle. Les Six n'étaient que les bras de cette tête. Au-dessous des *Six* venaient les compagnons engagés sous serment. Au-dessous des compagnons, une plèbe sans nom qui agissait à l'aveugle. Le serment du silence obligeait à mourir pour le maître.

Le Castel-Vecchio de Naples, dont les plans et dessins se retrouvent encore dans les ouvrages spéciaux antérieurs à 1830, était dégagé sur cinq de ses faces, dont chacune donnait sur une ou plusieurs de ces petites ruelles (*vicolletti*) dont nous avons parlé. La principale entrée s'ouvrait entre le vicolletto Delfino et la ruelle Martinelli, au bout du sotto-portico saint Antoine, qui prolongeait la strada di Porto. La sixième, la septième et la huitième face (car le château formait un polygone à huit pans très-irréguliers et dont l'un des angles était rentrant), étaient enclavées dans les maisons et ne présentaient pour elles trois qu'une seule sortie, perçant sous voûte un pâté de maisons fort épais et venant aboutir derrière San-Giovanni Maggiore, non loin de l'entrée des catacombes. Partie de ce passage voûté existe encore aujourd'hui. C'est le sotto-portico le plus mal odorant qui soit à Naples, et ce n'est pas peu dire !

A partir de l'extrémité de cette voûte jusqu'au larghetto ou petite place Saint-Antoine, il y avait un demi-quart de lieue de chemin, en contournant les maisons. La plus grande épaisseur de celles-ci était à l'endroit même où la voûte les perçait. La profondeur allait diminuant à mesure qu'on se rapprochait de la place

Saint-Antoine, où la dernière de ces demeures se collait au rempart comme un colimaçon.

Cette nuit le Castel-Vecchio était investi par la garnison de Naples, aussi étroitement qu'une place de guerre dont on eût fait le siége. Il y avait au-devant de toutes les entrées de véritables camps. Les avenues de ces points stratégiques étaient également gardées, et la strada di Porto formait place d'armes. Mais dans ce long espace, compris entre Saint-Jean-le-Majeur et le larghetto Saint-Antoine, comme il n'y avait aucune issue, les précautions étaient naturellement moins exagérées. Cinq ou six sentinelles, placées à portée de la voix l'une de l'autre, éclairaient seulement le trajet.

Vers dix heures et un quart, c'est-à-dire quelques minutes seulement après l'occupation militaire de la strada di Porto, nous conduirons le lecteur à une petite place triangulaire, située à peu près au centre de figure de cette série de maisons masquant le vieux château. Cette petite place, appelée la Piazzetta Grande, par opposition à quelque trou encore plus encaissé, donnait par un ses angles sur le vicoletto Zaffo, une des ruelles qui rejoignent encore aujourd'hui la strada dei Tribunali. Le côté opposé à cet angle était formé par les maisons appuyées contre le château. Au-devant de ces maisons passait la rue de Mantoue, voie assez large, mais tortueuse, et coupée d'impasses qui rentraient dans le pâté de maisons.

En 1823, à Naples, on n'abusait pas beaucoup des réverbères. De la Piazzetta Grande, on n'en voyait qu'un, situé dans la rue de Mantoue, à l'angle méridional de la place. Voici ce qu'éclairait ce réverbère, qui lui-même ne voyait point ses collègues, cachés par les brusques détours de la rue : d'abord une sentinelle appartenant au corps de l'infanterie régulière, le régiment Buffalo, comme on l'appelait. Cette sentinelle se promenait de long en large à l'ouverture de la place solitaire. On n'entendait aucun bruit dans le viccoletto Zaffo, qui était le point à surveiller et les maisons voisines semblaient dormir. Peut-être un plus retors eût-il conçu, à cause de ceci, précisément quelques inquiétudes ; ce silence complet, à une heure si peu avancée, pouvait ne point paraître naturel, mais notre conscrit du régiment Buffalo n'allait pas si loin que cela dans ses réflexions.

Il avait envie de dormir.

A part la sentinelle, le réverbère n'éclairait aucune créature humaine. La lueur vacillante portait sur une maison à deux étages, basse et vieille, qui faisait saillie sur la rue, et derrière laquelle s'élevait une seconde maison ayant au moins le double en hauteur. Le toit de la première servait de terrasse à la seconde. La saillie de ce vieux bâtiment mettait dans l'ombre l'entrée d'un cul-de-sac au fond duquel était la porte cochère de la seconde maison.

Nous en avons assez dit pour que le lecteur ne soit point étonné quand nous ajouterons que le conscrit du régiment Buffalo n'était pas un très-subtil observateur. S'il eût été observateur pour un peu, il aurait remarqué un fait, insignifiant en apparence, mais qui pouvait avoir sa portée dans les conjonctures présentes. Voici le fait : Au moment où notre conscrit avait pris sa faction, le cul-de-sac était éclairé par un lumignon fumeux, placé sous la niche d'une madone. Le lumignon avait maintenant cessé de briller. La nuit emplissait l'impasse.

Qui avait éteint le lumignon? Aucun bruit de porte ouverte ou refermée ne s'était fait, et personne n'était entré dans l'impasse. Tout au fond de ce cul-de-sac, une grande porte voûtée donnait passage dans une cour appartenant à une maison considérable : la troisième en profondeur, qui rejoignait les remparts du Castel-Vecchio. Toutes ces maisons étaient à terrasse, comme le sont, du reste, les cinq sixièmes des habitations napolitaines.

La sentinelle allait donc et venait dans l'innocence de son cœur, et pour tuer le temps elle fredonnait une chanson de la Capitanate, qui était son pays. De loin en loin, les autres sentinelles criaient le qui-vive. Notre conscrit du régiment Buffalo n'avait pas encore eu à prendre cette peine une seule fois.

Tandis qu'il chantonnait, un mouvement se fit dans l'ombre, au fond du cul-de-sac, à droite de la grande porte cochère. Deux hommes étaient là dans l'angle du mur. L'un d'eux releva une échelle qui était couchée à terre et la dressa contre le mur de la première maison. Cela ne se put faire sans produire un léger bruit, la sentinelle vint jusqu'à l'angle de la maison et regarda. Nos deux hommes étaient couchés à plat ventre le long du mur. La sentinelle ne vit là que du noir. Il tourna le dos, le bon conscrit, et reprit sa chanson.

Dès qu'il fut hors de vue, nos deux rôdeurs nocturnes

se relevèrent vivement. L'un d'eux grimpa tout en haut de l'échelle avec l'agilité d'un chat, puis il se laissa glisser le long des montants et s'accroupit au pied en disant ces seuls mots :

— Trop courte de trois ou quatre palmes !

Son compagnon fit un geste d'énergique désappointement. Malgré l'obscurité, on aurait pu distinguer la taille haute et fière de celui-ci, qui était drapé dans un manteau de couleur sombre. L'autre avait sa tête appuyée entre ses deux mains et gardait une parfaite immobilité. L'homme au manteau regarda l'échelle attentivement, puis la muraille.

— L'impasse va en descendant, dit-il tout bas, et la terrasse est droite. La maison est par le fait plus haute ici où nous sommes que sur la rue de Mantoue.

Son compagnon montra du doigt la sentinelle qui dépassait en ce moment l'angle de la maison, puis il dit :

— Il y a le réverbère.

— Deux choses qui nous gênent ! reprit l'homme au manteau. Débarrassons-nous de toutes deux.

Il fit signe à l'autre de le suivre et traversa la rue d'un pas léger tandis que le conscrit Buffalo avait le dos tourné. Une fois sur la place, nos deux hommes se coulèrent le long des maisons et disparurent dans le viccoletto Zaffo. A cet instant, une voix lointaine tomba des remparts et dit : *Sentinelle, guardatevi !* De la place Saint-Antoine jusqu'à la voûte, en remontant toute la rue de Mantoue, chaque fonctionnaire dut répéter :

— Sentinelles ! prenez garde à vous !

Le conscrit répéta comme les autres ce refrain sacramentel, mais il rit bien en songeant qu'il n'avait à garder que des murailles immobiles et un réverbère. Quelques minutes se passèrent. La sentinelle arrêta tout à coup sa promenade. Un bruit venait du viccoletto. C'étaient ma foi des pas qui ne se gênaient point et qui sonnaient bon jeu bon argent sur la dalle de lave. En même temps qu'on marchait, on chantait à gorge déployée : Une voix d'enfant ou de femme.

— Qui vive ! cria notre brave soldat qui prit l'attitude voulue.

On lui répondit par un éclat de rire. En même temps un gamin de Naples, il y a des gamins à Naples comme à Paris, un vrai *ragazzo* de la vieille ville, avec le bonnet sur l'oreille et la chemise bouffante, serrée par les calzoni ceinturés à la diable, sortit du viccoletto Zaffo.

— Qui vive ! répéta le Buffalo.

Le gamin s'avança crânement, le poing sur la hanche, et chantant à plein gosier sa chanson de matelot.

— On ne peut pourtant pas tirer là-dessus ! pensait le conscrit.

La taille du gamin était fine et gracieuse comme celle d'une femme, et de longs cheveux noirs bouclés, s'échappant de son bonnet, tombaient à profusion sur ses épaules.

— La bonne nuit, camarade Pietro, dit-il quand il fut au milieu de la place.

— Passe au large, *bambino* ! répondit le soldat.

— Tu ne t'appelles donc pas Pietro, l'ami ? dit le gamin qui avançait toujours ; alors, la bonne nuit, Francesco, Paolo ou Andrea...

— Passe au large, te dis-je !

Le conscrit arma son mousquet. L'enfant s'arrêta et se tint les côtes.

— Il y a trop longtemps que ton outil n'a servi, Jacopo, Rafaelle ou Filippo ! s'écria-t-il d'un ton railleur ; je parie que tu ne saurais pas seulement mettre en joue !

— De vrai, grommela le Buffalo, c'est là une fille déguisée !

— Oui-da, Carlotto ! fit le gamin, tu as donc vu que j'étais une fillette ? Eh bien, j'ai parié deux ducats, ni plus ni moins, que je casserais la vitre de ce réverbère...

Elle était justement dessous, la charmante marchande d'oranges de strada di Porto, celle qui avait accosté Peter-Paulus et renvoyé le marin anglais à sa barque. Elle arrondit le bras, et lança à toute volée un caillou qu'elle tenait à la main. La vitre du réverbère vola en éclats.

— Maria santa ! s'écria le conscrit effrayé.

— Ah ! ah ! fit le gamin ; nous autres, filles de Procida, nous savons lancer les pierres. A la mèche, maintenant !

Un second tour de bras, un second caillou ; la mèche s'éteignit. L'idée d'une trahison sauta au cerveau du conscrit dès qu'il se vit entouré de ténèbres soudaines. Il saisit son mousquet pour donner l'alarme, mais deux bras lui entourèrent le cou par derrière, en même temps son fusil lui fut arraché par-devant, et un mouchoir de soie roulé en bâillon se colla fortement sur sa bouche. Il voulut crier ; il était trop tard. Un second mouchoir couvrit bientôt ses yeux. Alors il entendit qu'on riait et qu'on causait autour de lui. On se plaignait de n'avoir point de cordes : on en fit avec son propre fourniment taillé en lanières. Ses mains furent liées, ses jambes aussi, puis on le déposa, ainsi ficelé avec soin comme un paquet, au pied du mur de la maison. Pauvre conscrit du régiment Buffalo !

Ils étaient quatre autour de lui : trois hommes et la femme déguisée. Celle-ci et l'un des trois hommes allèrent se poster en sentinelles, l'un à droite, l'autre à gauche de la piazzetta Grande, dans la rue de Mantoue. Les deux autres tournèrent rapidement l'angle de l'impasse et revinrent avec l'échelle.

Le premier jeta son manteau et découvrit ainsi sa riche et belle tournure. Il portait en dessous le costume de pêcheur, et nous aurions pu reconnaître en lui, malgré l'obscurité, le mystérieux Beldemonio que nous vîmes à la fontaine des Trois-Vierges, entre Ruggieri le marin à la pipe d'écume, et Cucuzone roulé comme un serpent sur la lave. Le second était Cucuzone. Dès que l'échelle fut posée contre le mur de la maison qui regardait la place, il saisit à deux mains l'un des montants, et se donna la joie de faire un peu le bras de fer.

— Dépêche ! commanda le pêcheur.

A peine avait-il eu le temps de prononcer ce seul mot, que le saltarello était déjà au haut de l'échelle. Il existait réellement une différence de niveau fort sensible entre le sol de la rue de Mantoue et le point de l'impasse où l'escalade avait été précédemment tentée, mais cette différence n'était pas assez grande, paraîtrait-il, car le clown se laissa glisser comme la première fois tête en bas, tomba sur les mains, se remit sur ses jambes en faisant la culbute, et dit :

— Deux palmes !

— Il s'en faut de deux palmes encore ! s'écria le pêcheur en frappant du pied ; et ne peux-tu franchir cela ?

— Ma mère est vieille, répondit le clown ; je suis le seul héritier direct du nom de Cucuzone !

— Ne pourrait-on trouver une autre échelle ?

— Il y a des patrouilles plein les rues.

Le pêcheur avait la tête baissée et réfléchissait. La demie de dix heures sonna à l'horloge de Saint-Jean-le Majeur.

— C'est à onze heures qu'on relève les sentinelles, dit le saltarello.

— Monte ! ordonna le pêcheur qui rejeta sur ses épaules, d'un air déterminé, les belles boucles de sa chevelure.

— Et après ? demanda le clown.

— Monte !

Le clown obéit. Quand il fut au haut de l'échelle il la sentit osciller sous un poids nouveau ; il se retourna et vit que le pêcheur le suivait.

— Seigneur, demanda-t-il avec un étonnement profond, pensez-vous faire mieux que moi ?

— Je pense faire autrement, répondit le pêcheur. Tiens-toi ferme !

Le clown obéit et se raidit de son mieux en collant ses deux mains contre le mur. Il sentit aussitôt que l'on montait le long de ses flancs avec précaution et légèreté.

— Pas mal! pas mal! fit-il d'un ton protecteur; ne fermez pas les yeux, ça fait tourner la tête. Regardez toujours au-dessus de vous !

Un pied se posa sur son épaule droite, puis un autre sur son épaule gauche. Le clown ne parla plus et retint son souffle. Une sueur froide inonda tout son corps.

— Du diable si je tremblerais comme cela pour ma propre peau! grommela-t-il.

Puis il ajouta d'un ton suppliant, mais sans bouger :

— Descendez, seigneur! descendez mon bon jeune maître! je vais essayer encore. S'il y a une tête à casser, il vaut mieux que ce soit la mienne.

— Tais-toi! dit le beau pêcheur d'une voix contenue, et ne faiblis pas. Il y a quelqu'un sur la terrasse de l'autre maison.

Une autre voix arriva en effet jusqu'à Cucuzone. Elle disait :

— Il n'y a pas un chat dans ces gouttières. Allons, enfants! c'est assez de patrouilles sur les toits! nous finirons notre nuit au corps de garde.

— C'est le lieutenant Frazer! murmura Cucuzone.

Un maître coup de pied lui imposa silence. Du haut des remparts le cri de veille tomba.

Guardaievi, sentinelle !

— Réponds, ordonna le pêcheur, quand le cri, tournant autour du pâté de maisons, eut été répété par le factionnaire voisin.

— *Guardatevi, sentinelle!* cria le clown.

L'écho se fit de proche en proche jusqu'au passage voûté où finissait le cordon des sentinelles, puis tout se tut. On ne voyait plus personne sur les terrasses. Cucuzone n'osait lever la tête, mais il éprouvait exactement le contre-coup de tous les efforts que faisait son compagnon pour s'accrocher au rebord de la terrasse. Efforts jusqu'à présent impuissants.

— C'est trop haut, dit enfin le pêcheur ; je m'épuise en pure perte.... Cucuzone !

— Seigneur !

— Le jour où nous fîmes connaissance sur la grande place de Cosenza, tu avais deux poids de cinquante livres au bout de chaque bras et tu ne tremblais pas comme cette nuit.

— C'est vrai, seigneur mais j'avais les deux pieds sur la terre ferme, et mes poids de cinquante livres ne pouvaient se briser les côtes en tombant.

— Ne t'occupe pas de moi, ami. Voyons seulement si tu as encore les bras aussi solides qu'autrefois. Prends un de mes pieds dans chacune de tes mains, fais comme avec tes poids, et à la grâce de Dieu !

Le clown hésita.

— Seigneur, dit-il, l'échelle n'est pas forte ; il n'y a pas de raison à tenter cela ; laissez-moi plutôt monter à votre place.

— Fais ce que je dis ! ordonna le pêcheur.

Cucuzone, avant d'obéir, passa le revers de sa manche sur son front que la sueur froide baignait.

— Que la sainte vierge Marie soit avec nous ! murmura-t-il en figurant rapidement le signe de la croix ; pour sauver le coquin qui est là dedans, c'était bien assez de ma vie !

Le pêcheur dit :

— Hâte-toi !

Cucuzone saisit un de ses pieds, puis l'autre. C'était un homme robuste et rompu dès l'enfance à tous les excercices violents, mais il est certain que l'émotion lui ôtait une partie de ses forces. Aussitôt que ses bras essayèrent de se tendre, un mouvement d'oscillation se communiqua de son corps à l'échelle, qui battit contre le mur et se prit à craquer.

— Va donc, malheureux ! s'écria le pêcheur.

Cucuzone fit un effort suprême ; ses muscles eurent une contraction désespérée. Les deux pieds de son compagnon s'élevèrent, et il sentit aussitôt une secousse terrible, puis ses mains restèrent vides. Le pêcheur avait bondi par-dessus la balustrade. Les bras du clown tombèrent. Il eut le vertige.

— Merci, dit le pêcheur ; laisse l'échelle ici le plus longtemps que tu pourras.

— Si l'on vient relever le factionnaire ?... murmura Cucuzone.

— Fiamma sait ce qu'il faut faire. Vous êtes tous sous ses ordres cette nuit !

Des sommets du Castel-Vecchio, le cri de veille arriva. L'écho suivit les détours de la rue de Mantoue. Quand le factionnaire le plus proche eut fait son devoir, ce fut le pêcheur qui cria lui-même : *Guardatevi, sentinelle* !

Le pauvre Buffalo ne pouvait se plaindre. On faisait la besogne en conscience.

Mais avant que les réponses des factionnaires se fussent étouffées au lointain, un coup de sifflet bas, subtil, rapide comme celui que jette le serpent, retentit du côté du viccoletto Zaffo. Presque aussitôt et du même côté, le pas lourd et régulier d'une patrouille sonna sur le pavé de la rue. Cucuzone était déjà au bas de l'échelle.

Le pêcheur avait disparu dans la nuit qui enveloppait la terrasse. La jeune femme et le marin à la pipe s'occupaient à délier le conscrit. La jeune femme lui dit, avant d'ôter le bâillon qui lui serrait la bouche :

— Tu n'as rien vu, mon camarade ; pour ce que tu as pu entendre, écoute : deux onces d'or si tu te tais. Si tu parles, six pouces de fer dans la poitrine !

— Le plus sûr serait de commencer par les six pouces de fer ! grommela le marin.

Mais la jeune femme répondit :

— Le maître ne veut pas !

L'instant d'après, nos trois rôdeurs et l'échelle étaient cachés dans l'ombre de l'impasse. La tête de la patrouille se montrait à l'embouchure du viccoletto Zaffo.

— Qui vive ! cria le Buffalo.

— Bien, bien, Martino, dit une voix ; nous venions seulement te reconnaître. Si tu avais dormi, mon garçon, tu aurais eu les étrivières !... bonne faction ; tu seras relevé à l'heure.

X

VOYAGE SUR LES TOITS

Il y avait loin encore, bien loin de cette première terrasse où était notre jeune pêcheur jusqu'aux remparts du Castel-Vecchio, mais on pouvait dire cependant que le plus fort était fait. La seconde maison en effet, élevée seulement d'un étage au-dessus de la première, présentait des pierres d'attente qui formaient saillie et rendaient l'escalade facile. Cette maison avait un nom. Les cicerones disaient :

— *La casa dei Folquieri* !

La maison des Foulquier, ou des Foucher, noms également communs dans la vieille France, était un souvenir des ducs d'Anjou. Par la suite des temps, elle avait été enclavée dans les constructions plus modernes, comme le Castel-Vecchio lui-même. Elle tenait à elle seule la plus grande partie de la distance qui séparait la forteresse-prison de la rue de Mantoue. Il fallait la franchir dans sa largeur pour aller de l'une à l'autre.

Notre beau coureur de nuit attendit que la patrouille fût retirée. Dès qu'il n'y eut plus personne sur la piazetta Grande, il commença d'escalader l'angle septentrional de la maison des Folquieri. C'était comme une échelle de pierre ; notre jeune homme, leste et courageux, bien qu'il n'eût point les talents gymnastiques de son camarade Cucuzone, eut bientôt atteint la balustrade supérieure. Il l'enjamba et se trouva dans la gouttière monumentale qui faisait le tour du vieil hôtel. De là il était presque au niveau des remparts de la prison qui formaient au loin une masse noire. Il pouvait voir marcher les lanternes qui précédaient les rondes. On n'avait garde de dormir au Castel-Vecchio cette nuit. Tous les yeux y restaient ouverts.

Notre jeune homme n'avait pour le moment qu'un danger à craindre, c'était d'éveiller l'attention des bonnes gens qui habitaient les combles de la maison des Folquieri, et d'être pourchassé comme un voleur. Il se prit donc à ramper avec précaution le long de la belle et large gouttière, afin de faire le tour du vieil hôtel. Ceci était un jeu pour lui, mais dans ces voyages excentriques, il ne faut jamais se hâter de crier victoire. Dès que notre bel aventurier eut tourné l'angle méridional du pignon qui regardait la rue de Mantoue, les choses changèrent brusquement de face.

Une famille à l'étroit s'était bâti une allonge de logement au-dessus de la gouttière. Cela pendait littéralement au-dessus du vide, il eût fallu des ailes pour franchir cet obstacle. Beldemonio dut revenir sur ses pas pour tourner l'hôtel en dedans. Sans ce hasard, notre histoire eût été tout autre. Le sort d'un homme, bien plus, le sort de tous ceux qui tiennent à lui, dépend souvent de cette question de savoir s'il passera à droite ou à gauche.

Ici, Beldemonio fut forcé de passer à gauche. S'il eût passé à droite, il aurait atteint premièrement un quart d'heure plus tôt le but de sa course nocturne. Or, précisément pendant ce quart d'heure un fait capital se présenta. En second lieu, il eût suivi son chemin tout droit sans se laisser distraire, car il n'était point là, en vérité, pour glisser des regards curieux à travers les vitres et les rideaux. Or, il se laissa distraire, et son existence fut transformée. Sa vie fit comme lui, qui passait de droite à gauche : elle changea de direction à son insu.

Voici maintenant ce qui occasionna la distraction et le retard de Beldemonio. Il avait déjà tourné deux angles et suivait la corniche en retour qui couronnait la cour antérieure de l'ancien hôtel, lorsqu'il vit une lucarne éclairée vers le milieu du corps de logis principal. Il lui fallait passer là nécessairement. Il s'arrêta. Une silhouette de jeune fille se dessinait en noir sur les carreaux. La jeune fille avait la tête appuyée contre le châssis : c'eût été folie que de vouloir passer devant elle sans éveiller son attention.

Beldemonio fut donc obligé de faire halte, attendant qu'il plût à cette sentinelle de déserter sa faction. On ne voyait de la fillette que les profils de sa taille affaissée par la fatigue ou la tristesse. Tristesse et fatigue habitent parfois ces pauvres étages, les plus rapprochés du ciel : Fatigue, car on s'est efforcé beaucoup et parfois en vain, tristesse, car la peine de ce jour sera la peine du lendemain. Les poètes parlent des joies de la jeunesse indigente ; elle existe, cette joie, par la miséricorde de Dieu, mais pour l'avoir, il faut la foi, vertu que nul ne chante et qui est la fleur même de la jeunesse !

On peut bien penser que notre aventurier ne se donnait point à ce genre de méditations. La jeune fille le gênait, voilà tout. Au bout de cinq minutes, elle se redressa. Son visage se tourna vers le ciel ; ses deux mains s'appuyèrent contre son front, puis elle rentra lentement dans l'intérieur de sa chambre.

Bien que notre jeune pêcheur n'eût point aperçu ses traits, puisque sa figure était restée constamment dans l'ombre, le malheur profond qui était dans le geste et dans la pose de la fillette ne pouvait lui échapper.

— Elle souffre... murmura-t-il.

Puis, profitant du chemin qui se trouvait ouvert, il poursuivit sa route. Plus il approchait de la fenêtre éclairée, plus il redoublait ses précautions pour ne point faire de bruit. On n'apercevait plus la jeune fille ni son ombre, mais Beldemonio savait que, derrière cette croisée, il y avait des yeux et des oreilles en éveil.

En passant devant la fenêtre, il rampa comme un serpent, sans oser lever la tête. Aucun bruit ne vint de la chambre éclairée. Pourquoi Beldemonio s'arrêta-t-il avant d'avoir franchi ce pas, difficile entre tous ? En tournant la tête doucement pour voir si nul ne l'observait, il avait aperçu tout au fond de la chambre, une forme blanche agenouillée. C'était bien la jeune fille de tout à l'heure. Elle tournait le dos à la fenêtre pour faire sans doute sa prière. La lampe, placée sur une petite table, éclairait son profil perdu.

Que dire? L'ensemble de tout cela était douloureux. Il y avait dans ce tableau, si simple une plainte qui serrait le cœur. Beldemonio se souleva oubliant les précautions qu'il avait à prendre. Ce qu'il vit en plus, ce fut un livre d'heures sur la table, au pied du lit, une robe de toile et dans la ruelle un petit crucifix d'ébène.

Tout à coup un bruit d'abord sourd, puis éclatant, se fit entendre dans le voisinage en passant par-dessus les toits. Il venait dans la direction de la ville, au-delà du Castel-Vecchio, du côté de l'occident. C'était comme si l'on avait cloué à grand fracas quelque charpente. La jeune fille resta immobile. La ferveur de sa prière l'empêchait-elle d'entendre? Beldemonio, au contraire, trassaillit de la tête aux pieds.

— L'échafaud! murmura-t-il; on dresse l'échafaud!

Il se remit à ramper. En quelques secondes il fut au bout de la maison des Folquieri. L'édifice voisin était plus bas. D'un saut, il descendit sur les toits qu'il traversa en courant. Deux bâtiments restaient encore entre lui et le rempart. Il les escalada à la course, puis, atteignant le créneau le plus proche d'un vigoureux élan, il se trouva sur les fortifications mêmes du Castel-Vecchio.

La partie du rempart qu'il venait de gravir était une

sorte de terre-plein. La vue s'y bornait au nord par une tour gothique au pied de laquelle bivouaquait un poste et au sud, par une demi-lune où se promenait une sentinelle. Un corps de bâtiment carré s'enclavait entre le terre-plein et la demi-lune, qu'il dominait de deux étages. Au rez-de-chaussée de ce bâtiment, une lanterne pendue au mur éclairait vivement la fenêtre d'un cachot, fermée par de gros barreaux de fer.

— Je tombe bien ! se dit Beldemonio, notre homme est là !

Il n'y avait guère à douter, en effet. Cette lanterne placée pour éclairer tout effort que le prisonnier aurait pu tenter contre ses barreaux est la précaution suprême usitée en Italie. On ne la prend que contre les condamnés à mort.

Au moment où Beldemonio s'orientait ainsi, un mouvement se fit au pied de la tour, et les soldats du poste prirent les armes. Une ronde passait. Beldemonio se laissa couler hors des créneaux, et se tint suspendu à la force des bras à la saillie de pierre qui régnait au-dessous. Il entendit passer la ronde. Les soldats causaient et riaient de l'excès de précautions prises pour garder le baron d'Altamonte.

— Nos seigneurs ne croient-ils pas, disaient-ils, que les Compagnon du Silence vont venir nous attaquer à cent pieds de terre?

La sentinelle de la demi-lune cria le qui vive ! et fit la reconnaissance d'usage. La ronde disparut au détour des remparts. Il y avait une minute à peine que le pas des soldats cessait de résonner sur les dalles, lorsque la sentinelle se trouva tout à coup en face d'un homme de grande et fière taille qu'elle n'avait point vu s'approcher. Son premier mouvement fut de donner l'alarme, mais l'inconnu avait saisi sa main, et tracé rapidement une double croix sous la paume. Le soldat jeta autour de lui un regard épouvanté.

— Ici!... balbutia-t il : jusqu'ici !
— Partout ! répondit l'inconnu.

Le soldat cherchait à voir son visage ; il prononça d'une voix mal assurée :

— *Le fer est fort et le charbon est noir.*
— *Il y a quelque chose de plus fort que le fer*, repartit l'inconnu.
— *C'est la foi !*
— *Il y a quelque chose de plus noir que le charbon.*
— *C'est la conscience du traître...* Que voulez-vous, seigneur ?
— Délivrer le prisonnier.
— Je réponds de lui sur ma vie !
— Ta vie est à nous. Tu es ici parce que nous l'avons voulu !
— En effet, murmura le soldat, ce n'était pas mon tour de garde ; le sergent...
— Le sergent, interrompit l'inconnu, reçoit les ordres du lieutenant, le lieutenant obéit au capitaine, le capitaine au major, le major au colonel, le colonel au général... A qui crois-tu que le général obéisse ?
— Au roi...
— A moi !

Ce disant, l'inconnu mit sous les yeux de la sentinelle

sa main étendue. Au doigt medius, il y avait un anneau de fer, orné de trois diamants qui brillaient, formant un triangle de feu.

— Ordonnez, seigneur, dit le soldat ; j'ai ma mère, je la recommande à Dieu.

l'Inconnu s'approcha de la fenêtre du cachot et appela tout bas :

— Felice !

Personne ne répondit.

— Felice Tavola !

Même silence.

Le soldat, pâle et tremblant, avait repris sa promenade. Au moment où l'inconnu se tournait vers lui pour l'interroger, le mot de veille, passa de bouche en bouche sur la ligne des remparts : *Niente nuovo !* disait successivement chaque sentinelle ; rien de nouveau. Le pauvre soldat mit ses deux mains sur sa poitrine haletante et prononça comme les autres : Rien de nouveau !

Le factionnaire du donjon cria pour les cordons extérieurs : *Guardatevi sentinelle !*

— Bartolo Spalazzi ! dit l'inconnu.

— Vous savez mon nom, seigneur ? murmura le soldat.

— Tu as fait ton devoir ; demain tu auras les galons de caporal et ta mère dormira dans un bon lit. Réponds et ne me cache rien. Quelque chose s'est-il passé dans ce cachot depuis que tu es en faction !

— Seigneur, répondit Bartolo, voilà dix minutes environ qu'on est entré dans le cachot de Porporato ;

j'ai entendu un bruit de voix, puis les fers ont sonné, puis encore la porte s'est rouverte et refermée : tout s'est tu...

— Un meurtre ? pensa tout haut l'inconnu ; c'est impossible !... Ceux qui sont entrés étaient-ils des gens de police ?

— Oui, seigneur.

— Il faut que je sache ! s'écria l'inconnu qui semblait en proie à une agitation terrible. Combien met-on de temps entre chaque ronde ?

— Trente minutes.

— Et quand viendra-t-on te relever ?

— A onze heures.

L'inconnu consulta sa montre et dit :

— J'ai le temps !

Il s'élança vers le cachot et tira de son sein deux objets de petite dimension qu'il ajusta ensemble à la lueur de la lanterne suspendue au mur. Ces deux objets réunis, une lime circulaire sourde et un petit tour, formaient l'admirable machine inventée par le célèbre bandit anglais Jacques Sheppard, qui était un homme de science. La lime de Sheppard, montée sur un engrenage mû par un fort ressort de Genève, peut scier un barreau d'un pouce et demi en trois minutes. Songez à ce pauvre Latude qui mit trente-cinq ans à percer son trou !

L'inconnu fit jouer sa lime qui produisit à peine un léger sifflement, puis il saisit à pleines mains le barreau scié par en bas, le tordit et le releva. L'instant d'après il sautait dans le cachot de Porporato, tenant à la main la lanterne qu'il avait décrochée.

Le cachot était vide. Sur le mur blanc qui faisait face à la fenêtre, deux lignes étaient tracées en mystérieux caractères :

$$NA^3 E^2A NA^5MR^3I^2 ;$$
$$EI^2 E^2I^2 L^3I^2A^3LI^2$$

L'inconnu resta comme frappé de stupeur. Ses yeux ne pouvaient se détacher de ces caractères.

— Trahi ! murmura-t-il, tandis que ses bras tombaient le long de son flanc ; le naufrage en vue du port ;

— Seigneur ! seigneur ! dit la voix de la sentinelle à la fenêtre du cachot, on vient de tous côtés à la fois !

L'inconnu se redressa de sa hauteur.

— Je suis encore debout, dit-il : malheur au traître !

Il sortit du cachot. Le rempart était déjà plein de bruit. On eût dit qu'un mouvement général se faisait du haut en bas du Castel-Vecchio. Des voix criaient de l'autre côté de la demi-lune :

— Ils ont dressé leur échelle dans la rue de Mantoue. Martino a été garrotté, bâillonné ; on lui a mis un bandeau sur les yeux, et on lui a donné deux onces d'or pour payer sa discrétion.

— Et Martino a parlé ?.. Son compte est bon, le pauvre diable !

— Combien y en a-t-il eu à monter à l'échelle ?

— Un seul... les autres sont restés avec la femme déguisée.

— Alors, il doit être sur les toits ?

— Ou dans la forteresse même !

— Alerte ! alerte !

— Qui fait faction là-bas ?

— Bartolo Spalazzi, du régiment de Trani.

Et les pas approchaient ; et le poste de la tour prenait les armes.

— Je suis perdu ! murmura Bartolo.

— Crie qui vive ? ordonna l'inconnu qui venait d'éteindre la lanterne, plongeant ainsi dans l'obscurité les abords du cachot.

— Qui vive ? répéta Bartolo machinalement.

— Crie plus haut !

— Qui vive ?

— Arme ton mousquet... tu vas te sauver toi-même en me sauvant. Écoute, les voilà qui tournent le coude de la demi-lune. Qui vive ? encore !

Le soldat obéit. L'inconnu sauta sur l'appui du rempart.

— Vise et tire ! ordonna-t-il en faisant le plongeon.

Un coup de feu retentit suivi d'un tumulte inexprimable. Plus de cent hommes arrivaient tous à la fois de différents côtés sur le rempart.

— L'as-tu touché ? Bartolo Spalazzi.

— Par ici ! par ici ! une échelle ! toutes les rues sont gardées ! nous le tenons !

X

LA CHAMBRE DES MORTS

Les mots tracés en caractères hiéroglyphiques sur le mur du cachot de Felice Tavola étaient ceux-ci :

> ON M'A OUBLIÉ,
> JE ME VENGE !

Terrible menace dans la bouche de l'un des *Cavalieri Ferraï !* Mais ceux qui veulent trahir une association comme celle des Compagnons du Silence ont toujours tort de dire : Je vais me venger! Il y a loin de la menace au coup porté.

Notre beau pêcheur, Beldemonio, avait traversé tout d'un temps, à pleine course, le toit terrasse de la première maison attenant à la forteresse. Quand la garnison du Castel-Vecchio arriva de toutes parts aux créneaux, il n'y avait déjà plus personne en vue.

On apporta des échelles, on descendit sur le toit. En même temps l'ordre fut donné de doubler les postes à toutes les issues le long de la rue de Mantoue.

Il y avait réellement bien peu de chance que le fugitif pût échapper. On eût formé un bataillon complet avec ceux qui descendirent du rempart sur le toit, et se prirent incontinent à sillonner la terrasse en tout sens. Les chefs avaient dit : — Partout où vous trouverez un carreau de cassé, un châssis de forcé, entrez la baïonnette en avant !

C'était une pauvre chambre située dans les combles de cet hôtel antique qu'on appelait la maison des Folquieri. Quelques chaises de jonc, une table en bois de sapin et une couchette entourée de rideaux de percale, en composaient l'ameublement. A l'angle opposé à celui qu'occupait la couchette, il y avait un maigre matelas, étendu sur le carreau.

Entre la table et le lit, on voyait un petit brasier dont le charbon se consumait lentement sous une cendre blanchâtre, au-dessus du matelas, une image de la Vierge était collée. Sur la chaise voisine reposait un livre d'heures, dont les pages fatiguées dénotaient l'usage long et fréquent. Tout près du matelas, à un clou fiché dans la muraille, une soutanelle d'écolier pendait, affectant les plis longs et droits propres à cette sorte de vêtement.

Dans la ruelle de la couchette se trouvait un bénitier, auprès d'un petit crucifix de cuivre bruni dont la croix était d'ébène. Sur la table, au pied de la lampe qui allait se mourant, un papier ouvert contenait quelques mots. C'était tout.

On aurait pu remarquer en outre, cependant, que l'unique fenêtre de cette petite chambre, dénuée d'espagnolettes et de crampons, était tenue close par une chaise dont le dossier pesait sur le châssis. Autour de cette fenêtre, le long de toutes les fentes, on avait collé récemment des bandes de papier. Frêle fermeture, suffisante pourtant à garder la mort contre la vie !

Au premier regard, dans cette chambre muette où la lampe à l'agonie jetait d'inégales et vagues lueurs, vous n'eussiez distingué personne, mais, à regarder mieux, l'œil, habitué insensiblement à ces demi-ténèbres, eût distingué deux formes humaines : Deux créatures qui semblaient dormir ou qui semblaient mortes. Elles ne bougeaient pas ; elles ne respiraient plus.

Sur le matelas, c'était un adolescent pâle et doux, dont la tête se renversait dans les boucles de ses cheveux ; près du lit, devant une chaise qui avait dû servir de prie-Dieu pour l'oraison suprême, c'était une toute jeune fille, hélas ! bien belle. Le dernier sommeil l'avait prise pendant qu'elle était à genoux. Elle restait prosternée ; mais son pauvre corps charmant avait versé. Ses mains, demi-noyées dans ses cheveux, tenaient encore ses tempes. Et le brasier brûlait toujours, bien qu'il n'y eût plus personne à étouffer.

Et la lampe, qui avait jeté sur la double agonie sa lueur mélancolique, la lampe, à bout d'huile et oppressée elle-même par cette atmosphère mortelle, allait respirant par efforts, soulevant sa flamme haletante, n'ayant plus que ces clartés bleuâtres qui font tous les objets livides.

C'étaient deux enfants ! deux enfants chrétiens, — pieux peut-être hier, car l'un avait un crucifix à son chevet, et l'autre dormait sous les regards de Marie, mère de Dieu. Et ils avaient commis le crime sans pardon : ils avaient désespéré de la Providence ! Ce n'était pas le hasard. Sous la treille du Corpo Santo, Céleste avait dit à Julien : « Nous mourrons jeunes... » Et ces bandes de papier, collées aux fenêtres, portaient contre eux un lamentable témoignage : ils avaient voulu mourir !

Seize ans ! dix-huit ans ! Julien avait dix-huit ans, Céleste avait seize ans ! Deux chères, deux belles créatures, jusqu'à cette heure, innocentes et douces : En face de pareils spectacles, le cœur se serre et l'espoir est lent à s'éteindre. On se dit longtemps ils vont s'éveiller...

Mais ils ne s'éveillèrent pas ; les vitres frémirent au coup de feu tiré par le soldat Bartolo Spalazzi à quelque cent pas de là. Et la lampe rendit une grande lueur, puis elle s'éteignit. Par-dessus l'immobilité et le silence la nuit étendit sur eux son crêpe de deuil. C'était l'intérieur d'une tombe...

Ils couraient, tous ces soldats qui faisaient la chasse sur les toits autour du Castel-Vecchio. Ils criaient, s'animant de loin les uns les autres. Le gibier traqué ne pouvait leur échapper. Le gibier, lui, ne courait point. Il avait de l'avance, et calculait froidement ses chances de salut, qui n'étaient ni nombreuses, ni belles.

Le faîte des maisons italiennes n'offre pas beaucoup de recoins où l'on puisse se cacher. Il n'y avait pour présenter quelques accidents favorables au fugitif, que la toiture du vieil hôtel des Folquieri. Le gibier était là dans cet égoût régnant le long des balustrades. Il suivait le chemin déjà parcouru par lui, mais on pouvait facilement augurer, à la lenteur de sa marche, que son intention n'était point de regagner son point de départ. Il savait que toute issue était désormais fermée de ce côté.

Le pas des sodats commençait à résonner sur la terrasse la plus voisine. Beldemonio regarda en arrière. Il vit briller les armes entre les barreaux de pierre de la balustrade.

Son regard était libre. Il avait l'esprit et le courage présents. Il y a des gens qui gagnent d'étranges batailles, précisément parce qu'ils croient ne pas pouvoir être vaincus. C'est de la présomption chez le faible, et cela le sert bien plus qu'on ne pense. Chez le fort, c'est un talisman.

Notre fugitif mit l'angle de la balustrade entre lui et ceux qui le poursuivaient. Il entrait ainsi dans le carré long qui formait la cour intérieure de la maison des Folquieri. Nous n'avons pas oublié qu'au moment où il pénétrait naguère dans cette cour par l'aile opposée, une lumière brillait à l'une des fenêtres mansardées du corps de logis, et que sur les vitres éclairées se détachait une silhouette de jeune fille : Cette même jeune fille qu'il avait revue agenouillée et priant, l'instant d'après. Il s'en souvenait, lui, car il chercha la fenêtre éclairée et ne la trouva plus. La prière était achevée, sans doute, et la jeune fille reposait.

Beldemonio marchait maintenant plus vite. En marchant, il pesait fortement, mais sans bruit, sur chacune des fenêtres qu'il dépassait. Elles étaient toutes fermées. Et il jugeait au bruit des pas et des voix que la garnison du Castel-Vecchio était en train d'escalader la balustrade. A Naples, même en hiver, les fenêtres ne sont pas bien solidement closes, mais c'était comme un fait exprès : Toutes résistaient à la pression de sa main.

La balustrade s'éclaira du côté du Castel-Vecchio. La garnison avait allumé des torches. Beldemonio qui se trouvait en ce moment vers le milieu du corps de logis de la maison des Folquieri, fit aussitôt le plongeon et mit sa tête au-dessous de la balustrade. Il y avait là une fenêtre. L'espoir était bien près de s'éteindre en lui, mais rien ne coûte d'étendre le bras : il poussa machinalement cette croisée, dont les châssis cédèrent aussitôt avec un bruit de papier froissé. C'est à peine si son visage changea.

— Merci, mon étoile ! murmura-t-il en riant ; voici la partie rétablie d'un seul coup !

Beldemonio entra et referma la fenêtre qu'il tint close à bout de bras, en ayant soin de laisser sa tête en dessous des carreaux. Il devinait bien que les soldats faisaient comme lui et qu'ils éprouvaient chaque fenêtre en passant. A peine était-il à l'abri dans sa retraite inespérée que le bruit des voix et des pas redoubla.

— A moins qu'il ne se jette du haut en bas de la maison, disait le chef, nous l'aurons vivant !

— C'est un hardi coquin, répondait un autre, et qui doit être un de leurs chefs !

Le capitaine s'arrêta juste en face de la fenêtre derrière laquelle Beldemonio se cachait.

— Celle-là est bien fermée ! dit-il après en avoir éprouvé le châssis d'un vigoureux coup de poing.

Puis il reprit d'un ton confidentiel :

— Vous auriez bon pied bon œil cette nuit, mes enfants, si vous saviez le nom du hardi coquin, comme vous l'appelez. Avis nous est venu à neuf heures du ministère d'État que Porporato avait fait serment sur le charbon et le fer de tenter lui-même à la délivrance de ce Felice Tavola...

— Comment ! comment ! cria-t-on de toutes parts ; ce Felice Tavola n'est donc pas Porporato ?

Le capitaine haussa les épaules.

— Mes enfants, reprit-il au lieu de répondre ; souvenez-vous qu'il y a quelque part sur ces terrasses un trésor caché ! un trésor de cent mille ducats. Si nous le trouvons, je vous laisse vingt mille ducats à partager entre vous. Est-ce aimable ?... En avant, marche !

Il y eut un *evviva* général, tant la grandeur d'âme du capitaine fut vivement appréciée. Derrière le châssis, ce beau garçon de Beldemonio riait en écoutant tout cela.

Les soldats se mirent en route. Partout, sur leur passage, ils avaient planté des torches, de sorte que la partie occidentale de la toiture était maintenant éclairée. Une torche fut placée sur la balustrade, presque en face de la fenêtre, et Beldemonio dit :

— Voici ce que j'appelle une attention délicate !

La torche jetait en effet à l'intérieur de la chambre une lueur suffisante pour que l'on pût s'y guider. Beldemonio voulut se lever quand les soldats furent partis, mais sitôt qu'il fit effort pour se mettre sur ses jambes, la torche qui était devant la croisée lui sembla jeter mille feux ; ses jarrets engourdis plièrent : le sol manqua sous ses pas. Il souriait encore, car la dernière idée qui pouvait lui venir, c'était d'avoir peur, mais ses tempes battaient ; une main de fer les tenait serrées. Un bâillement convulsif dilata tout à coup son gosier, tandis que cette douleur étrange à laquelle on ne saurait donner aucun nom, et qui est l'angoisse même de la mort, montait de ses pieds glacés à son cerveau brûlant.

Un grand vertige le prit. Ses deux mains touchèrent son front ; il les retira baignées d'une sueur glaciale. Ses cheveux se dressèrent. Il eut alors, pour la première fois de sa vie, le froid de l'épouvante dans les veines. Ce frisson inconnu le terrassa. Il ne savait par où la mort le prenait, mais il ne doutait point que ce ne fût la mort.

En ce moment, où sa présence d'esprit ordinaire l'abandonnait parce que le siège même de son intelligence était attaqué violemment, il ne se souvint point d'avoir senti une singulière odeur en entrant dans cette chambre et d'avoir éprouvé une sensation d'accablante chaleur. L'instinct, ce fut l'instinct qui porta sa main vers la fenêtre afin de l'ouvrir. Mais, à ce moment même, il entendit un pas lent et mesuré. Il y avait une sentinelle à quelques pieds de lui. Combattre ? il n'en avait pas la force. Mourir ? il ne voulait pas mourir.

Un effort désespéré vint à son secours. Il alla, il rampa, s'appuyant à tout ce qui se trouvait sur son passage, jusqu'à l'autre bout de la chambre, où il entrevoyait une porte. Dix fois il s'arrêta, parce que le souffle lui manquait. Entre la table et la porte, il se prit à un objet dont il ne distinguait point la forme. Cet objet le brûla. C'était un réchaud, un brasier où le feu couvait encore sous la cendre.

Il était si bas que ce fait ne révéla rien à son intelligence engourdie. Un seul instinct surnageait en lui. La porte ! il voulait gagner la porte.

Pour fuir peut-être. Car l'idée de fuir est en nous dans toute agonie.

Il tomba avant d'avoir touché la porte tant désirée, et son front rebondit contre le carreau. Chacun a sa dernière vision quand vient l'heure de mourir. Que vit-il, ce Beldemonio, dans sa vertigineuse agonie ? La belle Doria ? Cela est vrai. Angelia Doria passa devant ses yeux éblouis, mais il vit aussi, dans une sorte de nuage, une pauvre enfant dont le profil perdu s'encadrait de longs cheveux dénoués, une enfant agenouillée Celle-là, pour lui, n'avait point de nom.

Il demeura longtemps sans mouvement. Sa tête était tout au plus à deux pas du seuil. Entre le seuil et le plancher, un petit courant d'air se faisait, le seul que la sollicitude suicide des malheureux enfants eût laissé.

La bouche ouverte de Beldemonio but cet air bienfaisant du dehors. Au bout de quelques instants, il put faire un pas encore. Il saisit le bouton de la porte. La porte était fermée au verrou.

Alors, il mit sa bouche à la fente. Il suça l'air extérieur par cette fissure étroite. Et quand sa poitrine fut pleine, il se redressa, rendant malgré lui un grand murmure de triomphe. Le verrou céda, la porte s'ouvrit. Il ne lutta plus et se laissa choir de son haut la tête en dehors.

C'était une nature vaillante. La prostration ne fut pas de longue durée. L'escalier communiquait avec l'air libre par plusieurs fenêtres ouvertes ; au bout de dix minutes, Beldemonio ouvrit les yeux et se réveilla. Son premier mouvement fut la surprise ; il avait perdu tout souvenir de ce qui s'était passé. Ce qui revivifia d'abord sa mémoire, ce fut le sentiment de brûlure qu'il éprouvait à la main.

— Le réchaud ! pensa-t-il.

Puis ayant porté son regard vers la fenêtre éclairée :

— Les soldats !...

Puis enfin: :

— Il y a quelqu'un qui s'est tué ici !

Il se leva sans trop de peine et secoua d'autorité la fatigue qui l'accablait. Dans sa croyance, un temps très-long s'était écoulé depuis qu'il était entré en ce lieu. Or, le temps était précieux pour lui, cette nuit car il s'élança vers la fenêtre afin de consulter sa montre.

Il crut que sa montre s'était arrêtée, en voyant qu'elle

n'avait pas tout à fait avancé d'un quart d'heure. Il la colla contre son oreille ; la montre marchait.

Deux idées étaient désormais en lui

Secourir l'asphyxié, prendre la fuite et continuer son œuvre. Car la lutte entreprise cette nuit était loin d'être achevée.

Il saisit d'abord le réchaud et le porta dehors. Ensuite il courut à la couchette, qu'il trouva vide. Ses yeux recouvraient leur clairvoyance. L'aspect de la couchette éveilla en lui un vague souvenir. Il s'orienta ; s'il ne se trompait point, c'était ici même, à ses pieds, qu'il avait vu cette jeune fille en prières.

Ses yeux s'abaissèrent tandis que son cœur se serrait. A ses pieds, il y avait une pauvre enfant affaissée sur le sol. Il la prit dans ses bras, il la déposa sur le lit. Le froid de la mort tarde longtemps à venir, parfois. Elle n'était pas froide, mais elle avait déjà cette raideur des cadavres. Il tâta son cœur, mais son pouls, à lui, battait si violemment, qu'il ne pouvait savoir si le pauvre cœur était, oui ou non, arrêté pour jamais. La torche, plantée sur la balustrade, jetait sa lumière au travers des carreaux Une lueur semblait caresser ces traits pâles auxquels la mort avait rendu une expression de sérénité.

Il avait joué depuis son enfance avec la mort, mais avec la mort par le fer qui noie la vie dans le sang. Cette mort si différente, cette mort du désespoir qui n'avait pas coupé la fleur, qui l'avait penchée expirante sur sa tige, lui poigna le cœur. Depuis qu'il se connaissait lui-même, jamais angoisse si subtile n'avait pénétré les recoins les plus intimes de son âme.

Il s'étonna. Qu'était-ce, en définitive? Une jeune fille inconnue. Ce n'était que cela. Il essaya de se roidir, mais son âme fondait ; sa poitrine se soulevait en sanglots que ses deux bras, croisés avec violence, essayaient en vain de comprimer. De grosses larmes roulaient le long de ses joues. Il aimait cette enfant décédée comme s'il eût été son frère, et davantage. Il aurait voulu, tout jeune qu'il était, appeler cette blanche morte : ma fille. Qu'était-il, ce Beldemonio, pour avoir de semblables pensées !

Avez-vous vu cette chose si belle et si navrante : la vierge aux lèvres blanches que vient de quitter le dernier soupir? Avez-vous vu ces grands cheveux où se baigne la pâleur du visage? ces yeux fermés par la main pieuse et amie? Dans l'art moderne, il y a une œuvre terrible, c'est Tintoret peignant sa fille morte. La toile est belle. Peu importe la toile ; fermez les yeux, et vous verrez la tenaille de fer qui déchire le cœur de cet homme !

Un père ! le père ! Le tronc d'où partait cette branche, la tige qui portait cette fleur ! Dans ces veines froides, il y avait du sang : c'était son sang. Sous le voile qui couvre la poitrine, il y avait un cœur : c'était son cœur. Le père aime les fils, mais la fille, le sourire, l'amour, la folie des pères !

Le voici, Tintoret : un vieillard, une tête robuste et sévère où se hérissent les cheveux gris. Ces cheveux disent : « L'enfant que tu m'as prise, ô Dieu ! n'aura point de sœur... » Son œil farouche n'a pas de larmes. Oh ! non, les larmes manquent aux désespérés. Il regarde. Il s'est donné la tâche de chercher dans ce trépas les souvenirs, les reflets de la vie.

Seigneur ! vous qui prodiguâtes les miracles, Seigneur plein de clémence et de bonté, le sang ne pourrait-il monter de nouveau à ces joues livides ? le sourire ne pourrait-il pas renaître autour de ces lèvres décolorées ? Seigneur ! Seigneur ! ce cœur immobile pourrait battre encore par vous !

Qui dira le cantique de cette fièvre ? Et l'angoisse du réveil ? Mais l'heure marche et la mort va vite dans son labeur de destruction. Le modèle va échapper au peintre. Vieillard, à tes pinceaux ! tu n'as pas le temps de gémir !,..

L'heure sonna au beffroi du Castello-Vecchio, onze heures de nuit. Beldemonio, jeta un regard tout autour de la chambre, le papier déplié qui était sur la table frappa ses yeux. Il le saisit avidement, pensant trouver un nom, un indice. Auprès de la fenêtre, la clarté était suffisante pour qu'on pût lire. Beldemonio lut :

« Père chéri, pardonnez-nous et priez pour nous »

— Elle n'est pas seule ! s'écria-t-il en lui-même.

Et ses yeux cherchèrent l'autre victime. Le coin où s'étendait le pauvre matelas de Julien était le plus obscur, cependant Beldemonio, prévenu, y découvrit dans l'ombre une forme couchée. Il s'élança. Un adolescent était là, roide comme ces statues qui dorment sur la table des tombeaux. Beldemonio s'agenouilla près de lui. Ce visage était dans ses souvenirs. Avait-il vu cet enfant, ou quelqu'un qui lui ressemblait ?

Pendant qu'il interrogeait sa mémoire, un faible

bruit se fit du côté de la couchette. C'était comme un soupir. Beldemonio s'élança. La main de la jeune fille avait changé de position. Il mit sa joue contre les lèvres bleuies et il sentit un souffle... Mais si faible !

L'air venait maintenant dans la chambre ; la mortelle vapeur du charbon s'était peu à peu dissipée. Notre aventurier joignit les mains, et sa prière monta vers Dieu ardemment. Il y avait longtemps peut-être que Dieu n'avait entendu la voix de cet homme.

Il attendait, retenant sa respiration. La jeune fille ne bougeait plus. Avait-il vu l'effort suprême, et recueilli le dernier soupir ? A son tour, l'adolescent, étendu sur le matelas, eut un léger mouvement. C'était l'heure des secours : on pouvait les sauver peut-être. Beldemonio n'avait que cette pensée.

Mais tout à coup, dans la nuit, redevenue silencieuse, une voix lointaine s'éleva qui rappela Beldemonio à lui-même, et le rejeta dans ce milieu étrange où se passait sa vie. C'était un son de cor qui partait de la vieille ville. Malgré l'éloignement, on pouvait saisir distinctement le motif de la fanfare, qui était le chant de Fioravante : *Amici, alliegre andiamo alla pena* !

Ses sourcils se froncèrent. L'appel était importun cette fois. L'idée de révolte naissait en lui contre le mystérieux esclavage de sa destinée. Mais ce ne fut qu'un instant. Son regard s'abaissa sur la couchette ; l'enthousiasme n'y brillait plus.

— Le premier venu, murmura-t-il, un enfant, une femme, peut porter ici les mêmes secours que moi... Et là-bas, qui me remplacerait ?

En même temps, un amer sourire venait à sa lèvre.

— Que me sont ceux-là ? reprit-il d'un accent bref et dur ; que leur dois-je ? Ce sont de ces désespoirs vulgaires qui se guérissent avec un peu d'or.

Il tira de son sein une bourse et la jeta sur la table. Pour un pêcheur, la bourse était trop belle. Elle sonna le plein en tombant. Le cor lointain répéta sa fanfare.

Vous souvenez-vous d'Athol, répondant avec impatience aux cloches du Corpo-Santo sonnant le glas anniversaire de Mario Monteleone ? Beldemonio frappa du pied et dit comme Athol :

— Je vous entends ! J'y vais !

Auprès de la couchette, sur une chaise, il y avait une broderie commencée, et sous la broderie, des ciseaux. Beldemonio, en disant : « J'y vais ! » avait son plan fait et ne cherchait déjà plus la route à prendre. A l'aide des ciseaux, il abattit lestement sa moustache naissante, puis il décrocha la soutanelle d'écolier qui pendait à un clou au-dessus du matelas. Il s'en revêtit ; il la boutonna du haut en bas. En un tour de main, il lissa ses beaux cheveux le long de ses tempes. Au troisième son du cor, il était prêt.

Avant de partir, il entrouvrit la fenêtre. Sa paupière se baissa en passant près de la couchette. Depuis qu'il voulait fuir, il n'osait plus regarder la jeune fille. Son cœur battait quand il franchit le seuil. Il sentait qu'un lien voulait prendre son âme.

Dans le corridor qui régnait au devant de l'escalier,

plusieurs portes s'ouvraient. Il tourna le bouton de la première venue et demanda :

— Y a-t-il quelqu'un ici?

Un cri d'effroi lui répondit, c'était la voix d'une vieille femme.

— Qui que vous soyez, lui dit-il, levez-vous et allez dans la chambre voisine. On a besoin de vos soins, et voici votre salaire.

Deux ou trois pièces d'or tintèrent sur le carreau : Beldemonio descendait déjà l'escalier, mais chose singulière dans un esprit aussi libre, nous dirions presque aussi despotique. Beldemonio ne menait plus où il voulait sa pensée. Le danger pour lui n'avait pas diminué : bien au contraire. Point n'était besoin d'avoir comme notre beau pêcheur, le génie de l'aventurier, pour deviner que la garnison de Castel-Vecchio, ayant inutilement battu les terrasses de toutes les demeures voisines, allait resserrer le blocus du pâté de maisons attenant à la forteresse. Le fugitif n'avait pu s'échapper, voilà le fait certain. Donc il était caché dans une des habitations environnantes, donc la surveillance devait redoubler, surtout dans la rue de Mantoue et ses impasses, qui devenaient une véritable ligne de circonvallation.

Cette ligne, il fallait la percer, et ce n'était point une entreprise aisée. Ce qui étonnait Beldemonio, ce qui l'effrayait presque, c'est qu'au lieu de se tendre vers ce but, son esprit revenait sur ses pas, et restait dans cette pauvre chambre où les deux enfants avaient essayé de mourir. Jusqu'alors il lui avait toujours suffi d'un seul effort pour secouer les préoccupations les plus tyranniques. Aujourd'hui la préoccupation était plus forte que sa volonté. Il se disait :

— Je les aurais sauvés, moi, je le sens ! j'en suis sûr. Un autre fera-t-il ce que j'aurais fait ?

Il voyait sans cesse la pâle figure de la jeune fille, et quand les traits de l'adolescent se représentaient à son souvenir, il se demandait :

— Où donc ai-je vu ce visage ? Etait-ce celui d'un vivant ou d'un mort ?

Il fallut bien pourtant que sa rêverie prît fin.

— Vous ne pourrez pas passer, mon jeune saint ! lui dit une voix, sur le palier du premier étage.

Il avait pris le livre de prières en même temps que la soutanelle. Un regard montra une femme entre deux âges qui se tenait sur le pas de sa porte. Il ne savait pas du tout comment le *jeune saint* dont il remplissait le rôle se comportait d'ordinaire avec cette voisine respectable, dont le caractère semblait plein d'aménité. Il baissa la tête, tenant son livre à deux mains, et s'apprêtait à murmurer quelque salut, lorsque la dame grommela :

— Vous verrez que nous ne connaîtrons jamais la couleur de ses paroles !

Ceci était un renseignement tout à fait précieux. Évidemment l'écolier n'avait jamais parlé à la dame entre deux âges. Beldemonio, profitant de cet aveu, s'inclina profondément, et passa d'un air modeste.

— Dieu vous bénisse ! mon pauvre monsieur Julien, dit la voisine, ne m'oubliez pas dans vos prières !

Beldemonio entendait grand bruit et grand mouvement dans le vestibule au-dessous de lui. Tous les domestiques de la maison et une partie des petits locataires étaient rassemblés là, causant, épiloguant, discutant. Chacun avait vu les torches s'allumer sur la balustrade, et les soldats passer sur le toit comme des fantômes. Deux opinions, parmi plus de cent qui se produisirent, paraissaient mériter quelque créance. La première, c'est que le prisonnier, après avoir étranglé son geôlier, assassiné la sentinelle d'un coup de pistolet (on l'avait entendu), et passé sur le corps à toute la garnison, avait franchi le rempart, les terrasses, la rue, et courait déjà dans la montagne. Quoi de surprenant, si c'était Porporato ?

La seconde, c'est que les Compagnons du Silence, au nombre de plusieurs centaines, avaient escaladé les terrasses et tenaient en échec la garnison. Une bataille rangée était imminente. Ce qu'on ne peut rendre, c'est l'animation extravagante avec laquelle le vrai Napolitain débite ces fariboles. Hommes et femmes parlaient tous à la fois, soutenant leur dire avec des serments redoutables. Il est possible, à la rigueur, de figurer en écrivant le prodigieux baragouin de nos amis et voisins les Anglais polyglottes ; il est facile d'exprimer le sourd et fatigant accent des Allemands ; on peut même faire comprendre l'emphatique déclamation de ces vingt millions d'âmes, qui semblent vendre perpétuellement du vulnéraire suisse, et qui s'appellent des Espagnols ; mais la volubilité napolitaine est insaisissable et intraduisible.

Dès qu'on aperçut le *jeune saint,* comme on appelait

dans la maison celui dont Beldemonio avait dérobé la redingote et le livre d'église, le roulement des langues s'arrêta. Il demeurait dans les combles, il avait dû voir quelque chose. La cour, éclairée seulement par les torches posées sur les balustrades à cinquante pieds de hauteur, était fort sombre. Ce fut heureux pour Beldemonio, qui n'avait rien trouvé en fait de coiffure pour cacher son visage et ses cheveux. Il était, du reste, mince et fort élancé ; la soutanelle de l'écolier lui allait comme un gant. La façon dont il avait arrangé ses cheveux, modestement aplatis sur les tempes, l'absence de ses moustaches, sa démarche timide et discrète, tout dans ces demi-ténèbres, prêtait à l'illusion. Il eût suffi du moindre soupçon pour que la supercherie fût découverte ; mais personne n'eut de soupçon.

Quelques-uns ayant demandé par manière d'acquit où l'écolier allait si tard. Fortunata Coccoli, *conservatrice* de la maison, répondit avec cette fierté qui distingue par tous pays la classe honorable et redoutée des portières :

— Ne savez-vous pas bien que chaque soir ce doux ange va veiller les malades à l'hôpital des pauvres ?

— Oh ! le chérubin d'amour ! fut-il crié de toutes parts.

— Nous dira-t-il s'il a vu quelque chose là-haut ?

— Il y a une torche vis-à-vis de sa fenêtre.

— Et la petite sœur ? n'a-t-elle donc pas crainte de rester seule ainsi la nuit ?

Le *jeune saint* passa rapidement et sans répondre. Il savait par la voisine entre deux âges que son Sosie n'était point bavard. Il savait encore autre chose : son Sosie allait tous les soirs veiller les malades à l'hôpital des pauvres. Fortunata Coccoli, s'adressant au public, dit:

— Croirait-on que vous êtes des personnes raisonnables? Je vous le demande sans manquer à la politesse! Sollicitez plutôt sa bénédiction, pécheresses et pêcheurs que vous êtes!

— Seigneur Julien dit aussitôt l'assemblée obéissante, bénissez-nous un petit peu en passant!

Beldemonio se retourna à demi et dessina une timide bénédiction en murmurant à part lui :

— Que Dieu me pardonne! je n'ai point l'intention de railler les choses saintes.

— Ah! dirent toutes les locataires, qu'il bénit bien.! Ce sera un cœur!

Fortunata Coccoli, le suivit pour lui ouvrir la porte cochère.

— Un mot pour moi dans vos *oremus*, agneau de Dieu, lui glissa-t-elle à l'oreille : J'ai pris quatre numéros au *lotto-reale* (loterie royale).

Beldemonio était dehors. La porte cochère s'ouvrait, comme nous l'avons dit, sur ce cul-de-sac de la rue de Mantoue, où l'échelle avait d'abord été dressée pour l'escalade, avant la mésaventure du bon soldat du régiment Buffalo. Les choses avaient bien changé depuis une heure. L'impasse et la rue de Mantoue étaient pleines de soudards. Aux premiers pas que fit Beldemonio après la porte refermée, une baïonnette menaça sa poitrine.

— *On bâse bas!* lui dit en Italien de Fribourg un grand

diable de garde suisse, qui s'appelait Max Schœffer à l'exemple de tous ses camarades.

— Seigneur, lui repartit humblement Beldemonio je me rends à mon devoir.

— *Ché gonnais bas tévoir! on bâse pas!*

Comme il avait élevé la voix, plusieurs autres s'approchèrent ; le lieutenant Schœffer était parmi eux.

— Seigneur, lui dit Beldemonio, on m'attend à l'hôpital des Pauvres, où je veille d'ordinaire les malades.

— *L'hôbidal tes baufres!* répéta Schœffer, qui eut un bon gros rire bernois.

— *Margez!* continua-t-il en poussant l'écolier devant lui ; *quand fus esgâlaterez les mirailles, fus, ché fus tonnerai tes brines té mirapelle!*

Et tous les autres Schœffer en chœur :

— *Trôle te liédenant Schèvre! fui! fui! quand il esgâlatera les mirailles, on lui tonnera tes brines té mirapelle!*

Beldemonio, sans se presser, traversa la piazetta Grande. Dès qu'il fut dans le viccoletto Raffo, il prit sa course, déboutonnant la soutanelle qu'il jeta sous son bras. Au bout de la ruelle, il appliqua le manche de son poignard à ses lèvres, et un coup de sifflet sourd retentit. Un coup de sifflet pareil se fit entendre au détour de la strada Medina. Puis la jeune fille déguisée en garçon s'élança hors d'un sotto-portico, où toutes les lumières étaient éteintes.

— Nous sommes cinq cents là-dedans, dit-elle ; nous allions attaquer ; que faut-il faire ?

— Où est ma voiture ! demanda Beldemonio, au lieu de répondre.

— Au Monte-Oliveto... Que faut-il faire?

Beldemonio se prit à marcher à grands pas vers l'endroit indiqué. Un *calesso* élégant et léger, attelé de deux magnifiques chevaux, stationnait derrière le chevet de l'église. Beldemonio y monta. La jeune fille, à la portière, répéta pour la troisième fois :

— Que faut-il faire?

Beldemonio prit sa main en disant :

— Merci, Fiamma! Dans une heure, il faut que Matilda Farnèse soit à Naples et prête à me suivre.

— La princesse Farnèse sera prête dans une heure, répliqua la jeune fille ; après?

— Après, tu t'habilleras en duchesse, Fiamma, et tu iras m'attendre au bal du palais Doria.

— Danserons-nous? demanda la jeune fille.

Beldemonio sourit.

— Que la comtesse te trouve près d'elle à son réveil, dit-il.

— Et les autres? demanda Fiamma.

— Qu'ils rentrent chacun chez soi, sauf les gens de veille autour du palais Doria... Et que tout soit prêt au point du jour!

Puis se penchant et parlant au cocher :

— Est-ce toi, Ruggieri?

— Oui, seigneur.

— Tu vas prendre la rue des Tribunaux jusqu'à la porte de Capoue, sortir de la ville, rentrer par la porte Notarea, et descendre à la piazza del Mercato, à la maison de Johann Spurzheim.

— Oui, seigneur.

Le fouet claqua ; les chevaux partirent au galop. A l'instant où le *calesso* courait déjà sur la dalle, un homme sortit de l'ombre de l'église et sauta d'un seul bond sur le train de derrière, où il se tint en équilibre, sifflant un joyeux air des montagnes.

FIN DE LA PREMIÈRE PARTIE

DEUXIÈME PARTIE

JOHANN SPURZHEIM

I

BARBE DE MONTELEONE

C'était le soir de ce même jour. Trois fenêtres étaient éclairées faiblement dans une grande maison de la piazza del Mercato, située à l'extrémité orientale de Naples, tout près de l'endroit où est maintenant la station commune des chemins de fer de Capoue et de Castellamare. C'était l'hôtel ou le palais du Seigneur Johann Spurzheim, directeur de la police royale. Un bureau de police occupait presque tout le rez-de-chaussée. La famille du directeur habitait le premier.

L'une des fenêtres éclairées était celle de la chambre à coucher du seigneur Johann Spurzheim ; les deux autres appartenaient à un salon où sa femme était en conférence avec le docteur Pier Falcone, jeune médecin illustre déjà par son savoir. Il y avait peu de temps que Spurzheim était à Naples : trois mois à peu près. On ignorait son passé, ainsi que les motifs de la haute confiance que la cour lui avait tout de suite accordée, mais personne ne pouvait dire que cette confiance n'eût point été justifiée. Il n'y avait qu'une voix là-dessus. Le nouveau directeur de la police était un homme habile et probe. Ceux qui le détestaient, et il avait beaucoup d'ennemis, cherchaient en vain le joint pour l'accuser.

Neuf heures venaient de sonner au moment où nous entrons dans la chambre à coucher de Johann. C'était l'instant précisément où l'animation atteignait son comble dans la strada di Porto, mais sur la place du Marché, entre l'hôtel et l'église, tout était calme, presque désert. Les boutiques se fermaient déjà.

La chambre était simple jusqu'à l'austérité, très-haute d'étage, et tendue d'étoffes de couleur sombre. Une seule lampe l'éclairait. Le directeur de la police royale était couché sur son lit, la tête appuyée sur un oreiller de crin, car il affectait en toutes choses les formes stoïques. On voyait à la lumière de la lampe ses traits pâles et amaigris, dont le dessin annonçait une vive intelligence.

Il y a des figures qu'on n'oublie point, ne les eût-on vues qu'une fois. Nous eussions reconnu du premier coup d'œil dans ce malade, dans ce mourant, dirions-nous volontiers, car il semblait n'avoir plus que le souffle, le voyageur rébarbatif et taciturne de la carozza de Batista Giubetti: L'homme au bonnet de soie noire,

M. David, celui qui occupait à lui tout seul les deux premières places de l'intérieur, et qui avait fait semblant de dormir pendant que notre écolier Julien causait avec sa petite sœur Céleste : Celui encore qui avait commandé à Batista au nom du *charbon et du fer*, celui enfin qui avait dénoncé aux contrebandiers réunis dans leur repaire, à droite de la route, sous le couvent del Corpo-Santo, le départ de Palerme de Lorédan Doria et de la comtesse Angélie.

L'histoire cite parmi les hauts dignitaires de la police des hommes de tête et de cœur, de véritables chevaliers qui, combattant le mal corps à corps, allaient jusqu'à pénétrer dans les mystérieuses retraites des ennemis de la societé pour les frapper plus sûrement. En Italie, Azeglio se fit carbonaro ; en Angleterre, le fameux Templeton devint le complice apparent de Wat-Tyler. Peut-être Johann Spurzheim était-il un de ces hommes intrépides. Du moins l'avons-nous vu dans la crypte du Corpo-Santo, autour du cadavre sans sépulture de Mario, comte de Monteleone, au milieu des Chevaliers du Silence. Le lecteur l'avait deviné là sous le masque, malgré ce nom de Heimer ajouté à son prénom de David.

D'autres fois le contraire arrive. Le conjuré hardi arrive à dominer cette même société qu'il attaquait. Deux chemins sont ouverts devant lui, en ce cas : Renier son passé ou poursuivre son œuvre.

La suite nous apprendra quel était à cet égard la religion du *cavaliere ferraio* David Heimer, devenu le Seigneur directeur Johann Spurzheim. Nous saurons plus tard pour qui ou contre qui il combattait. Ce qui est sûr, c'est qu'à cette heure vous l'auriez jugé incapable de combattre personne. Ses yeux étaient fermés, ses lèvres semblaient chercher le souffle qui allait fuyant. Ses joues creuses s'estompaient de noir aux alentours des paupières. Tout son corps gardait une immobilité morne. Il ne dormait pas cependant, car de temps à autre un tressaillement agitait le coin de sa bouche et plissait les rides de ses tempes.

On eût dit, en vérité, s'il ne faisait pas un rêve, qu'il écoutait des sons lointains et mystérieux et que l'entretien de deux personnages invisibles arrivait jusqu'à lui. L'agonie a souvent de ces silencieux délires, et certains prétendent qu'une subtilité prodigieuse de l'ouïe est le privilége de ceux qui vont mourir. Aucun bruit de voix ne se faisait entendre au dehors.

Les deux personnes les plus voisines de Spurzheim étaient Barbe de Monteleone, sa femme, et le jeune docteur Pier Falcone. Mais, entre la chambre à coucher et le salon, il y avait deux portes et un corridor. Sur la table de nuit quelques fioles et des verres reposaient en désordre parmi des papiers épars et des livres. On voyait que cet homme, plein d'une pensée active et n'ayant de brisé que le corps, s'était acharné au travail jusqu'à la dernière heure. Sous la couverture passait la tête noire et gaie d'un de ces charmants petits animaux qui nous viennent d'Angleterre, et à qui leur royale origine a fait donner le nom de *king's charles* : une manie, dirions-nous, si ce Johann Spurzheim eût été capable d'enfantillage, mais nous en prévenons le lecteur à l'avance, il faut le ranger parmi ceux qui ne font rien au hasard. Si la tête noire s'apercevait sous la couverture, c'est que, pour le seigneur Johann Spurzheim, il était utile que la tête noire fût là.

Nous dirons la même chose pour un autre objet qui se voyait à côté de lui, auprès de l'oreiller, dans sa ruelle. Cela ressemblait au pavillon d'un de ces petits cors que les nains des romans de chevalerie portaient suspendus à leur cou. Cela était en ivoire. Un cordon assez gros, une sorte de tuyau, plutôt, très-flexible, s'y fixait, et cachait son extrémité opposée dans une armoire d'un demi pied carré d'ouverture, dont la porte était ouverte. Cette porte n'avait ni serrure, ni clé, ni bouton...

Dans le salon voisin, auprès d'une cheminée, luxe fort inusité à Naples, Barbe de Monteleone, femme du seigneur directeur, était assise les pieds au feu. Le docteur Pier Falcone restait debout devant elle, Barbe de Monteleone avait maintenant une quarantaine d'années. Sa figure était belle, mais trop grande pour son corps, comme il arrive aux personné déformées en naissant. Ce défaut était à peine sensible lorsqu'elle restait assise, son buste ayant une suffisante longueur. Quand à la difformité fort apparente que Barbe portait par derrière, et qui était une bosse, puisqu'il faut prononcer le mot, vous eussiez pu passer des heures dans son salon sans la découvrir.

Barbe avait un fauteuil à dos concave et s'y renversait avec une certaine grâce de grande dame. Elle ne se levait jamais pour recevoir personne. Un long exercice lui avait donné si bien l'habitude de cette pose nonchalante et renversée, qu'elle y gardait la parfaite liberté de ses mouvements. Dans cette attitude, on ne voyait réellement que le devant de sa taille, et la noble régularité de ses traits encadrée dans une chevelure noire de toute beauté. Au fond, ce stratagème coquet n'empêchait point Naples tout entier de savoir que Barbe de Monteleone était bossue, mais il permettait, du moins Barbe le croyait, d'oublier parfois cette terrible vérité en face d'un très-beau visage et d'un entretien plein de charme. Barbe, en effet, n'avait point de rivale à la cour de Naples pour l'esprit, pour l'éloquence et pour la science.

Ce grand front, supérieurement modelé, annonçait une intelligence vaste et hardie ; cet œil noir, aigu, profond, disait les subtilités d'un esprit présent et toujours prêt à la lutte. Elle avait été de bonne heure dans une position dépendante. Quoiqu'elle fût de race princière, la mort de ses parents et le manque absolu de fortune l'avaient mise à la charge de son cousin Mario Monteleone. Le premier aiguillon qui excita son effort, ce fut l'ambition d'être comtesse de Monteleone. Mario l'avait vue grandir près de lui. Mario l'aimait comme si elle eût été sa jeune sœur. Parmi l'entourage de Mario, son intelligence et sa science la faisaient reine. Elle espéra longtemps que l'admiration de son cousin se changerait en un sentiment plus tendre. Elle espéra en vain.

Barbe était ambitieuse à l'excès. Le mariage de son parent avec Maria des Amalfi mit l'enfer dans son cœur. Il y avait un homme au Martorello qui la regardait d'en bas. Barbe se dit : Cet homme sera mon esclave ;

j'ai besoin d'un esclave. Cet homme avait nom David Heimer. Il possédait toute la confiance de Mario Montelone. Barbe fit alliance avec lui. Plus tard elle l'épousa.

Mais il se trouva que David Heimer était aussi fort pour le moins que Barbe de Monteleone elle-même. Ce fut un étrange ménage. S'il y eut lutte, elle ne dura point. Au premier choc ils se jugèrent et firent trêve. Ces deux êtres, réunis dans une même pensée d'ambition, ne se détestaient point comme c'est la coutume. Il y avait entre eux une sorte d'amitié née de la parfaite communauté de sentiment. Ils *s'estimaient*, pourrait-on dire. Et comme la défiance la plus endurcie ne veille pas toujours, la foi mutuelle était venue peu à peu entre eux. Ils croyaient l'un à l'autre, ou faisaient semblant.

L'œuvre qu'ils poursuivaient en commun était ardue. David Heimer, que nous appellerons désormais du nom qu'il s'était choisi, Johann Spurzheim, consultait fidèlement sa femme, et Barbe Spurzheim mettait au service de son mari tout ce qu'elle avait de finesse, de clairvoyance et de prudence. C'était une ligue loyale des deux parts, autant qu'il peut y avoir de loyauté en des âmes semblables. Nous devons dire aussi qu'à la cour et dans toute la ville, on citait Barbe Spurzheim pour les soins assidus qu'elle prodiguait à son époux malade.

Il y avait environ dix minutes qu'ils étaient là vis-à-vis l'un de l'autre, Barbe et le jeune docteur Pier Falcone. Auprès de Barbe, un in-folio ouvert était supporté par un massif pupitre à pied. L'in-folio était écrit en langue latine que Barbe lisait couramment. Au-delà du pupitre, un guéridon de bois d'ébène soutenait une petite sphère céleste et des livres.

Un peu plus loin, se trouvait un orgue avec un cahier de musique ouvert à la troisième fugue de Sébastien Bach. De l'autre côté du salon deux chevalets supportant, le premier, une toile de Tommaso des Stefani, contemporain de Cimabue, sous Charles d'Anjou, l'autre un tableau ébauché par Barbe elle-même.

La cheminée en marbre rouge, de style florentin, avait une garniture antique et d'une simplicité sévère. Deux énormes amphores, en pâte étrusque, en flanquaient les extrémités.

Autour des boiseries pendaient six tableaux du Zingaro (Antonio Solario), et de ses élèves les frères Donzelli. L'un d'eux, attribué à Donzelli le jeune, représentait la mort de Lazare.

Les yeux de Barbe Spurzheim et du docteur Pier Falcone se fixaient en même temps sur cette dernière toile. Il y avait silence. Au bout de quelques secondes, le regard de Barbe quitta le tableau pour se porter sur le docteur. C'était un homme de vingt-huit ans, de grande taille, mais trop grêle et voûtée légèrement. Ses traits, d'une excessive pâleur, avaient de la beauté. Deux ou trois rides précoces sillonnaient son front où déjà les cheveux se plantaient rares et comme brûlés. Ce pouvait-être un penseur. Ce devait être un oseur. En le regardant Barbe fronça le sourcil.

— Il est trop jeune ! murmura-t-elle en elle-même.

Puis, la prunelle du docteur ayant heurté la sienne,

elle reprit comme pour expliquer le mouvement involontaire de sa physionomie :

— J'ai cru longtemps que les peintres de l'ancienne école savaient rendre l'agonie, je me trompais.

— Cependant, répliqua Pier Falcone, l'agonie de ce Lazare...

— Justement ! interrompit Barbe.

— Vous ne la trouvez pas assez horrible ?

— Trop et trop peu. Johann Spurzheim n'est pas fait comme cela.

Pier Falcone baissa les yeux, tant ces paroles furent prononcées avec un calme effrayant. Barbe vit cela, sourit, et reprit, en choisissant une pastille contre la toux dans une riche bonbonnière d'or.

— Si vous pouviez répondre de sauver mon mari, docteur, votre fortune serait faite !

— Vous savez bien, madame, repartit Pier Falcone, que cela m'est impossible.

Barbe ajouta, en comprimant d'autorité la toux qui voulait venir :

— Je donnerais cinquante mille ducats à qui me dirait : Johann Spurzheim vivra !

— Celui-là mentirait, madame.

Barbe appuya ses deux mains contre sa poitrine.

— Oh ! cette toux dit-elle ; il y a des instants où il me semble qu'un charbon ardent s'éteint dans mes poumons. Docteur, suis-je donc, moi aussi, condamnée !

— Vous pensez trop, repartit le médecin.

— Et la pensée me tue ?

Pier Falcone eut une sourire.

— Si vous me proposiez cinquante mille ducats pour répondre de vous, madame... commença-t-il.

— Vous consentiriez ! s'écria vivement la directrice.

— Je mettrais ma tête pour enjeu ! acheva Pier Falcone d'une voix ferme.

Barbe lui tendit la main. Elle l'avait froide et humide.

— Prenez une pastille, lui dit le docteur, vous allez avoir une quinte.

Mais la pastille n'y fit rien. La poitrine de Barbe se souleva tout à coup, tandis qu'un rouge vif teintait la pâleur de ses joues. Elle eut une toux lente, déchirante, douloureuse à entendre. Son mouchoir brodé qu'elle approcha de sa bouche se teignit de sang. Le visage du jeune médecin resta impassible. Barbe lui montra en silence la large tache rouge. Il haussa les épaules.

— Voulez-vous me croire, oui ou non ? dit-il ; on ne guérit pas les poitrinaires, et je vous promets de vous guérir.

Elle but une gorgée d'eau. Un instant ses yeux furent voilés et comme hagards, mais tout à coup le rayon se ralluma sous sa paupière.

— Me voilà bien, dit-elle, très-bien. Plût à Dieu que mon mari fût ainsi ! répondez-moi, docteur, sur votre conscience : il n'y a aucun moyen humain de le sauver ?

— Aucun, madame.

Barbe baissa les yeux et sembla hésiter.

— Et... reprit-elle d'une voix changée, cela durera-t-il longtemps ?

Pier Falcone crut avoir mal entendu,

Comme la réponse ne venait point, Barbe releva la tête. Elle regarda le docteur en face et répéta :

— Je veux savoir si cela durera longtemps.

— Cela, quoi, madame ?

— La vie de Johann Spurzheim.

— Mais, madame...

— Je veux le savoir !

— La science ne peut préciser.

— Huit jours ? interrompit la directrice.

— Il est impossible d'affirmer...

— Quinze jours ?

— En vérité, madame, fit Pier Falcone, une pareille question...

— J'ai des motifs pour vous la faire, docteur, je suis sûre que vous ne pensez pas qu'il puisse aller encore un mois ?

— Non, madame, répondit cette fois Pier Falcone ; je ne le pense pas.

Elle baissa les yeux de nouveau, et reprit :

— Asseyez-vous là !

Sa main blanche et longue lui montrait un siége avec autorité.

Le docteur s'assit. Barbe ferma les yeux et dit après une minute de silence :

— Réfléchissez bien avant de me répondre ; ce que je vais vous proposer est sérieux ; j'y ai songé mûrement. Docteur Pier Falcone, voulez-vous que je sois votre femme ?

II

FEMME FORTE

C'était une bonne précaution que d'avoir forcé le docteur à prendre un siége. Cela l'empêcha de tomber à la renverse. Il voulut parler, madame Spurzheim lui ferma la bouche d'un geste impérieux :

— Je vous ai dit de réfléchir, prononça-t-elle avec sévérité ; vous n'avez pas encore eu le temps !

Elle rapprocha son fauteuil d'un mouvement libre et naturel. Son visage était toujours parfaitement calme.

— Pendant que vous réfléchirez, reprit-elle en baissant la voix, je parlerai. Ecoutez-moi avec attention ; quand j'aurai dit, vous pourrez me répondre en toute connaissance de cause. Vous êtes ambitieux et, je crois, audacieux... Ce que je vous propose, c'est un titre de comte avec la fortune d'un roi.

Les paupières du docteur s'entr'ouvrirent. Il glissa vers elle un regard défiant, il la crut folle.

— Non, non, dit-elle avec un sourire et répondant à ce regard ; non, je ne suis pas folle. Vous vous demandez, je le vois bien : Comment pourrait-elle donner un titre de comte et une fortune royale, elle qui n'a ni l'un ni l'autre ?...

— Je sais que vous êtes riche... voulut interrompre Pier Falcone.

— Misère ! s'écria-t-elle en s'animant tout à coup ; riche, moi ! Décuplez ce que j'ai. Centuplez ! Centuplez dix fois, et vous serez en deçà de la vérité. La fortune dont je vous parle est immense !

— Mais de quelle fortune parlez-vous ? murmura le docteur ému malgré lui.

— Je parle de la fortune des Doria, ajoutée à la fortune des anciens comtes de Monteleone.

Le front du médecin brilla, parce qu'il y venait des gouttes de sueur.

— Ne m'interrompez plus, dit Barbe ; c'est l'heure bientôt où mon mari s'éveille de son repos du soir. Il me faut votre réponse avant que nous ne nous séparions. Vous êtes Compagnon du Silence...

Malgré l'ordre récent de ne plus interrompre, Falcone ne put retenir un cri de terreur. Il ne faut point oublier que cette accusation était portée contre lui par la femme du directeur de la police royale, et dans sa propre maison.

— Madame ! s'écria-t-il, sur mon salut...

— Bien, bien ! vous êtes de Naples, les serments ne vous coûtent rien. Mon pauvre docteur, ceci est une folie de jeunesse : vous avez donné votre liberté à cette mystérieuse association, et, jusqu'à présent, l'association ne vous a rien rendu en échange, du moins, vous croyez cela, n'est-ce pas?

— Il est vrai... balbutia le médecin.

— Triste chose que de se voir aux ordres de gens qui vous connaissent et que vous ne connaissez pas! Vous avez regretté bien souvent...

— Oh! bien souvent, madame!

Barbe se prit à sourire et s'éventa légèrement avec son mouchoir.

— Falcone, dit-elle du bout des lèvres : *le fer est fort et le charbon est noir...*

Il se leva tout droit, sa surprise était profonde.

— Je vous dispense des réponses de votre catéchisme, poursuivit-elle d'un ton léger, je fais plus : je viens à votre aide tout de suite, car vous allez vous noyer dans les suppositions... croire par exemple, que le seigneur Johann Spurzheim, mon mari, m'a révélé les secrets de la police royale, et que la police royale elle-même a découvert votre secret. La police royale n'a rien découvert, mon pauvre docteur. La confrérie du Silence appartient à la police royale.

— Est-il possible!

— Disons mieux, il ne peut y avoir de supercherie entre nous : la police royale appartient à la confrérie du Silence.

Les bras de Falcone tombèrent le long de ses flancs.

Le sourire se fit plus railleur autour des lèvres minces de Barbe Spurzheim.

— Triste chose! répéta-t-elle ; non point que l'association ait été stérile pour vous : elle ne l'est pour personne, ce serait sa mort... L'association vous a donné le semblant de luxe et de considération qui vous entoure ; sans l'association, où serait votre clientèle ?

— Je croyais...

— Sans doute ! on met cela toujours sur le compte de son propre talent, je ne prétends pas que vous manquiez de talent, seigneur Pier Falcone, mais faites-moi la grâce de me dire qui manque de talent aujourd'hui ? Jadis, le monde se composait ainsi : quelques lions de génie parmi le troupeau des moutons de Panurge. Panurge trouverait encore des moutons ; mais avant de se jeter à l'eau, les drôles expliqueraient pourquoi. Quant aux lions, je crois que l'espèce en est perdue. Notre siècle, héritant sa fortune formée de pièces d'or et de gros sous, a fait la monnaie du tout, ce qui a produit un monceau de petites pièces blanches. La-dedans, les ducats sont rares. Je n'y ai jamais trouvé, moi qui parle, qu'une seule pistole : elle était fausse !

Juste à ce moment, dans le silence de la chambre à coucher du seigneur Johann Spurzheim, un éclat de rire sec et pénible éclata. C'était le moribond qui entrait tout à coup en gaîté ! Pourquoi ?... l'éclat de rire dura la moitié d'une seconde, puis tout redevint muet. Barbe Spurzheim poursuivait :

— Vous avez du talent, Pier Falcone : vous aurais-je choisi sans cela ? Mais si vous avez franchi le seuil de cette maison en qualité de médecin, c'est que vous aviez fait le serment du Silence, c'est enfin qu'il vous fallait une clientèle pour aborder le palais des comtes Doria-

Doria. Vous avez donc reçu, plus vite et mieux que bien d'autres, votre salaire de compagnon. Ce n'est pas en cela que je vous plains. Vous n'avez encore rien fait : vous êtes payé ; je vous range parmi nos débiteurs. Ce qui est triste, seigneur Falcone, c'est de se sentir esclave et d'aller à l'aveugle, sans savoir, sans connaître, poussé toujours par une volonté mystérieuse. Qui peut dire en quelle monnaie on exigera demain le paiement de votre dette? Ce que je vous propose, c'est d'enlever le bandeau qui vous couvre les yeux et de faire la lumière dans votre nuit, c'est l'affranchissement, et plus, car, avec moi, d'esclave vous allez devenir maître! Vous ignorez tout, je puis tout vous apprendre. Je suis dame du Silence et je suis la seule...

Elle ôta de son doigt medius un anneau d'or, orné de trois diamants, formant le triangle. Cet anneau était semblable, sauf le métal, à celui de Mario Montelcone. Il portait la devise latine : *Agere non loqui*. Pier Falcone le prit, l'examina, lut les trois mots de la devise et le lui rendit. Tout cela en silence. Il obéissait à la lettre : il réfléchissait. Barbe le regardait d'un air content, comme un professeur qui approuve la conduite de son élève.

— Vous êtes jeune, reprit-elle, et c'est ce qui m'arrête depuis huit jours, car il y a huit jours que j'ai perdu tout espoir de conserver mon mari... Mais vous êtes prudent, je vous crois hardi, et je sais qu'un vain scrupule ne vous ferait pas reculer. Avant que vous soyez lié à moi d'une façon étroite et irrévocable, je ne peux pas vous dire tout ce qu'il vous faut savoir ; je puis seulement vous mettre à même de juger l'avenir que je vous réserve. Pour cela, il suffit de deux choses : vous faire connaître mon passé et celui de l'association. L'association fut fondée par un saint : vous avez entendu parler de Mario Monteleone, maître des *Cavalièri Ferraï*. Son but primitif fut de faire le bien, purement et simplement. Elle en eut un second après la mort de Mario Monteleone, deux, devrais-je dire : l'un apparent, l'autre caché. Le premier, ce fut la vengeance du grand maître assassiné ; le second, ce fut la conquête. Le premier est un prétexte et un drapeau ; il sera longtemps notre force ; l'autre serait atteint déjà, s'il n'y avait eu parmi nous un homme, un lion, une de ces pièces d'or dont, hélas ! on ne trouve plus que la menue monnaie !... Mais je n'ai pas tout dit et il y eut une troisième phase que nous subissons encore aujourd'hui. Un homme vint à nous ; un géant ou un fou je ne sais. Celui-là, je ne le juge pas : je le déteste. C'est peut-être le lion. Si c'est le lion, nous le prendrons au piége, car je le hais !

Elle prononça ce mot avec énergie.

— Celui-là, reprit-elle en baissant les yeux et la voix, tandis qu'un point ardent tachait la pâleur de ses joues ; celui-là, nous a faits ce que nous sommes. Nous lui devrions tout, s'il n'avait agi pour lui, pour lui seul. Par lui, la ville est à nous et nous entourons le trône... Mais ce qu'il veut pour lui, cet homme, je le veux pour moi. Je l'aurai. Il regarde au-dessus de lui sans cesse. Il ne verra pas le filet tendu à ses pieds. Je le briserai, j'en fais serment, non point parce qu'il est notre tyran et qu'il a le pied sur notre tête, mais parce que le bien qu'il convoite est mon bien, et qu'il veut me voler mon héritage. Cet héritage, je l'ai acheté avec du sang : J'y tiens... Pier Falcone, par ce que je te dis, juge si tu es à moi ! Je vais te dire encore autre chose : Avant de m'appeler Barbe Spurzheim, j'avais nom Barbe de Monteleone.

— Quoi ! s'écria le jeune docteur, vous seriez !...

— Je suis la dernière du nom. Mario est mort sans enfants ; je suis l'unique héritière... Ne me demande pas d'explications, Pier Falcone ; tu n'en sais déjà que trop, et je ne sais plus, moi, si tu as encore le droit de réfléchir.

Le docteur s'approcha d'elle respectueusement, prit sa main et la baisa.

— Non, madame, dit-il, je n'en ai plus le droit. Je ne dirai pas que j'accepte : ce serait trop peu. Je me donne à vous avec transport !

Barbe fixa sur lui ses yeux demi-clos d'où sortait un rayon perçant.

— C'est bien parlé cela, seigneur Pier Falcone, murmura-t-elle ; vous êtes un homme adroit et sage.

— Madame...

— Très-adroit, très-sage. Vous serez capable plus tard de me témoigner de l'affection.

— Douteriez-vous ?...

— Je ne vous interdis pas cela, interrompit Barbe en souriant ; nous aurons, en temps et lieu, besoin d'une excuse aux yeux du monde... Eh bien, vous serez un beau comte, Falcone ! Le monde imbécile et aveugle pourra se dire : « La vieille s'est éprise de ce jeune homme... »

Il n'y avait point d'amertume dans ces étranges paroles.

— La vieille prendra ses sûretés, poursuivit-elle en changeant de ton, pour que ce jeune homme ne soit jamais son maître ; voilà tout.

La contenance du docteur était assurément difficile en face d'une semblable fiancée. Il ne savait ni quelle attitude prendre ni quelles paroles prononcer. Elle vint à son secours.

— Falcone, lui dit-elle en lui tendant la main avec cordialité ; vous aurez en moi une amie. Vous serez noble, puissant, peut-être même heureux. Ne jouons jamais la comédie l'un vis-à-vis de l'autre. Soyons des alliés solides et sincères : rien de plus, rien de moins.

— Vous pouvez compter sur moi, madame, prononça résolûment le docteur, comme sur le plus fidèle serviteur.

— Nous verrons cela, répliqua-t-elle, plus tôt que vous ne pensez.

Elle lâcha sa main et se prit à rêver.

— Qu'ai-je encore à vous dire? murmura-t-elle. Peut-être vous demanderez-vous pourquoi j'ai caché à la cour de Ferdinand de Bourbon ce nom qui est à moi, ce nom de Monteleone que le roi eût entouré de tant de faveur, car Mario, mon parent, était son meilleur ami. Je l'ai caché parce qu'il y a deux personnes vivantes entre moi et l'héritage de Mario : Le comte Lorédan Doria et la jeune comtesse Angélie...

Le front du docteur se rembrunit malgré lui.

— Devinez-vous déjà, poursuivit Barbe, qu'il nous

faudra passer par un chemin où il y a du sang ?

Et comme Falcone pâlissait.

— Je ne les déteste point, ces Doria, reprit-elle ; seulement, ils barrent notre route. Vous ne me dites plus rien, seigneur Pier Falcone ?

— Madame... balbutia celui-ci, je crains de comprendre.

— Ne craignez rien ! comprenez, fit Barbe sèchement ! cela est nécessaire. Je n'ai pas l'intention de vous poser des énigmes. Je ne sais point de mots capables de me brûler les lèvres en passant, et, quoi que j'aie à vous dire, je vous parlerai en bon italien. Je vous choisis pour époux aux lieu et place de Johann Spurzheim, que je regrette sincèrement... profondément ! que je regretterai toujours, comprenez bien cela, parce que nous formions le couple à nous deux : mâle et femelle ; même ambition, même cœur. Je vous choisis à son lieu et place pour que vous fassiez ce qu'il eût fait : il avait condamné trois têtes : le prince Coriolani, Lorédan Doria, Angélie Doria.

Les dents du docteur se choquèrent. Le calme de cette femme l'épouvantait.

— Condamnés ? murmura-t-il. Comment ?

— Comme condamne le Silence.

— Trois meurtres !

— Vous autres médecins, seigneur Falcone, vous avez d'autres armes que nous. Je vous laisserai le choix.

Pour la seconde fois sa poitrine se souleva, et ses joues devinrent livides autour de la tache rouge qui marquait sa pommette. Elle toussa. Tout un côté de son mouchoir se teignit de sang. Comme Falcone s'approchait d'elle avec un verre d'eau où il venait de verser quelques gouttes du contenu d'une petite fiole qu'il avait tirée de son sein, elle le repoussa doucement. Elle souffrait horriblement, cela se voyait; mais elle souriait.

— Non, ah! non! fit-elle d'un ton léger; du moment que vous êtes mon futur, je vous casse aux gages. Vous n'êtes plus mon médecin.

Falcone, voyant dans ces paroles un soupçon, but d'un trait le verre qu'il lui destinait.

— Il n'y avait rien dans celui-là, dit Barbe avec froideur; le fait est prouvé, mais je ne veux pas d'un médecin qui serait forcé de boire ainsi toutes mes potions.

Falcone s'inclina.

— Sans rancune, reprit-elle; pour revenir à nos affaires, avez-vous tué parfois, seigneur Falcone?

Celui-ci fit un pas en arrière à cette inqualifiable question.

— En duel? poursuivit Barbe; dans un cas de défense légitime? malgré vous, enfin?

— Jamais, madame, jamais! interrompit le docteur.

— Et pourtant, dit-elle comme en se parlant à elle-même, la science de Gall est d'une certitude mathématique!

— Rêverie! s'écria Falcone.

Madame Spurzheim lui prit la main et l'attira jusqu'à elle.

— Baissez-vous, je vous prie, docteur, dit-elle.

Il obéit machinalement. Barbe promena ses longs et pâles doigts sur les protubérances postérieures de son crâne.

— Tâtez vous-même, dit-elle en lui désignant une place derrière l'oreille et un peu au-dessus ; Gall et notre homonyme le docteur Spurzheim appellent poliment cet organe *la destructivité*. Consolez-vous, seigneur Falcone ; si vous n'avez pas encore tué, vous tuerez !

En disant cela, elle le couvrait d'un regard fixe et glacé. Pier Falcone ne soutint pas ce regard. Et lorsqu'il entendit de nouveau la voix de Barbe, il tressaillit comme un coupable.

— Vous avez tué, disait cette voix implacable et lente, non pas en duel, non pas dans un cas de légitime défense, non point par hasard et malgré vous. La science est vraie et vous mentez, Pier Falcone... Vous êtes un assassin !

Il poussa un long gémissement, et se laissa choir dans un fauteuil, la tête couverte de ses mains.

Barbe Spurzheim se leva. Vous l'eussiez à peine reconnue, tant elle perdait à quitter sa bergère, cette place forte qui défendait sa taille contre le regard. Ce qu'il y avait en elle, quand elle était assise, de noblesse et de dignité, disparaissait dès qu'elle montrait à découvert les difformités de sa personne. Elle était tout en buste. La disproportion entre la hauteur totale de son individu et l'énorme développement de sa tête sautaient aux yeux, quand elle renonçait à l'avantage de cette posture qui ne mettait en évidence que son torse. Le sentiment qu'elle avait inspiré changeait à cet aspect inattendu, mais il ne faudrait pas s'y tromper, la sensation éprouvée n'était ni la pitié ni le ridicule. C'était la crainte.

Il y avait de la fée malfaisante et cruelle dans cette bossue de quatre pieds de haut. C'était la fée sinistre des contes qui faisaient frissonner notre jeune âge, la fée terrible qui s'acharne au berceau des pauvres petits. Rien qu'à la voir, on comprenait cette lugubre histoire de la postérité de Mario Monteleone.

Les poètes du merveilleux, Bojardo, le Berni, l'Arioste, ne créent pas toujours des géants quand ils veulent inspirer la terreur : les nains aussi sont terribles et font peur. Elle faisait peur, cette femme, et l'homme qui l'avait épousée devait être le plus impur des scélérats.

— Falcone, dit-elle en s'arrêtant devant le docteur dont le visage était toujours couvert de ses mains, je savais cela. Il faut qu'un homme soit à moi, bien à moi pour que je lui parle comme je vous ai parlé. Johann Spurzheim était à moi : c'est pour cela que je le regrette. Vous êtes à moi, Falcone : c'est pour cela que je vous dis : Regardez-moi ; vous ne m'avez jamais vue.

Elle écarta elle-même les deux mains du docteur dont l'œil se releva sur elle.

Barbe disait vrai : il ne l'avait jamais vue, car il ne l'avait vue que dans son fauteuil où elle avait l'air d'une femme. Il baissa les yeux après l'avoir regardée, et les dents de Barbe firent jaillir le sang de sa lèvre.

— Docteur, dit-elle cependant d'un ton dégagé, voilà

pourquoi je suis contrainte d'acheter un mari. Ne vous révoltez pas comme ferait un imprudent ou un sot ; ne me dites point que vous n'êtes pas à vendre. J'ai gardé les meilleures flèches de mon carquois ; ma réponse serait un coup de foudre. Souvenez-vous bien de ceci, d'ailleurs, ce n'est pas vous que je veux, c'est votre aide. Je n'ai besoin que d'un complice ; j'appelle les choses par leur nom. Si j'ai parlé de mariage, c'est qu'il faut la forme pour vous donner le droit d'agir pour moi, et, qu'en outre, sans le mariage, je n'ai point de prétexte pour mettre sur vos épaules le manteau du comte de Monteleone. J'ai fait ce rêve d'être comtesse, il y a longtemps. Maintenant que vous m'avez regardée, vous ne me demanderez plus pourquoi je ne vais pas à la cour. Vous irez à la cour pour moi. Le roi me connaît : j'ai des lettres de sa main. Le roi fera de mon mari le plus grand seigneur du royaume !

Elle se tut. Pier Falcone, après un moment de silence, se tourna vers elle et dit :

— J'accepte.

— Sans condition ?

— Sans condition.

— Ah ! ah ! mon beau docteur ! s'écria Barbe en dardant son regard aigu jusqu'au fond de l'âme de Falcone, vous êtes bien plus ambitieux que je ne croyais ou vous avez une arrière-pensée. Quelques-uns, en ma vie, ont voulu jouer au fin avec moi, ils sont morts.

Au moment où le docteur allait répondre, on frappa doucement à la porte extérieure du salon. Barbe dit : Entrez !

Un pauvre diable, assez ressemblant par le costume à nos clercs d'huissier parisiens, se montra au seuil. Il salua par trois fois en caressant sa plume qu'il avait fichée derrière l'oreille.

— Qu'est-ce, Privato ? demanda Barbe.

— C'est l'Anglais, répondit Privato.

— Quel Anglais ?

Le pauvre bon garçon de Privato avait une place de deux cents piastres par an à la police royale. Il n'y a pas là de quoi nourrir un aigle. Il répondit :

— Un Anglais avec le collet relevé, des lunettes bleues et le ventre en petite boule. Il a des lettres pour Son Excellence.

— Vous savez bien Privato, dit Barbe, que Son Excellence est au plus mal et ne peut recevoir.

— Certes, répliqua l'employé ; mais j'ai compris qu'il venait pour la grande affaire.

— Quelle affaire ?

— L'affaire du diamant.

— Dites à cet homme qu'il revienne demain.

Privato était en suspens entre la bonne envie qu'il avait d'obéir, et le besoin d'accomplir plus complètement son message.

— Madame connaît mon respect profond, dit il, mais l'Anglais m'a déjà secoué par les épaules et m'a mis son poing sous le nez.

— Quel est le nom de cet homme ?

— Un nom du diable. Peter-Paulus Brown.

— Brown ! répéta Barbe en tressaillant.

Elle tira vivement de son sein des tablettes qu'elle consulta.

— Brown ! fit-elle entre haut et bas ; j'ai le nom, mais non pas le secret !

— Privato, reprit-elle, tâche d'introduire ce Brown, sous prétexte de le faire attendre plus commodément, dans la case grillée où l'on dépose les tapageurs de nuit. Tu l'y enfermeras.

L'employé à deux cents piastres s'écria :

— Bien trouvé ! illustre dame ! Dans la case il pourra boxer les murailles s'il veut !

Ce disant, il se sauva.

— Qu'avez-vous à m'apprendre sur le diamant, docteur ? demanda Barbe.

— Trois choses madame, répondit Falcone ; le Pundjaud est un diamant soustrait par un mineur dans les carrières du Mogol. Il ne peut être acheté que par un roi. L'homme qui le possède se nomme Brown.

Barbe songeait.

— Depuis huit jours que Johànn Spurzheim ne se lève plus, dit-elle enfin, j'ai surpris bien des secrets mais je ne sais pas tout encore et il faut que je sache tout. Il y a en bas, dans le cabinet de Johann trois lettres que je n'ai pu lire parce qu'elles sont écrites en un chiffre qui n'est point le nôtre. Voici l'heure où nous allons nous rendre auprès de Johann ; rappelez-vous bien tout ce que je vais vous dire : Défense à mon mari de s'occuper d'affaires ; Ordre de rester au lit sous peine de la vie ; conseil de se reposer sur quelqu'un des grands intérêts qui le préoccupent et qui le tuent. Vous avez compris ?

— J'ai compris, madame, répondit Pier Falcone.

— Maintenant, reprit Barbe, résumons ce qui nous regarde tous les deux : de votre part, promesse de mariage, sous serment, au bout de l'an de mon deuil. Pas n'est besoin d'écrire, je sais comment forcer les gens à tenir leur promesse. Si vous en doutez, seigneur Falcone, informez-vous de ce qu'on a trouvé ce soir sous le pont de la Madeleine. De ma part, promesse de mariage également, partage de la fortune que j'aurai par droit de succession, titre de comte que le roi ne peut refuser à l'époux de Barbe de Monteleone. Enfin, le jour même où Johann Spurzheim mourra, sa succession de *Cavaliere Ferraio* et son anneau de fer... Votre bras, docteur ; allons soigner notre malade.

Pier Falcone s'inclina en silence et lui présenta son bras.

Si nous nous transportons maintenant dans la chambre où le seigneur Johann Spurzheim était censé reposer ; nous trouverons un étrange sourire sur son visage ravagé. Comment exprimer cela ? C'était le rire de l'homme qui a suivi, au théâtre, la pièce avec bonne foi, et qui voit trancher tout à coup le nœud de l'intrigue dans le sens de ses prévisions. Il n'y avait pourtant là rien ; nul drame qu'on pût voir ou entendre. La chambre était déserte comme à l'heure où nous l'avons laissée.

Et cependant au moment précis où Barbe disait à son nouveau chevalier : « Donnez-moi votre bras », Johann Spurzheim eut comme un contre-coup du mouvement qu'ils firent. En même temps la tête noire du king's charles sortit tout entière de la couverture, montrant ses grandes prunelles noires et jaunes : de l'or enchâssé dans du jais. Il jappa doucement. Johann, de sa main maigre, le caressa en murmurant : « Bien, Love, bien ! » Et il lui donna une gimblette que le chien alla grignotter sous la couverture.

Johann Spurzheim, avec une liberté de mouvements qu'on n'aurait point espéré sur sa mine, étendit le bras. Il avait à la main cet objet de forme ronde, en ivoire, que nous avons comparé au pavillon d'un instrument à vent. L'objet, avec le cordon flexible qui lui servait d'appendice, fut rejeté assez vivement au fond de la petite armoire percée dans le mur. Johann poussa ensuite le panneau de l'armoire qui se referma sans bruit et si bien, qu'on n'en eût point découvert la trace dans la ruelle.

Cela fait, Johann remit sa tête sur l'oreiller, et ferma ses yeux dont les paupières bistrées avaient au centre ce sinistre point noir qui fait peur et pitié...

III

BON MÉNAGE

A peine Johann avait-il fermé les yeux, que la porte de sa chambre s'ouvrit avec précaution. Barbe, sa femme, entra au bras du docteur Pier Falcone. Au chevet du lit se trouvait un de ces fauteuils à dos concave qui étaient à l'usage de madame Spurzheim. C'était toujours là que le docteur l'avait vue lors de ses visites. Elle s'y plaça.

— Me voilà dans mon beau ! murmura-t-elle en souriant.

Pier Falcone se pencha au-dessus du malade.

— Je ne dors pas, dit celui-ci d'une voix très-faible.

— Est-ce un reproche, bon ami ? demanda Barbe avec un affectueux enjouement ; je me suis attardée au salon avec notre docteur qui me faisait le tableau de ce que serait votre convalescence dès que les premiers beaux jours vont venir. C'est un serviteur dévoué que vous avez là, Johann. Quand il vous aura rendu la santé, j'espère que vous ne l'oublierez pas.

C'est à peine si les lèvres du directeur de la police royale remuèrent ; mais on l'entendit fort bien qui répliquait :

— Quand donc ai-je oublié le bien ou le mal ?

Pier Falcone voulut lui tâter le pouls ; il le repoussa en essayant de sourire.

— Tout à l'heure, dit-il.

Puis il ajouta en s'adressant à sa femme :

— Vous voilà dans votre beau, Barbe, ma chère compagne ; c'est vous qui l'avez dit. Vous voilà dans votre beau, jouant auprès du pauvre condamné votre rôle de bon ange. Je voudrais appeler Naples tout entier auprès de ce lit de douleur rendre témoignage. Vous avez été, Barbe, ma femme, toute la consolation de mes derniers jours !

— Modérez-vous, seigneur, dit Falcone ; parler trop ne vous vaut rien.

Johann Spurzheim lui adressa un signe de tête soumis.

— Mon retard, reprit Barbe, a encore un motif. Je fais ce que je puis, mon ami, pour que vos affaires ne souffrent point trop de votre indisposition passagère.

Elle appuya sur ce dernier mot.

— Mais, poursuivit-elle, vos affaires, je ne l'ignore point, sont en majeure partie de celles qu'on ne peut confier même à sa femme. Attendiez-vous aujourd'hui, s'il m'est permis de vous adresser cette question, attendiez-vous un Anglais du nom de Brown ?

— Aujourd'hui, non, répondit Johann sans hésiter.

— Vous l'attendiez pour plus tard ? insista Barbe.

Johann Spurzheim inclina la tête en signe d'affirmation.

— Il est venu, dit Barbe.

— C'est bien, répliqua seulement le malade.

La bossue le regarda d'un air riant, mais le diable n'y perdit rien.

— J'ai fait un bon somme, reprit Spurzheim ; je me sens étonnamment reposé. Ne trouvez-vous pas tous les deux que j'ai la voix meilleure ?

— Si fait, répliqua Barbe ; avec quelques semaines de repos, le docteur compte bien avoir raison de cette maladie.

Le docteur, lui, ne disait rien. Le docteur subissait en ce moment le contre-coup du choc moral qui l'avait naguère terrassé : il songeait à cette prodigieuse union proposée et acceptée ; il regardait *sa future*. Le mari de sa future se tourna vers lui péniblement.

— Et vous, Falcone ? dit-il.

— Moi ? répéta celui-ci ; moi, je ne sais...

Le malade eut un de ces sourires que la décomposition de ses traits faisait si lugubres.

— Vous ne savez ! prononça-t-il avec lenteur.

Puis, s'adressant à Barbe, qui n'osait regarder son complice, Spurzheim reprit bonnement :

— Je suis sûr, chère amie, que vous vous demandez parfois pourquoi j'ai donné ma confiance à ce jeune homme. Un médecin de vingt-sept à vingt-huit ans, dans une maladie aussi grave que la mienne, c'est chanceux ! Et certes, il y a des jours où l'on dirait que ce jeune homme n'a pas l'usage de toutes ses facultés. Voulez-vous que je vous donne le secret de ces distractions, de ces absences ?...

— Seigneur !... interrompit Falcone avec effroi.

— Trop parler ne vaut rien, n'est-ce pas? dit Johann dont le sourire se fit moqueur ; tranquillisez-vous, je suis beaucoup mieux que vous ne croyez ; ma figure ne me fait pas honneur, voilà tout. Je disais donc que je puis vous livrer le mot de l'énigme, bonne amie. Notre cher Falcone a des peines de cœur.

En prononçant ce dernier mot, il ferma les yeux complaisamment, comme pour ne point voir l'éclair qui brillait dans les prunelles de Barbe. Celle-ci toussa légèrement pour se donner une contenance. Mais sa poitrine ne voulait pas de ce jeu. La quinte provoquée vint aussitôt à l'appel et mit à son mouchoir une tache nouvelle de sang.

Pier Falcone restait immobile comme un coupable qui attend son arrêt. Il savait ce que vaudrait la vengeance de cette femme. Il avait accepté sa proposition, nous pouvons bien le dire, parce que, dans sa pensée, cette femme était, comme son mari, condamnée à mourir, mais la mort n'était pas assez proche pour qu'elle n'eût pas, cette femme, le temps de frapper quelque terrible coup.

Le lecteur se demande sans doute qui était ce pâle jeune homme dont le front avait de l'intelligence, dont l'œil promettait de l'audace, et que jusqu'à présent nous avons vu si aisément dominé. Pourquoi restait-il là, entre le tigre et la tigresse, comme une proie facile avec laquelle on joue, comme une victime assurée à la dent de la femelle ou du mâle ?

— Prenez une de ces bonnes pastilles qui vous font tant de bien, ma chère femme, dit Spurzheim les yeux toujours fermés ; quand vous toussez ainsi, c'est comme si ma propre poitrine se déchirait. Ah ! ce doit être une intolérable douleur que celle du veuf cherchant dans sa maison trop grande la compagne bien-aimée qui n'est plus ! Ami Pier Falcone, regardez, instruisez-vous. Dans Naples entier vous chercheriez en vain un pareil tableau. C'est ici le sanctuaire de cette grande, de cette noble, de cette inaltérable affection : l'amour conjugal. Voyez Barbe Spurzheim qui se meurt, parce que son époux va mourir !

Les joues de la bossue étaient livides.

— Plût à Dieu, murmura-t-elle pourtant, que je pusse vous donner le peu de jours qui me restent, Johann, mon mari, afin de prolonger votre précieuse existence !

— L'entendez-vous, Falcone ? Voilà le trésor que je perds !

— Nous disions donc, bonne amie, reprit-il brusquement et comme pour secouer de tristes préoccupations, qu'il y avait un motif aux rêveries de ce beau ténébreux. Le voilà fort embarrassé, car il ne vous connaît pas, il ignore que vous êtes faite pour comprendre sa conduite. Ce n'est pas un soupirant ordinaire...

— Au nom de Dieu, seigneur ! voulut interrompre encore le jeune docteur.

— Laissez ! fit bonnement le malade ; Barbe est une femme comme il y en a peu. Elle vous en estimera mieux quand elle saura que vous avez aimé jusqu'à... ce point-là !

— L'objet de cet attachement est-il vivant ? demanda madame Spurzheim, qui réussit à jouer le calme.

— Vivant et beau sous le voile de crêpe noir des veuves répliqua Johann, nos fiancés attendent la fin du deuil pour devenir d'heureux époux.

Pier Falcone avait de la sueur froide aux tempes. Barbe baissa les yeux et ne le regarda point. Le coup était porté. Johann croisa ses mains sur sa couverture et prit un ton de componction.

— Barbe, mon excellente compagne, poursuivit-il, l'émotion que produit en vous l'allusion indirecte que je viens de faire à ma fin prochaine me défend de traiter certain sujet en votre présence. Je vous prie de me laisser seul avec mon médecin.

— N'avez-vous plus confiance en moi, Johann ? s'écria la bossue, qui était parvenue à verser une larme, dois-je perdre quelques-uns de ces instants si chers ?...

Spurzheim lui tendit sa main qu'elle baisa.

— Barbe, lui dit-il, ma confiance en vous est sans bornes ! Quand le docteur aura répondu selon sa science et sa conscience aux questions que je vais lui adresser, je m'occuperai d'assurer l'avenir du seul être qui me soit vraiment cher en ce monde. Demain matin vous n'aurez plus ni curiosité ni désir à satisfaire.

— Enfin, je saurai tout! pensa Barbe, qui avait peine à contenir son triomphe.

— Je vous dois cela, Barbe, ma femme, acheva Johann.

Elle se leva et vint déposer un baiser silencieux sur le front du malade. L'instant d'après, le directeur de la police royale et Pier Falcone étaient seuls.

— Je lui dois cela! répéta Johann au moment où la porte se refermait sur elle.

Puis il ajouta, et sa voix avait une expression indéfinissable :

— Demain matin, elle n'aura plus rien à me demander!.. A quoi pensez-vous, docteur ?

— Je vous écoute, seigneur, et j'attends vos ordres, répondit Pier Falcone.

Johann sourit et dit :

— Combien donneriez-vous, docteur, pour sortir de la méchante passe où vous êtes?.. Vous êtes né coiffé, Pier Falcone, en une seule soirée, on va vous proposer deux fois votre grande fortune !

Le docteur n'osait littéralement prononcer une parole. Il ressemblait à un homme qui sentirait sous ses pieds un terrain semé de piéges et de trappes. Spurzheim jouissait de son embarras.

— Docteur, reprit-il, causons un peu du *seul être qui me soit vraiment cher* en ce bas monde. Avez-vous deviné qui est cette créature privilégiée ?

— Votre femme, seigneur, murmura Pier Falcone.

Spurzheim eut un rire sec et court.

— Non pas, docteur, répliqua-t-il ; cet être là, c'est moi-même. Comment trouvez-vous ma femme ?

— Seigneur...

— Entendons-nous, ami, les quiproquos font perdre du temps. Je ne vous demande pas votre opinion sur les hautes perfections de Barbe Spurzheim, je vous demande combien de temps vous lui donnez à vivre ?

Pier Falcone resta tout interdit au souvenir de la question semblable que Barbe lui avait adressée naguère, puis il répliqua, employant à son insu les termes mêmes de sa réponse à madame Spurzheim :

— Seigneur, la science ne peut rigoureusement préciser...

— Huit jours ? interrompit Johann dont le sourire devenait plus incisif.

C'était la voix de Barbe parfaitement imitée. Falcone restait bouche béante.

— Quinze jours ? poursuivit Spurzheim avec une inflexion si absolument semblable à celle de sa femme que le docteur se prit à trembler.

— Je suis sûr, continua Johann, répétant mot pour mot la dernière interrogation de Barbe, que vous ne pensez pas qu'elle puisse aller un mois !

Jamais cauchemar n'avait pris les tempes de Falcone dans un pareil étau.

— Vous avez entendu notre entretien ! s'écria-t-il, incapable de se contenir.

— Lequel de nous deux interroge ? prononça sévèrement Spurzheim. Vous disiez tout à l'heure : La science ne peut préciser... Je le crois bien ; tout savant est un sot quand il n'est pas un charlatan! Mais vous voilà bien loti, Pier Falcone : obligé d'épouser ma veuve !

Le docteur n'essayait même plus de donner la réplique, tant il se sentait désarçonné parfaitement.

— J'aurais donné cent ducats continua le directeur de la police royale, pour voir votre figure quand vous avez dit vous, Pier Falcone, qui avez vingt-huit ans, à cette fée carabosse : Madame, je me donne à vous avec transport !

Il rit encore de bon cœur, cette fois. Au demeurant, il était impossible de trouver un moribond de plus joyeuse humeur.

— Ami, reprit-il du bout des lèvres, je regretterai ma femme. Elle avait de grandes qualités. Mais, si *cela durait* un mois, pour employer son style, ce serait infiniment trop long, quinze jours aussi, huit jours pareillement. Je suis encore plus pressé que ma femme !

— Rien n'annonce que votre impatience doive être contentée de sitôt, seigneur, répliqua Falcone, qui s'était enfin remis.

— Rien ? répéta Spurzheim ; vous êtes un mauvais devin, docteur ! ma femme vous disait tout à l'heure : « J'ai mes motifs. » Qui n'a les siens ? les miens sont pressants, et, pour que vous ne perdiez point votre peine à les chercher, je vais vous les dire : Il faut que je sois veuf sous vingt-quatre heures et remarié à la fin de la semaine !

Comme il achevait ces mots, trois coups de talon furent frappés à l'étage supérieur. Le regard du malade prit d'abord une expression inquiète et cauteleuse, mais ce fut l'affaire d'un instant. Son sourire revint presque aussitôt et il tira un petit cordon caché dans les plis de son rideau ; ce cordon fit tinter une sonnette au lieu même où l'on avait récemment frappé. Pier Falcone attendait. Rien ne pouvait plus le surprendre : du moins il le croyait.

Le ciel du lit craqua et s'ouvrit, formant un vide juste au-dessus de la tête du malade. Par ce vide, une planchette, soutenue par quatre cordes de soie, descendit doucement.

— Quoi de nouveau, Beccafico ? demanda Johann.

— Oh ! oh ! fit une voix grêle au plafond ; il y a un homme là ! Pas grand'chose, seigneur. Ils sont là-bas, autour du Castello-Vecchio plus de soldats qu'il n'en faudrait pour prendre la ville d'assaut. L'échafaud se dresse sur la place San-Pietro Martire...

— Il n'est rien venu du palais Doria ?

— Deux estafettes. On cherche le prince Coriolani ; le bruit a couru qu'il avait été assassiné...

— Assassiné ! répétèrent à la fois Spurzheim et Pier Falcone.

Celui-ci cherchait à voir ce mystérieux Beccafico, mais il n'y pouvait réussir. On n'apercevait qu'un trou noir au milieu du ciel de lit. La planchette, soutenue horizontalement par ses cordes de soie continuait à descendre. Elle arriva à portée des mains de Johann. Il prit dessus deux lettres. Sa main tremblait bien un peu, mais il parvint à les décacheter.

— Tenez-moi la lampe, docteur, dit-il.

Pier Falcone prit la lampe et la tint haut pour que Johann pût lire.

— On ne sait toujours pas, continua Beccafico par son trou, qui a fait le coup au pont de la Madeleine.

Spurzheim regarda Pier Falcone.

— Celui-ci le sait, dit-il.

— Oh! oh! gronda Beccafico ; c'est un nouveau !

En ce moment, Spurzheim froissait la première lettre avec dépit.

— Rien ! fit Beccafico ; mauvaise affaire ! la seconde sera peut-être meilleure.

Spurzheim lisait la seconde. Beccafico poursuivait :

— J'ai vu bien des Anglais, mais celui-là est superbe ! Il ne veut ni s'en aller ni lâcher ses lettres de recommandation. Il a écrit sur une grande feuille de papier tout ce qu'il doit vous demander, sans compter les secrets d'État qu'il vous révèlera.

— As-tu prononcé le mot *Penjaub* à son oreille ? interrogea Spurzheim.

— Oui, seigneur. Il a enflé ses joues et le bout de son nez est devenu pâle.

— Qu'a-t-il dit?

— Qu'il voulait sa femme.

— Sa femme ?

— Et l'adresse d'une mystérieuse marchesa qui était avec lui sur *le Pausilippe*. Il désire aussi voir quelques vrais lazzaroni, une vraie éruption du Vésuve et un vrai brigand de la Calabre...

Johann ne l'écoutait plus. Il lisait la seconde lettre

avec une singulière attention. Quand il l'eut achevée, il réfléchit durant quelques secondes.

— Approchez la lampe, dit-il ensuite à Pier Falcone.

Celui-ci ayant obéi, Johann mit le feu aux deux lettres qu'il venait de recevoir et les regarda brûler l'une après l'autre. Puis il ajouta :

— C'est bien, Beccafico, va-t'en !

La planchette se mit à remonter sans bruit.

— Connaissiez-vous le baron d'Altamonte? demanda tout à coup Johann au docteur.

— Non, seigneur.

— Vous allez faire sa connaissance cette nuit.

La planchette avait disparu. La trappe se referma. En ce moment, une idée traversa l'esprit de Johann Spurzheim. Il sonna vivement.

— Présent, seigneur ! dit la voix grêle de Beccafico.

Johann murmura à part lui :

— Est-ce que la mémoire s'en va? Si Felice pense me trouver ici, il sera sur ses gardes, et pourtant, c'est une besogne qu'il faut faire soi-même !

— A quelle date précise, demanda-t-il en levant les yeux vers le ciel du lit, Altamonte a-t-il été arrêté?

— Le 19 décembre, seigneur.

— Et mis au secret?

— Sept jours après, le 26, sur l'ordre que j'ai porté moi-même de votre part au Castel-Vecchio.

— On ne te demande pas cela, fit le malade avec impatience.

Puis il reprit :

— A quelle date avons-nous pris possession de ce

palais où nous sommes? ne va pas te tromper, Beccafico !

— Le 29 décembre, seigneur.

— Tu es bien sûr?

— Très-sûr, Excellence.

— Alors, il n'y a pas de réponse aux lettres que nous venons de recevoir, Beccafico. Laisse aller le messager.

— Aidez-moi à me mettre sur mon séant, docteur, dit-il à Pier Falcone, dont le visage exprimait un étonnement profond. Nous allons travailler ensemble cette nuit ; vous verrez que je suis encore bon à quelque chose !

IV

LE DOCTEUR PIER FALCONE

Quand Falcone eut aidé Johann à se mettre sur son séant, celui-ci poussa un grand soupir de fatigue.

— Je suis bien faible, docteur, dit-il, et je suis sûr que vous riez au-dedans de vous même en me voyant prendre tant de peine. Ses jours sont comptés, pensez-vous... Il n'y a pas d'homme, ami docteur, dont les jours ne soient comptés. Moi, je connais ma mesure : sauf le poison ou le fer, je vivrai cent ans : c'est écrit !

— Seigneur, répliqua Falcone, il y a pour moi, dans tout ce que je vois ici, quelque chose d'inexplicable et de presque surnaturel. Cette agonie à laquelle les hommes de l'art sont eux-mêmes trompés, est-elle donc une feinte ?

Le directeur de la police royale secoua la tête avec dédain.

— Donnez-moi un miroir, ami Falcone, dit-il ; voilà déjà du temps que je me suis regardé.

Falcone alla prendre un miroir à main sur la toilette et le lui apporta. Johann le mit au-devant de son visage.

— On ne feint pas cette pâleur livide, murmura-t-il avec une nuance de tristesse dans la voix ; On ne creuse pas ainsi soi-même l'orbite décharné de ses yeux. On ne se déguise pas en cadavre !

Puis repoussant le miroir et reprenant son sourire amer :

— Le mal est là ! dit-il en pressant sa poitrine à deux mains ; je vis avec lui et je suis plus fort que lui. Le mal est mon esclave et mon complice. Je me meurs : la science a raison, cette pauvre aveugle, mais qu'importe, si je mets des années à mourir !

Son doigt se posa, humide et froid, sur la main de Pier Falcone.

— Le mal est mon complice, répéta-t-il ; entends-tu bien cela ? Le mal est ma sauvegarde et mon bouclier. Il y a un homme... un homme que tu hais, Pier Falcone, de toutes les forces de ton âme, un homme qui m'aurait tué déjà cent fois s'il ne me regardait pas comme mort !

— Un homme que je hais, moi ! répéta Pier Falcone avec un sourire incrédule ; je suis bien peu de chose, seigneur, pour avoir des ennemis.

— Tu n'es rien, mais qui sait l'avenir ? Tout à l'heure, on te proposait d'être comte et dix fois millionnaire.

Le docteur reprit cette physionomie stupéfaite qu'il

gardait comme contenance depuis le commencement de l'entrevue.

— Vous avez un esprit familier à vos ordres, seigneur ! murmura-t-il.

Chacun a son côté faible ; les plus retors même ont un petit recoin accessible à la flatterie. Johann s'attendait à ce point d'admiration. Il fut content.

— Je n'ai pas d'esprit familier, Pier Falcone, répliqua-t-il, et je t'affirme sous serment que je n'ai pas quitté le lit depuis quatre jours.

— S'il m'était permis de vous interroger, seigneur.. commença le médecin.

— Cela ne t'est pas permis, Pier Falcone, mais toi qui es Sicilien, n'as-tu jamais entendu parler de l'oreille de Denis le tyran ?

— S'il plaît à Votre Excellence, repartit vivement Falcone, je suis natif de la Romagne.

— Est-ce moi que tu veux tromper ? mon pauvre compagnon, de plus habiles que toi l'ont essayé : cela leur a porté malheur.

— Je vous proteste, seigneur...

— La paix ! Écoute plutôt une petite histoire qui va te divertir. Voilà trois ans, à la fin de 1820, j'étais à Palerme, pour mes affaires... mais, entre parenthèses, comment trouves-tu ce conte que j'ai fait à Barbe Spurzheim ? le conte du mari assassiné par toi et du mariage qui attend, l'année du deuil révolue !

— Seigneur, j'ai compris votre intention...

— Tu as du bonheur que la phthisie de Barbe prenne un caractère *galopant*, comme vous dites en médecine.

Je n'aurais pas donné un ducat de ta peau, si Barbe avait eu seulement huit jours devant elle, mais laissons le conte et arrivons à l'histoire : En cette année 1820, il y avait à Palerme de grandes réjouissances à l'occasion du séjour qu'y faisait François de Bourbon. On y voyait beaucoup d'étrangers, principalement des Napolitains appartenant aux plus nobles maisons de la cour. Les d'Angri étaient là, aussi les Barberini ; mais Alizia d'Angri et Bianca Barberini, trop jeunes alors, laissaient la palme de beauté à Pia Frezzoloni, des marquis de Mantoue... Pourquoi fermes-tu les yeux, Pier Falcone ?

— Parce que la lumière me blesse, seigneur, répliqua le medecin qui, loin de se troubler, laissait maintenant errer un sourire triste autour de ses lèvres.

— Bien, ce regard ! dit Spurzheim ; tu m'as regardé comme un homme ! Si tu es fort, mon compagnon, nous te traiterons en conséquence... L'histoire n'est pas longue. Il y eut une grande fête donnée au prince royal par le comte de Ségeste, dans son magnifique château qui est au fond du golfe de Castel-à-Mare. Pendant qu'elle se reposait sur l'herbe, Pia Frezzoloni fut touchée par une vipère-aspic. On la rapporta mourante à Palerme. Ils ont une manière là-bas de guérir les morsures de la vipère-aspic : Un condamné à mort suce la plaie. Le malade renaît, mais le condamné meurt, à ce qu'on dit. S'il échappe, le roi lui fait grâce.

Il n'y avait point de condamné à mort dans les prisons de Palerme. On lut à tous les prisonniers de la Tour neuve une lettre de François de Bourbon, héritier de la couronne, qui promettait amnistie et cinq cents ducats à quiconque se présenterait pour sucer la plaie de la belle des belles. Tous refusèrent, excepté un. Celui-là dit : « Les cinq cents ducats seront pour ma vieille mère... » As-tu encore ta vieille mère, Pier Falcone ?

Une larme vint aux paupières du docteur.

— Non, seigneur, répondit-il d'une voix sourde ; elle est morte.

— Le prisonnier de Palerme, reprit Spurzheim, avait nom, si j'ai bonne mémoire, Pietro Bertini.

— Pietro-Maria Bertuzzi, seigneur, rectifia le docteur.

— Tu sais l'histoire mieux que moi, Falcone !

— Seigneur, repartit celui-ci avec une inflexion de voix étrange, cela me plait de vous l'entendre conter.

— Eh bien, mon compagnon, ce prisonnier, Pietro-Maria Bertuzzi, avait, je crois, fait la contrebande pour donner du pain à sa mère. Il suça la plaie de Pia Frezzoloni qui fut guérie. Le prisonnier ne mourut pas, mais il fut mordu au cœur. Avec les cinq cents ducats qu'il reçut, il étudia la médecine pour exécuter un plan qu'il avait, et dès qu'il fut admis au premier grade, il se présenta chez le docteur Gioja médecin des Frezzoloni. Il était beau, ce Pietro Bertuzzi ; tu as bien vieilli, Pier Falcone.

— C'est la vérité, seigneur, j'ai bien vieilli.

— Le docteur Gioja le prit comme élève. Une nuit que Gioja était malade ou paresseux, Pietro Bertuzzi remplaça son maître appelé au palais Frezzoloni. Je ne saurais dire au juste ce qui se passa, mais il y eut mariage secret entre lui et Pia, et les deux époux furent heureux pendant toute une année.

— Ce fut un an après les noces, jour pour jour! interrompit le docteur dont la figure s'était tout à coup assombrie.

— Dis le reste, Falcone! s'écria Johann, la mémoire me manque.

— Une nuit, prononça le docteur entre ses dents serrées, il y avait eu fête au palais Frezzoloni, et Pietro-Maria n'était pas invité aux fêtes. Il restait seul dans sa chambre et regardait à travers la cour les salons éclairés pleins de fleurs. Jamais il n'avait vu Pia, sa femme, si belle que ce soir-là. La chambre formait un angle du palais. Une de ses fenêtres donnait en retour sur les jardins; elle était ouverte. Pietro Bertuzzi entendit que l'on parlait sous le balcon; le nom de Pia vint jusqu'à lui; il s'élança pour écouter et voir; quelques jeunes seigneurs causaient sous les orangers, et l'un deux dit:

— Je gage mille louis de France que Pia Frezzoloni, la belle des belles, acceptera ma main avant la fin de la nuit!

— Le connaissais-tu? interrompit Johann.

— Je l'avais vu au Corso, répondit le médecin dédaignant désormais de faire une distinction entre lui et ce Pietro-Maria Bertuzzi: c'était l'homme à la mode, le héros du moment, le chevalier d'Athol!

Johann fit un petit signe de tête approbateur. Falcone continua:

— Les autres se mirent à rire. On tint le pari. Pietro Bertuzzi, ou Pier Falcone, comme vous voudrez l'appeler, seigneur, sentit qu'un vertige allait le prendre. Il regarda bien ce chevalier d'Athol avant que ses yeux ne fussent troublés ; il le regarda si bien que cent ans de vie ne pourraient lui faire perdre la mémoire de ses traits !

— Et que fit-il? demanda Johann.

Le docteur appuya son mouchoir contre ses tempes et le retira baigné de sueur.

— Seigneur, dit-il, Pia Frezzoloni était au-dessus de moi comme la Vierge sainte est au-dessus du chrétien agenouillé, devant son autel. J'eus peur du poignard qui m'aurait attiré un reproche d'elle. J'allai vers cet homme, l'épée à la main ; il brisa mon épée et m'épargna, renversé que j'étais.

— Et ensuite ? dit Johann.

— Ensuite? toute cette jeunesse gardait rancune à Pia Frezzoloni parce qu'elle repoussait son hommage. Je fus prisonnier pendant une heure et Pia, enlevée, ne donna pas sa main qui ne lui appartenait plus, mais elle abandonna sa vie.

On la mit au tombeau et le vieux comte Frezzoloni, un genou en terre devant François de Bourbon qui avait les larmes aux yeux, demanda le combat contre ceux qui avaient tué sa fille. François de Bourbon répondit : « Tous ont quitté la Sicile, excepté trois. » Le vieux comte réclama le combat contre ces trois-là. Ils étaient morts. Le chevalier d'Athol avait tué en duel ses trois complices.

Ma raison n'était plus. J'eus un long et lourd sommeil. Je m'éveillai un matin au bruit d'un cercueil que l'on clouait auprès de moi ; c'était le cercueil de ma mère...

Il y eut un silence. Le docteur était droit et roide au chevet du lit. Ses joues étaient livides, mais il avait du sang dans les yeux.

— Et quand tu fus éveillé, Pietro-Maria Bertuzzi, reprit Spurzheim, tu cherchas autour de toi le chevalier d'Athol, n'est-ce pas ?

Le docteur ferma les poings. Une frange d'écume bordait ses lèvres. Spurzheim souriait à voir cela.

— Tu te mis en chasse, poursuivit-il, comme un ardent limier ; tu parcourus l'Italie et la Sicile en tous sens, et un beau jour tu découvris que ce chevalier d'Athol n'était autre que le maître du Silence, le brigand puissant comme un roi, le terrible et redouté Porporato !

— Cela fut ainsi, seigneur.

— Et, pour te rapprocher de lui, pour choisir l'heure de la vengeance, tu te fis Compagnon du Silence...

— Oui, seigneur.

— Et tu veux toujours le tuer ?

Le visage de Pier Falcone se rougit par places. Tout son corps trembla. Sa réponse fut un rugissement.

— Assieds-toi là, Falcone, tu es l'homme qu'il me faut. Tout ce qu'a promis Barbe, ma chère femme, je le tiendrai pour elle. Tu seras riche, tu seras comte. Dis-moi, es-tu encore capable d'aimer ?

— Non seigneur.

— Es-tu capable au moins d'épouser une jeune fille

belle comme les anges, qui te donnera fortune et noblesse ?

— Je suis ambitieux, seigneur, c'est ma dernière passion.

— J'ai ta femme. Elle a le tiers environ de l'âge de Barbe, ta fiancée de cette nuit. Qu'est-ce que ma douce compagne t'avait promis encore !

— L'anneau du Silence.

— Tu auras l'anneau du Silence... Non pas le mien, car il faut mourir pour céder cet anneau, et j'ai le pressentiment de vous enterrer tous, mais un autre qui sera libre dans quelques heures. Tu vois que je ne marchande pas. En échange de cela que me donnes-tu, toi, Pier Falcone ?

— Que me demandez-vous, seigneur ?

— Je te demande ta force pour celle que je n'ai pas, ta santé dont je manque, tes jambes agiles, ton œil perçant, tes oreilles subtiles ; toi tout entier, afin que mon esprit intact ait un corps à son service.

— Je serai votre corps, seigneur.

— Tu as bien compris ?

— J'ai bien compris.

— Tu n'as plus de volonté ? C'est moi qui suis ton âme ?

— Je n'ai plus d'âme.

— Touche là, Pier Falcone. Demain, tu seras le médecin du roi, si tu veux !

Comme leurs mains se joignaient, ce même bruit que nous avons entendu déjà, retentit au-dessus du lit, à l'étage supérieur. Johann pesa aussitôt sur le cordon de la sonnette, qui tinta. Le ciel du lit s'ouvrit, et laissa passer comme la première fois, la tablette, soutenue par quatre fils de soie.

— Quoi de nouveau? demanda Spurzheim.

— On a tiré un coup de fusil du côté du Castello-Vecchio, Excellence, et le prince Coriolani n'a point encore reparu au palais Doria.

Johann se tourna vers le docteur pour demander à voix basse :

Avez-vous parfois rencontré sur votre chemin le beau prince Coriolani?

— Jamais, seigneur, répondit Falcone.

La tablette arrivait à portée des mains de Johann. Il y prit une lettre et la décacheta vivement.

— A la bonne heure s'écria-t-il dès qu'il en eut parcouru les premières lignes. Ma femme est-elle rentrée dans son appartement?

— Excellence, sa lumière est éteinte.

— C'est bien, Beccafico. Va-t'en ouvrir sans bruit la porte du passage secret... et s'il survient quelque message, apporte-le en bas, dans mon cabinet de travail.

— Ami, reprit-il dès que la trappe se fut refermée, répondez-moi franchement. Barbe, ma femme, comptait hâter le cours des choses, n'est-ce pas ?

— Comment l'entendez-vous, seigneur?

— Je parle de cette maladie mortelle qui m'enlèvera prématurément dans quelques trente ou quarante ans, et je vous demande si Barbe Spurzheim n'avait point l'intention d'aider un peu la nature?

— Je n'aurais pas prêté les mains... commença Falcone.

Johann fronça le sourcil.

— Pensez-vous que je vous achèterais si je vous prenais pour un homme à scrupules ! prononça-t-il durement.

Pier Falcone s'inclina.

— Cartes sur table ! reprit Johann ; ce n'est pas parce que Barbe aurait voulu prendre une semaine ou deux à un moribond comme moi que je la condamnerais. Elle joue son jeu : elle est dans son droit. Si je condamne ma femme, c'est que ma femme, me gêne... M'avez-vous compris, une fois pour toutes ?

Pier Falcone salua de nouveau.

— Barbe a mis l'œil dans des affaires que je voulais cacher ; je ne dis même pas que ces affaires ne la regardaient point. Barbe m'a soustrait trois lettres. Tâtez-moi le pouls, Falcone.

— Il est agité, seigneur, dit le médecin après avoir fait l'épreuve.

— C'est que ces trois lettres, Falcone, peuvent être notre vie ou notre mort. Elle n'a pu les déchiffrer ; tant pis : cela me prouve qu'elles étaient importantes. Il me reste un espoir ; peut-être les a-t-elle laissées dans mon cabinet.

— Si vous voulez, j'irai les y prendre, dit Pier Falcone, et je vous les apporterai.

— Ami, répondit Johann en souriant, je vous promets d'avoir confiance en vous toujours, parce que je ne me mettrai jamais en vos mains. Il faut que j'aille moi-même chercher ces trois lettres.

— Vous ! s'écria le docteur ; c'est de toute impossibilité !

Onze heures sonnèrent à la pendule. Johann repoussa sa couverture.

— Servez-moi, je vous prie, de valet de chambre, dit-il, je vais m'habiller.

Falcone avait vu de ses clients mourir d'étisie, mais il n'avait jamais eu devant les yeux cadavre si décharné que cela. C'étaient des ossements sur lesquels un parchemin diaphane et grisâtre se collait. Néanmoins, Falcone obéit. Il fourra ces pauvres tibias grelottants, qui rendaient une musique de squelette, dans une chaude paire de pantalons plucheux et ouatés. Il chaussa les pieds raccornis de pantoufles fourrées, et parvint à passer les bras, qu'on n'osait guère toucher de peur de les casser, dans les manches d'une robe de chambre étriquée, qui eût été trop étroite pour un enfant de douze ans, mais qui était beaucoup trop large pour le seigneur Johann Spurzheim. Pendant qu'on l'habillait, celui-ci toussotait à petit bruit. Il y avait une psyché en face du lit.

— Levez un peu la lampe, mon compagnon, dit-il ; je pense bien que je figurerais mal dans les chevau-légers de la garde, mais enfin, je désire me voir.

Les cavallegieri du roi Ferdinand 1er étaient les plus beaux soldats de parade de l'univers entier. Falcone leva la lampe. La glace réfléchit quelque chose d'inouï : une misérable apparence humaine, sans épaules, sans poitrine, sur laquelle flottait cette robe de chambre en fourreau de parapluie. Johann sourit d'un air content.

— Je me croyais plus maigre que cela, dit-il ; La maladie a encore de quoi manger !

Falcone ne riait point. Il fallait ne point connaître Johann Spurzheim pour rire, quoi qu'il pût dire ou faire.

— Allons ! reprit-il en rabattant les quelques cheveux gris qui se révoltaient sur son crâne luisant, prenez-moi dans vos bras, mon compagnon, et emportez-moi dans mon cabinet, vous reviendrez chercher la lampe.

Il ne faut pas croire que Pier Falcone fût un homme extraordinaire comme notre grand capitaine Luca Tristany, c'était une créature plutôt élégante que robuste. Cependant, sans quitter la lampe qu'il avait à la main gauche, il souleva Johann de la droite, et l'emporta comme font les bonnes pour les marmots qui se fatiguent à la promenade. Le directeur de la police royale fut presque humilié du coup.

— Vous vous reposerez en chemin, dit-il.

Falcone aurait fait ainsi le tour de la ville, mais il eut le bon esprit de répondre :

— Seigneur, vous êtes bien plus lourd que je ne l'aurais pensé.

Spurzheim, profitant de sa position, lui tira doucement l'oreille.

— Pas par là ! dit-il, voyant que le docteur se dirigeait vers la porte principale.

Il lui montra du doigt une seconde porte située à l'opposite. Falcone l'ouvrit, et tous deux se trouvèrent dans un cabinet noir, au centre duquel était un escalier tournant. Falcone commença à descendre les marches de cet escalier avec son fardeau. Au bas de la deuxième volée était une pièce pareille au cabinet noir de l'étage supérieur. Elle donnait sur un long corridor où étaient de distance en distance des fenêtres fermées de forts volets. En le traversant, Pier Falcone crut entendre des pas sonnant sur le pavé. Ce corridor, à son estime, devait côtoyer la rue ou la place du Marché.

Au bout du corridor était une porte fermée. Johann tira une clé de son sein et la donna à son porteur, qui l'introduisit dans la serrure. La porte s'ouvrit. Ils étaient dans le cabinet de travail du directeur de la police royale.

V

PASTILLES CONTRE LA TOUX

La vue de Johann Spurzheim était encore perçante et sûre, car il s'écria, dès que sa tête eut passé le seuil :
— Elles sont là !

Il voulait parler des lettres qui, en effet, reposaient toutes les trois sur son bureau de bois d'ébène. Le bureau lui-même, et la multitude de papiers qu'il supportait restaient exactement dans l'état où Johann les avait laissés. Si Johann n'avait pas eu dans la ruelle de son lit « l'oreille de Denis », il aurait pu faire serment que nul doigt indiscret n'avait feuilleté sa correspondance. Mais Johann avait entendu la confession de Barbe.

— Quelle femme ! murmura-t-il avec admiration pendant que Falcone l'approchait du bureau ; quelle fée ! Voyez s'il y a là une seule trace de son passage ! Je sens bien que je la regretterai !

Il y avait au-devant du bureau un grand fauteuil de cuir ayant absolument la forme d'une guérite. Dans les ports de mer, les marchandes de marée ont de ces siéges pour se garer des coups de vent. Le fauteuil de Johann était bien connu à Naples. On prétendait qu'outre sa mission principale et apparente, qui était de garder le directeur de la police contre les rhumes, ce fauteuil avait d'autres avantages encore plus précieux. Ce fauteuil, qui était un monument, produisait le résultat que les diplomates de la vieille école demandaient aux lunettes bleues et aux garde-vue verts : Johann tournait sa guérite à contre-jour quand il s'agissait de quelque important interrogatoire, et il était alors, au fond de cette maison roulante, comme le moine de Zurbaran dont le visage se devine à peine derrière l'ombre profonde de sa cagoule. Il voyait ; il n'était point vu.

Aussi, bien peu de gens, à Naples, auraient pu dire quels étaient les traits du directeur de la police royale. Ceux qui fréquentent les bureaux de police avaient entrevu je ne sais quelle ombre dans les profondeurs de ce fauteuil : un corps emmitouflé, une figure en lame de couteau, si pâle, si maigre qu'elle semblait appartenir à un fantôme. C'était tout. Quant aux seigneurs suivant la cour, ils étaient moins avancés encore. Depuis que le roi de Naples avait eu la bonne idée de confier la sûreté de sa capitale à cet allemand qui avait cent yeux comme Argus, on ne l'avait jamais vu aux fêtes royales, et si parfois il s'était porté aux conseils ministériels, c'est dans un tel accoutrement et avec un tel luxe de précaution contre les *coups d'air* que ses collègues eux-mêmes étaient encore à le connaître.

Pier Falcone posa la lampe sur le bureau, puis ayant les deux mains libres, il entreprit la tâche de placer Johann dans sa niche. Les deux parois latérales du fauteuil étaient montées sur gonds et pouvaient s'ouvrir, afin que le directeur de la police eût de l'air quand il était seul et qu'il faisait chaleur. Lorsqu'elles étaient ouvertes, on pouvait admirer le soin et l'intelligence qui avaient présidé à la confection de ce siége monumental.

Chacune des parois, rembourrée et piquée, avait sous sa ouate une caisse dont la vigoureuse serrure ressortait. Ce que le seigneur Johann enfermait dans ses caisses, personne ne le savait, pas même Barbe, malgré sa bonne envie. Le fauteuil ne se mouvait qu'au moyen de ses roulettes. Deux hommes vigoureux n'auraient assurément pas pu le soulever. Johann Spurzheim poussa un soupir de soulagement quand son porteur l'eut installé commodément sur les coussins.

— Je suis un peu essoufflé, dit-il ; mais ce n'est pas étonnant, après la course que nous venons de faire. Passez-moi mes lettres, docteur et approchez la lampe. Vous ne sauriez croire combien je suis heureux de revoir tout ce qui m'entoure ici. Et puis, là-haut, dans mon lit, je suis sans défense. Ici, c'est une forteresse, j'y combattrais un géant !

Pendant qu'il parlait, le docteur avait rapproché la lampe et lui avait donné ses lettres. Il en examina d'abord les trois cachets attentivement, comme s'il eût hésité à regarder l'écriture des adresses.

— Voyez, ami, s'écria-t-il ; trois lettres décachetées ! Je le sais, c'est elle-même qui l'a dit. Eh bien, je vous déclare que je cherche en vain sur la cire ou alentour la trace de l'opération. C'est touché avec une délicatesse incomparable ! Je la regretterai, c'est certain ; mais ceux qui savent jouer au piquet écartent parfois des as... Le sot veut tout garder et perd la partie.

Il retourna les trois lettres l'une après l'autre. Falcone vit ses mains trembler. La lampe jetait un rayon dans l'intérieur de la niche depuis qu'on l'avait rapprochée. Falcone distingua sur le visage de Johann une singulière agitation et Johann s'aperçut de sa surprise.

— Ami, lui dit-il, vous saurez ce que je voudrai vous apprendre, rien de plus. N'essayez jamais de me surprendre, cela vous porterait malheur !

— Seigneur, repartit Falcone, un avis en vaut un autre, je ferai tout ce que vous m'ordonnerez docilement et avec zèle, mais ne prenez point la peine de m'adresser des menaces : j'ai le caractère mal fait, et cela nous brouillerait.

— Peste ! grommela Spurzheim ; nous traitons de puissance à puissance, ami Pietro-Maria Bertuzzi !

— Cela vous déplaît-il, seigneur David Heimer ? prononça lentement le docteur.

Johann tressaillit en entendant ce nom. Sa bouche resta un instant béante. Puis il se mit à sourire doucement et répéta :

— Peste ! peste ! C'est bien, Falcone, je vois que nous allons faire une couple d'amis intimes tous les deux. Tournez un peu le fauteuil, je vous prie, non point que je désire me cacher de vous, mais j'aurai cette nuit d'autres visites que la vôtre.

Falcone s'attela au fauteuil, et la pesante machine se prit à tourner sur ses roues.

— Assez ! ordonna Spurzheim.

La lumière de la lampe n'entrait plus dans la niche.

— Falcone, reprit Spurzheim, connaissez-vous depuis longtemps ce nom que vous venez de prononcer ?

— Depuis trois ans, seigneur, repartit le médecin.

— Parfait ! Avancez, je vous prie, un siége, de manière que la personne qui s'y assoira soit placée en pleine lumière. C'est cela. Maintenant vous allez me quitter, Falcone.

— Votre seigneurie n'a plus besoin de moi ?

— Si fait, bien au contraire, j'ai une commission de la plus haute importance à vous donner, mais auparavant, ayez l'obligeance de décrocher le rideau qui pend au-devant de cette porte, et veuillez le mettre entre ce siége et mon fauteuil.

Le docteur monta sur une chaise et décrocha la portière qu'il plaça au lieu indiqué.

— Voyons, dit Spurzheim, n'oublions-nous rien ? Quand vous allez être parti, je serai seul, et je resterai prisonnier dans ce fauteuil.

— Si vous voulez, je resterai.

— Non, vous avez votre besogne ailleurs. Veuillez me donner une feuille de papier blanc et un crayon.

Il croisa ses pauvres jambes l'une sur l'autre et se

mit à dessiner rapidement. Ce qu'il traçait ressemblait à un plan.

— Ceci, reprit-il tout en dessinant, est de la géographie. De ma maison, vous ne connaissez que le salon, la salle à manger, ma chambre à coucher et ce cabinet. Il vous faut cette nuit connaître le reste. Or, c'est une vieille demeure où l'on peut très-bien s'égarer dans l'écheveau des corridors, d'autant mieux que vous n'aurez point de lanterne.

Il donna un dernier trait et ajouta :

— Mais voici le fil conducteur : nous allons étudier cela ensemble ; approchez.

Falcone obéit. Spurzheim lui présenta son dessin, où chaque compartiment linéaire était pointé et marqué d'un chiffre.

— Voyez-vous, ami? reprit-il ; nous partons du point A qui est ma chambre à coucher... j'espère que vous trouverez aisément ma chambre à coucher ?

— Oui, seigneur, aisément.

— Fort bien. A droite de mon lit est une porte B, qui donne dans le couloir B C, au bout duquel est le boudoir de Barbe ; je la regretterai ! Dans le boudoir, vous prenez la porte D, et vous montez l'escalier dérobé qui conduit au second étage. Toute cette partie du plan qui nous reste à parcourir est située au second étage. Comprenez-vous bien?

— Parfaitement bien, seigneur.

— Vous prenez le corridor F F, conduisant au salon de madame Spurzheim, lequel est situé précisément au-dessus de la pièce où nous sommes, à deux étages de distance. Dans le salon, voici la porte G qu'il vous faut prendre, et vous serez tout près de la porte de Barbe, ma chère femme, qui habite la chambre L, où vous entrerez par la porte K.

— Et pourquoi entrerai-je à cette heure de nuit dans la chambre de madame Barbe Spurzheim, seigneur ?

Johann répondit avec calme :

— Ma chère Barbe a toujours sur sa table de nuit la bonbonnière qui contient ses pastilles contre la toux. La commission dont je vous charge, mon bien bon ami, consiste, tout uniment à prendre cette boîte, que vous remplacerez par celle-ci.

— Il tendit une bonbonnière d'or ciselé. Le premier mouvement de Falcone fut de la repousser.

— Vous pouvez voir, continua Spurzheim, que ma boîte est en tout semblable à celle de ma pauvre Barbe.

— Qu'y a-t-il là-dedans ? dit le docteur, qui était plus pâle.

— Pourquoi appuyer sur ces détails pénibles ? prononça lentement Johann Spurzheim.

— Du poison ! murmura Falcone.

Spurzheim ouvrit la boîte.

— Des pastilles, répondit-il.

Falcone prit la boîte. Spurzheim poussa un gros soupir et répéta une fois encore :

— Je sais bien que je la regretterai !

Falcone dit :

— Il y a pacte entre nous, seigneur... Malheur à qui de nous deux se dédira !

Il se dirigea vers la porte. Du fond de son antre Johann le suivait du regard.

— A bientôt ! dit-il.

— A bientôt ! répondit Falcone, qui disparut sans rien ajouter.

Spurzheim eut un petit rire sec et cassé.

— Je les enterrai tous ! murmura-t-il ; tous ! je suis maigre, mais il y de la vie là-dedans !

Il regardait ses bras qui, malgré la grosse étoffe ouatée de sa robe de chambre, avaient l'air de deux baguettes. La présence de Pier Falcone l'avait gêné, paraîtrait-il, pour ouvrir ces trois mystérieuses lettres qu'il tenait à la main, car il les examina soigneusement dès que la porte se fut refermée.. Les trois cachets étaient semblables et présentaient un écusson portant, sur champ de gueules, un cœur d'or percé de deux épées du même en sautoir.

— Comment n'a-t-elle pas vu cela ? pensait-il tout haut ; l'écusson de Monteleone !

Il toucha le cachet de la première lettre pour l'ouvrir, mais il se ravisa et la plaça entre les deux autres sur une tablette qui était au dedans de son fauteuil.

— Il faut que je fasse ma besogne auparavant ! se dit-il.

Pour faire sa besogne, la première chose était de se lever. Terrible travail ! Il dut croire un instant qu'il n'y parviendrait point. Ses deux mains, crispées sur les bras de son fauteuil, avaient beau faire effort, il ne pouvait soulever son buste, qui toujours retombait en arrière. Mais enfin, ayant pu saisir à la fois les deux parois, il se guinda debout sur ses jambes tremblottantes.

— Quelle force j'ai encore ! prononça-t-il tout haut, dès que son épuisement lui permit de parler.

Il eût bien voulu essuyer son front qui ruisselait de sueur ; mais il n'osait quitter ses appuis. La tête lui tournait un peu dans cette position périlleuse d'un homme debout, soutenu à droite et à gauche, ayant un siége derrière lui et une table pardevant. Certes, notre ami Cucuzone eût été plus à son aise perché sur un seul pied à la pointe du paratonnerre de la cathédrale, mais Johann se contentait de peu. Il était satisfait.

Après avoir repris haleine il abandonna d'une main la paroi de sa guérite pour saisir le rebord de la table. Ce fut encore un triomphe. A l'aide de ce nouveau point d'appui il fit un pas, c'est-à-dire que sa jambe droite se traîna de deux ou trois pouces en avant. Pour le coup il s'écria dans la joie de son cœur :

— Oh ! oh ! ils me croient impotent !

Ainsi s'accrochant à tous les meubles, il parvint jusqu'à la porte par où Pier Falcone venait de sortir. Il en poussa le verrou en disant :

— Et d'une !

Puis il recommença son travail herculéen. Il s'agissait de traverser toute la chambre et d'atteindre cette autre porte, dont le docteur avait enlevé la draperie pour l'étendre à terre, entre la guérite de Johann et le siége préparé pour le visiteur attendu à cette heure si avancée de la nuit. Johann s'arrêta bien des fois en chemin.

— C'est loin ! se disait-il ; ce que je fais là est énorme !

Quand il arriva à la seconde porte il fit le contraire de ce qu'il avait fait à la première. Le verrou était mis ; il l'ôta. Et, ma foi, jetant de côté tout respect humain, ce directeur, sûr de n'être point vu, regagna sa guérite à quatre pattes.

Quand il fut parvenu à se replacer dans son fauteuil, Johann Spurzheim poussa un long soupir de soulagement. Il caressa même sa pauvre poitrine qui lui donna la sensation d'une plaie qu'on brutalise. La première lettre fut décachetée. Elle était écrite en chiffres qui n'avaient nul rapport avec ceux que nous connaissons et disait : « Pour me rendre digne de la confiance de Votre Excellence je me suis mis tout de suite au travail. Je sens autour de moi les fils de cette trame mystérieuse ; je suis sûr de pouvoir les saisir. Demain, j'aurai l'honneur d'en dire plus long à Votre Excellence, dont je me déclare avec respect, etc., etc. »

Cette lettre était datée de l'avant-veille au matin. Il y avait, par conséquent, deux jours que Johann aurait dû la recevoir. Elle était signée d'une simple croix et d'un chiffre 133.

— Il n'y a pas grand'chose, se dit Johann ; Pas un mot des deux enfants. Voyons les autres.

Il décacheta la seconde lettre. Voici ce qu'elle contenait :

« J'ai bien travaillé depuis hier. Je suis novice à ce métier d'espion, et bien vieux pour faire un apprentissage, mais le but qui est devant mes yeux me soutient. Il faut que les enfants de mon maître aient du pain. J'ai appris plusieurs choses. Je juge qu'elles vous paraîtront importantes. J'irai vous les dire ce soir... »

— Ce soir ! voyons la date.
La lettre était datée de la veille.
— C'était hier ! il est venu hier !
Il y avait dans son accent une très vive inquiétude.

« Je vous prie instamment, continuait la lettre, de vouloir bien me faire introduire auprès de vous ; hier j'ai frappé en vain à votre porte privée... »

— Il est venu aussi avant-hier ! dit encore Johann Spurzheim.
Et il fit un geste de violent dépit. La lettre s'achevait ainsi :

« J'ai absolument besoin de voir Votre Excellence, ou tout autre membre du gouvernement du roi à qui je puisse faire ma déclaration... »

Et une croix pour signature avec le chiffre 133.
— Ou tout autre membre du gouvernement du roi ! répéta le directeur d'une voix altérée.
Sa main tremblait si fort quand il prit la troisième lettre, qu'il eut de la peine à la décacheter. D'un coup d'œil avide il la parcourut d'un bout à l'autre. Elle était datée du matin même de ce jour et disait :

« J'ai trouvé encore une fois fermée la porte de Votre Excellence. Je veux attendre jusqu'à ce soir avant de m'adresser à un autre qu'à vous. Passé ce soir, je suis dans l'intention d'aller tout droit au ministre d'État ou au roi lui-même à dix heures ; je frapperai à la porte de votre cabinet. »

Vous eussiez entendu distinctement les dents de Johann Spurzheim claquer les unes contre les autres, au fond de sa guérite.
— Il est venu! gronda-t-il ; il est onze heures et demie ! Peut-être qu'en ce moment même il est chez le ministre d'État... Je suis perdu !

Il froissa d'abord la lettre avec rage ; mais, se ravisant bientôt, il la repassa sur son genou pour en terminer la lecture.

« J'ai deux raisons pour en agir ainsi, poursuivait son correspondant mystérieux : d'abord, j'en sais trop long pour garder plus longtemps le silence, en second lieu, j'ai besoin, horriblement besoin ! Les deux enfants de mon maître ont faim. »

La croix et le chiffre 133 étaient tout au bas de la page. Johann allait déchirer le papier, lorsqu'il aperçut au-dessus de la croix, sur l'extrême rebord de la lettre, les quatre majuscules qui invitent à tourner la page. Il la tourna ; au revers, quelques mots étaient encore écrits. Johann lut :

« Si votre Excellence ne pouvait m'attendre à dix heures, je ferais une dernière démarche et je reviendrais à onze heures et demie, sachant que le ministre d'État et le roi passeront toute la nuit au palais Doria-Doria. »

Johann Spurzheim respira longuement. Il jeta un regard rapide vers la pendule qui, juste à ce moment, sonna la demie de onze heures. Au même instant, on frappa trois coups timides et discrets à la porte dont il venait d'enlever le verrou.

VI

LE NUMÉRO 133

Le premier mouvement de Johann fut de fouiller dans son sein. Sa main y rencontra une clé suspendue à un cordonnet de soie. Son œil brilla. C'était tout ce qu'il lui fallait sans doute, car il prononça d'une voix assurée : « Entrez ! » La porte s'ouvrit aussitôt, montrant un long et obscur couloir au bout duquel on apercevait un réverbère lointain.

Celui qui entra avait l'air d'un vieillard. Cependant, à le regarder bien, on pouvait deviner que cette taille avait été courbée plus encore par la fatigue et le chagrin que par l'âge. Quand il eut refermé la porte derrière lui, son regard fit le tour du cabinet, cherchant le maître de céans. Ce regard était humble et craintif.

L'homme avait pour vêtement un costume complet de paysan sicilien, qui accusait de trop longs services. Il tenait à la main son chapeau, de cette façon qui demande grâce. Son regard ne rencontra rien que les sombres tentures du cabinet, lequel était plus austère encore dans son ameublement, s'il est possible, que la chambre à coucher de Johann Spurzheim. Le nouveau venu, surpris de cette solitude, s'arrêta au milieu de la chambre, et demanda :

— Le seigneur directeur n'est-il point ici ?

Une voix cassée lui répondit :

— Approchez de la table.

D'où venait cette voix ? Le nouvel arrivant cherchait en vain à le deviner. Johann répéta son ordre avec impatience et comme en parlant il avait frappé les parois de sa niche, celle-ci remua. Le pauvre homme comprit qu'il y avait quelqu'un là-dedans. Il s'avança courbé en deux. Johann lui dit :

— Asseyez-vous là, près de la lampe, j'aime à voir clair sur le visage de ceux que j'interroge.

Le pauvre homme put penser que du moins le seigneur Spurzheim n'aimait pas à être vu. Son regard timide s'étant tourné, en effet, vers l'ouverture de la guérite, il ne vit rien qu'un trou sombre, au fond duquel une forme indistincte s'agitait. Il s'assit et mit son chapeau entre ses jambes.

— Levez la tête ! ordonna Johann, et regardez de mon côté.

Le pauvre homme obéit. Les rayons de la lampe tombaient d'aplomb sur son crâne où blanchissaient de rares cheveux. C'était une de ces braves têtes de vieux serviteurs, comme on n'en voit plus guère que dans les tableaux et dans les livres. Il avait les traits beaux, mais l'énergie manquait. Au fond de sa guérite, Johann Spurzheim le dévorait des yeux.

Le connaissait-il, et cette vue réveillait-elle en quelque lointain souvenir ? Il passa sa main sur son menton pointu à deux ou trois reprises. Ses lèvres blêmes remuèrent sans produire aucun son. Il se disait à lui-même :

— C'est lui ! Est-ce que j'ai vieilli autant que cela ?

— C'est vous qui êtes le n° 133 ? demanda-t-il brusquement et tout haut.

— Oui, seigneur, répondit le pauvre homme.

— C'est vous qui m'avez écrit ces trois lettres coup sur coup ?

— Oui, seigneur.

— Qui vous a porté à me faire votre première demande pour entrer dans la police royale ?

— Le besoin.

— Avez-vous fait déjà le métier d'espion quelque part ?

La tête de l'agent de police n° 133 se releva soudain si fière, que vous auriez eu de la peine à le reconnaître, mais ce mouvement de l'honnêteté révoltée ne dura qu'une seconde ; le front du pauvre homme s'inclina de nouveau sur sa poitrine, tandis qu'il répondait doucement :

— Non, seigneur, jamais.

— Vous êtes bien vieux, pour commencer votre apprentissage.

— Seigneur, s'il ne se fût agi que de moi, je serais mort avant de l'entreprendre, mais j'ai deux enfants...

— Vous ne me comprenez pas ! interrompit Johann ; que m'importent vos deux enfants et vous ? Je dis qu'à votre âge on n'a plus cette souplesse, cette activité...

— Que Votre Excellence veuille bien entendre mon rapport, interrompit le pauvre homme à son tour ; je ne prétends pas être bien habile, mais d'anciennes relations et le hasard m'ont servi à ce point que je puis mettre le gouvernement du roi sur les traces de toute une armée de malfaiteurs.

— Ce qui vous manque, l'ami, ce n'est pas du moins la bonne opinion de vous-même... voyons vos renseignements.

Le n° 133 prit dans sa poche un portefeuille usé et l'ouvrit.

— Avant de commencer, dit Spurzheim comme si une idée lui fut tout à coup venue : Avez-vous trouvé, acheté ou volé ce cachet qui vous sert à fermer vos lettres ?

— Mon pauvre cachet ! En le vendant, j'aurais eu du pain pour les enfants !

Ses yeux humides ne pouvaient plus lire l'écriture tracée sur ses tablettes :

— Seigneur, dit-il, je ne sais pas marchander ; je vous dirai tout d'un seul coup, certain qu'un digne magistrat, comme vous l'êtes, n'abusera point de ma bonne foi. Souvenez-vous que j'ai une lourde charge...

Johann frappa du pied. Le n° 133 s'interrompit aussitôt et commença.

— A l'heure où je vous parle, seigneur, un hardi jeune homme, qui a parcouru jadis la Sicile et les Calabres sous le nom de chevalier d'Athol, et qui sert ou commande aujourd'hui les Compagnons du Silence, rôde autour du Castel-Vecchio pour délivrer le prisonnier qu'on doit exécuter demain. Il est suivi par une femme qui porte le costume de marchande d'oranges, et des milliers de mystérieux soldats lui obéissent.

— Passe ! fit dédaigneusement Johann ; le dernier de mes commis sait où prendre Beldemonio et Fiamma.

— Pourquoi donc ne les prend-on pas ? demanda l'agent avec naïveté.

— Tu n'es pas bon chasseur, l'ami, si tu ne sais distinguer le halbran appelant du halbran sauvage...

— Quoi ! s'écria le n° 133, Beldemonio serait avec vous !

Johann éclata de rire.

— Crois-tu donc que nous t'avons attendu pour avoir une police, dit-il ; ton renseignement ne vaut pas un denier tournois, passe !

— Seigneur, je vous prie de m'excuser : l'expérience viendra.

— Quand l'expérience sera venue, ami 133, répliqua Johann, tu sauras qu'il n'est pas bon de menacer un homme tel que moi. Dans tes lettres, dont le style serait pardonnable à peine pour un enfant, tu parles du ministre d'Etat et du roi. Tous ceux qui ont essayé d'aller directement à l'un ou à l'autre ont mal fini, je t'en préviens !

— M'est-il permis de demander pourquoi, seigneur ?

— Parce que je n'aime pas cela, repartit Johann sèchement. Marche et dépêche-toi !

Le n° 133 reprit d'une voix un peu tremblante :

— Quand j'ai osé vous écrire pour la première fois, seigneur, j'avais mon plan. Je savais que Sa Majesté le roi Ferdinand, le prince François et vous, par conséquent vous étiez très-fort préoccupés de cette association ténébreuse et puissante...

— Pas de grands mots, l'ami : au fait !

— En bon italien, seigneur, repartit l'agent qui se cabra sous ces dures paroles, je savais que l'histoire de Mario Monteleone revient sur l'eau à la cour.

— Et tu la connais, cette affaire ?

— Un peu, seigneur.

— Ce n'est pas assez.

— Laissez-moi dire, je vous prie ; le roi n'ignore plus que l'origine de la confrérie du Silence est là-dedans. Le roi sait quel brigandage s'est caché sous le masque de la vengeance. Le roi cherche les Compagnons du Silence pour les punir, mais il cherche la veuve et les enfants de Mario Monteleone pour leur rendre leurs titres et leurs biens.

— Et comptes-tu gagner ton argent en espionnant le roi, l'ami ?

— Laissez-moi dire, seigneur, répéta le n° 133 d'un ton soumis, mais ferme ; je compte gagner mon argent en servant le roi dans ses désirs et dans ses volontés. Vous ne m'effrayez pas, parce que je sais que sous votre rudesse se cache une haute équité ainsi qu'un profond dévoûment à nos princes. Voulez-vous que je vous parle de la veuve et des enfants de Mario, comte de Monteleone ?

Johann ne répondit pas tout de suite, parce qu'il sentit que son émotion tremblerait dans sa voix. C'était dans ces moments que la guérite lui rendait de précieux services.

— Parle, dit-il enfin.

— Les deux enfants de Mario Monteleone n'ont jamais reçu la moindre marque d'intérêt de ces prétendus vengeurs de leur père, les Compagnons du Silence...

— Depuis combien de temps ont-ils quitté la Sicile?

— Ah!... fit l'agent interdit, Votre Excellence sait qu'ils ont habité la Sicile?

— Mon Excellence en sait plus long que toi, et tu me parais destiné à voir qu'il n'est pas très-facile de tromper Mon Excellence. Je sais qu'il y avait naguère en Sicile un jeune garçon et une jeune fille, élevés par un quidam du nom de Manuele Giudicelli. Ce brave a fait des démarches autrefois à la cour, mais pour réclamer un héritage, il faut des titres. Ce Manuele n'a jamais pu en fournir.

En disant cela, Johann dardait son regard sur le n° 133. Je ne sais quelle idée venait de traverser en ce moment la cervelle de celui-ci, mais il eût donné deux palettes de son sang pour distinguer le visage du directeur de la police royale.

— Ce qu'on n'a pu faire un jour, on le fait le lendemain, murmura-t-il.

— As-tu donc quelque accointance avec ce Manuele Giudicelli?

— Non, répondit l'agent sans hésiter.

Et il y eut un silence.

— Est-ce tout ce que tu avais à me dire?

— A Dieu ne plaise, seigneur ! s'écria le n° 133, car je craindrais de n'avoir point, jusqu'à présent, mérité mon salaire, or, il me faut un salaire à tout prix !

— Je t'écoute... mais dis-moi d'abord si ces deux jeunes gens, dont nous parlions tout à l'heure, sont présentement à Naples.

— Seigneur repartit le n° 133, mes deux enfants à moi ont été élevés auprès de Catane, dans le même village que ceux-ci, voilà comment j'ai connu ces jeunes gens qu'on dit être héritiers du Monteleone. Je ne leur porte d'intérêt que pour l'amitié qui était entre eux et mes enfants. La dernière fois que je les ai vus, c'était là-bas dans la Calabre ultérieure deuxième, au hameau du Mortorello.

— Qu'allais-tu faire dans ce pays-là ?

— C'est sur la route de Sicile ; j'amenais mes enfants de Catane à Naples.

— Alors, tes enfants à toi, sont ici ?

— Oui, seigneur.

— Passe ! et ne perdons plus notre temps.

Le n° 133 se recueillit durant une seconde.

— Si le gouvernement du roi peut nier l'identité du fils et de la fille de Mario Monteleone, reprit-il, parce qu'ils ne sont pas porteurs de leur acte de naissance, il n'en est pas de même, je suppose, pour la veuve du noble comte...

— Tu connaitrais sa retraite ! s'écria Johann avec une vivacité qu'il regretta aussitôt, car il s'empressa d'ajouter : Mais voilà vingt fois que des imposteurs nous parlent de celle-là !

— Je ne suis pas un imposteur, prononça simplement le n° 133.

— Et que veux-tu me dire de la veuve de Monteleone ?

— Je veux vous dire qu'elle est à Naples.

Il entendit que Spurzheim bondissait sur son siège.

— En es-tu sûr ? demanda celui-ci.

— J'en suis parfaitement sûr.

— Qui te l'a dit ?

— Je l'ai vue.

— Quand l'as-tu vue ?

— Ce matin.

Johann mit son doigt sur son front entre ses deux yeux.

— Pauvre Barbe ! pensait-il ; à l'heure qu'il est, ma boite de pastilles doit être sur sa table de nuit.

Comme si le hasard eût voulu répondre à cette parenthèse on frappa légèrement à la porte intérieure du cabinet, à celle par où Pier Falcone était sorti et que Johann avait naguère fermée lui-même au verrou. C'était Pier Falcone qui revenait, il n'y avait pas à en douter.

— Quoi de nouveau, ami ? lui cria Johann de sa place.

Et il ajouta par précaution :

— Je ne suis pas seul.

— Votre commission est faite, seigneur, répondit Falcone.

— C'est bien. Allez m'attendre dans ma chambre à coucher, je suis à vous.

On entendit le docteur remonter l'escalier.

— Ce que tu me dis doit être vrai, mon camarade,

reprit Spurzheim en s'adressant à l'agent; mais tu n'as pas de bonheur; un autre me l'avait dit avant toi.

— Cet autre vous avait-il appris aussi d'où vient la comtesse de Monteleone, seigneur?

— Non! s'écria Spurzheim vivement; j'avoue que voici du nouveau.

— J'espère apprendre à Votre Excellence des choses encore plus importantes, repartit le n° 133. Maria des Amalfi vient de France.

— Elle y est restée longtemps?

— Depuis le jour du mois de novembre dernier où l'on célébra l'anniversaire de Monteleone en la basilique du Corpo-Santo.

— Elle fut enlevée cette nuit-là même?

— Elle fut embarquée le lendemain.

— Et ce voyage de France avait un but?

— Un grand but. Il est à Marseille un praticien célèbre, le docteur Daniel Bach, élève et compatriole de cet immense génie, Samuel Hahnemann qui vient de créer une science nouvelle. Daniel Bach, ainsi que son maître, a des armes inconnues pour combattre ces fléaux ennemis de l'homme : la maladie, la folie, la mort...

— Halte! ordonna Johann. Prends une plume et du papier sur mon bureau, ce médecin a fait de belles cures?

— Il a guéri la comtesse de Monteleone de sa folie, répliqua l'agent.

Johann laissa échapper une exclamation de surprise. Si le n° 133 eût pu le voir en ce moment, il aurait à coup sûr éprouvé de la peine à bien définir l'expression de sa physionomie. Il y avait là du plaisir et de l'embarras à la fois.

— Ce sera plus difficile ! murmura-t-il entre ses dents ; je regretterai la pauvre Barbe !

— J'ai la plume et le papier, seigneur, dit l'agent.

— Écris-moi lisiblement, exactement surtout, le nom et l'adresse de ce médecin de Marseille, je connais quelqu'un qui est très-malade, bien qu'il ne soit pas menacé de mort.

L'agent écrivit : « Le docteur Daniel Bach, rue des Chartreux, n° 4. » Johann ne lui demanda point comment il connaissait cette adresse. Il dit :

— L'ami, rien que pour ce renseignement je suis ton débiteur ; tu seras récompensé ; continue.

— J'ai dit tout ce que je sais à cet égard, seigneur.

— Comment ! se récria Johann, tu ignores le nom de celui qui a embarqué la comtesse Maria pour la France ?

— Je l'ignore.

— Et qui l'a ramenée ?

— Le patron du *Pausilippe*.

— Pour le compte de qui ?

— Je le lui ai demandé, seigneur, il a refusé de le dire.

— Je l'interrogerai demain.

— Il est reparti ce soir.

— Maria des Amalfi était-elle seule à bord ?

— Seule avec une demoiselle de compagnie.

— Tu l'as vue, celle-là ?

— Oui, seigneur.

— Son signalement ?

— Jeune, alerte, vive, rieuse, brune, très-jolie.

— Pas de signe particulier?

— Le dessous des paupières marqué comme les filles de race zingare, les sourcils trop forts, du poil follet à la lèvre.

Johann réfléchissait.

— Tu fais bien les signalements, mon camarade, dit-il ; et personne n'est venu les recevoir au môle?

— Si fait, seigneur.

— Un homme?

— Un jeune homme.

— Le connais-tu?

— Non, seigneur, et j'ai fait de vains efforts pour le connaître.

— Y a-t-il longtemps que tu es à Naples?

— Huit jours.

— Alors il est étonnant que tu ne connaisses pas encore celui dont tu parles.

— Vous le connaissez donc, vous, seigneur? demanda l'agent, dont les yeux exprimèrent la curiosité la plus vive.

— Peut-être, mon camarade. Comment est-il fait, ton jeune homme?

— Grand, élégant, fier, et d'une beauté que je n'ai encore vue à personne.

— Les gens du peuple qui étaient là partageaient ton ignorance?

— Au contraire, seigneur. On le connaissait si bien que chacun m'a ri au nez quand j'ai demandé son nom.

— Et comment le désignaient-ils entre eux?

— Ils l'appelaient « le prince. »

Johann sourit derrière l'abri de sa guérite.

— L'ami, dit-il, je crois connaître notre homme, mais toi, je t'engage à prendre garde ! tu me caches quelque chose.

— Vous vous trompez, seigneur.

— D'après l'intérêt que tu portes à la comtesse de Monteleone, intérêt que tu m'as laissé voir, il est impossible, que tu n'aies point fait effort pour suivre son mystérieux chevalier.

Depuis quelques minutes la voix du directeur de la police royale se voilait de plus en plus. Il avait dans sa retraite obscure de petites toux sèches et courtes. Depuis une grande heure, cet homme, qu'on n'aurait pas cru capable de réciter un *Ave* jusqu'au bout, agissait et parlait sans relâche. Malgré la vaillance extraordinaire de sa nature morale, sa faiblesse le domptait.

— Seigneur, lui répondit cependant l'agent, vous avez deviné juste. J'ai essayé de suivre celui qu'on appelait le prince, et malgré la rapidité de son magnifique attelage, j'avais réussi à ne le point perdre de vue, mais il m'est arrivé quelque chose en chemin, et j'allais tout naturellement raconter cet incident à Votre Excellence. J'ai un vieil ami qui est employé au ministère d'État. Au ministère d'État, on s'occupe d'une bien grosse affaire.

— Quelle affaire, mon camarade ? demanda Johann négligemment.

— On s'occupe, seigneur, de rassembler les pièces d'un procès qu'on doit faire à un homme très-puissant qui remplit de très-hautes fonctions, et qu'on soupçonne de trahir la confiance du gouvernement et du roi.

Les parois du fauteuil remuèrent. Johann avait dû violemment tressaillir.

VII

LA FIN DE L'INTERROGATOIRE

Il paraîtrait que le seigneur Johann Spurzheim s'intéressait à ce haut dignitaire qu'on soupçonnait d'avoir trahi la confiance du gouvernement et du roi, car il reprit :

— Raconte-moi cela en détail, mon camarade. Les vieux employés sont bavards, ton ami du ministère d'État doit t'en avoir dit long au sujet de cette grosse affaire.

Malgré l'abri qui le cachait, malgré le ton d'indifférence qu'il donnait à sa voix, Johann n'aurait pas réussi à dissimuler son émotion, s'il eût été en face d'un observateur ; mais le n° 133 n'était pas un observateur. Il avait en outre grande hâte d'en finir, car sa présence était nécessaire ailleurs.

— C'est que, dit-il, on m'a confié cela sous le secret, Excellence !

— C'est donc bien grave !

— Cela me paraît excessivement grave.

— A-t-on prononcé devant toi le nom de ce fonctionnaire suspect ?

— Non, seigneur.

— T'a-t-on désigné sa charge ?

— En aucune façon.

Johann respira dans son trou.

— L'ami, reprit-il sans avoir besoin de jouer la comédie cette fois, je suis harassé de fatigue. Je ne veux pas d'un agent comme vous, à qui il faut tirer les paroles du corps. Vous refusez par le fait de répondre à mes questions ; en conséquence, vous ne méritez aucun salaire : retirez-vous et que Dieu vous garde !

Le pauvre n° 133 resta tout abasourdi. Ses paupières battirent, brûlées qu'elles étaient par des larmes.

— Seigneur ! seigneur ! s'écria-t-il, ayez pitié de moi ! Il est bien vrai que je ne suis pas un espion ordinaire, je vends ma conscience à cette heure que je regretterai toute ma vie, parce que je ne trouve pas à vendre ce qui me reste de sang ! Seigneur ! je vous dirai tout ce que je sais : au nom du Dieu de miséricorde, ne me renvoyez pas les mains vides !

— Parle donc, et ne me force plus à t'interroger. Je te l'ai dit : si je suis content de toi, tu seras payé généreusement.

— Seigneur, reprit le n° 133 après s'être un instant recueilli, je vais vous raconter tout ce qui s'est passé entre moi et mon vieil ami. Je suivais de mon mieux l'équipage en question, lorsque, au bas de la rue de Tolède, j'ai entendu qu'on m'appelait par mon nom. Vous n'exigez pas, je pense, que je vous dise celui du pauvre employé ?

— Non, abrége !

— Toi qui es Calabrais, m'a-t-il dit, ne connaîtrais-tu point Battista Giubetti, l'ancien véturin de Monteleone ? J'ai répondu : Je le connaissais autrefois. — Sais-tu où il demeure ? — Il y a des mois que je ne l'ai vu, et j'ignorais sa présence à Naples. — Le pauvre diable, m'a dit mon ancien camarade, a quitté le pays après avoir perdu sa femme, qui lui fut enlevée par un de ces coquins, les *Cavalieri Ferrai*. — Et pourquoi cherches-tu Battista ? — Parce qu'il a été Compagnon du Silence et qu'il a juré la vendetta contre ses anciens maîtres. Je ne connais que lui qui puisse nous traduire un chiffre dont nous sommes gravement embarrassés.

— Écris-moi ce nom du Battista Giubetti, ordonna Johann, au-dessous du nom du médecin marseillais ; je compte faire quelque chose pour lui. Après ?

— Votre Excellence a bon cœur !... J'ignorais l'adresse du Giubetti ; mais une idée venait de naître en moi. A une époque déjà bien éloignée, alors que les Compagnons du Silence s'appelaient les Frères du Charbon et du Fer, j'ai été initié à leurs mystères...

— Ah ! ah ! fit Johann comme malgré lui.

— Oui, seigneur, mais c'était alors une association de chrétiens, gouvernés par un juste. Le saint Mario Monteleone ne combattait qu'un ennemi : la misère, fille de la paresse et du vice...

— Passe ! dit Johann.

— Comme je n'avais qu'une pensée, poursuivit l'agent, gagner de l'argent, je dis à mon homme : Si vous voulez, j'essayerai de traduire votre chiffre. — Tu le pourrais ! — Si c'est l'ancien chiffre des *Cavalieri Ferraï*, oui, je le pourrais. — Et tu nous en donnerais la clé ?... J'hésitai un instant, seigneur ; mais comme, en définitive, les gens qui se servent maintenant de ce chiffre sont d'odieux bandits, je pensai que je le pouvais en conscience.

— L'ami, dit Johann avec onction, tu es un honnête homme, et j'approuve ta conduite sans réserve.

— J'en suis heureux, seigneur. Mon vieux camarade avait sur lui les pièces pour le cas où il eût réussi à trouver le Battista ; il me les montra ; c'était bien le chiffre des *Cavalieri Ferraï*...

— Et les pièces ? demanda Johann.

— Les pièces consistaient en quatre notes, deux de Londres, une de Paris, une de Marseille.

— Adressées à qui ?

— Au grand dignitaire en question.

— Alors tu sais son nom ?

— Seigneur, chacune de ces pièces avait dû parvenir sous pli, et je n'ai pas vu les enveloppes.

— Comment ces pièces étaient-elles tombées entre les mains de ton vieux camarade ?

— C'est bien simple, le dignitaire qu'on soupçonne est malade et absent de son service. Les pièces lui ont été adressées au ministère, et la première a été décachetée par erreur...

— Les autres à dessein ?

— Bien entendu, comme toutes celles qui lui parviendront désormais.

— Parfait! Revenons aux pièces. Tu les as traduites séance tenante?

— Non, seigneur. Il y a bien du temps que toutes ces choses étaient sorties de ma mémoire. J'ai prié mon ami de me confier les pièces, afin que je pusse dresser ma clé à tête reposée et faire la traduction.

— Combien as-tu demandé de temps pour cela?

— Un jour.

— Tu dois les rendre demain matin?

— Précisément, seigneur.

— Alors, s'écria Johann avec un singulier accent de triomphe, tu les as sur toi, donne-les!

Le n° 133, pris au piége de ses propres réponses, n'obéit pas cependant.

— Seigneur, répondit-il, cela m'est impossible. Le métier que je fais en ce moment peut n'être pas celui d'un homme d'honneur, mais j'ai de l'honneur. Les pièces ne m'appartiennent pas; si on veut les prendre par la force, je les défendrai.

Johann eut dans l'ombre de sa guérite son petit rire sec et cassé.

— Moitié espion, grommela-t-il, moitié chevalier errant, tu es un drôle de corps. On ne te prendra point tes paperasses par la force, sois tranquille. Seulement tu vas m'en dire le contenu.

— Seigneur...

— Ah! pas de réplique cette fois! prononça durement le directeur de la police royale.

Il ajouta pendant que le pauvre diable hésitait :

— Fou que tu es, penses-tu que je ne sache pas toutes ces choses mieux que toi ! L'employé qui t'a donné ces pièces est le vieux Benedetto Guerra : il sort d'ici, et c'est à cause de sa présence que je t'ai laissé frapper en vain tout à l'heure.

L'agent n'avait aucun moyen de savoir que le directeur faisait là un effronté mensonge.

— S'il en est ainsi, seigneur, dit-il, pourtant point n'est besoin de vous conter l'histoire, puisque vous la savez...

— Les pièces, interrompit Johann ; montre-moi les pièces, ou donne-m'en lecture, à ton choix.

Le n° 133 ouvrit une case de son porte-feuille et y prit cinq carrés de papier dont il déplia le premier.

— Ceci est la clé, dit-il, elle est formée des lettres composant le premier vers de la chanson de Fioravante, qui sert aussi d'appel et de mot d'ordre aux Compagnons du Silence : *Amici, allegre andiamo alla pena !* Si votre Excellence veut l'alphabet, le voici.

Johann tendit la main hors de la gérite. A l'aspect de cette main, horriblement décharnée et qui réellement semblait sortir de la tombe, l'agent laissa tomber la feuille et poussa un cri d'étonnement.

— Ramasse cela, dit Johann avec son rire strident ; je n'ai pas les doigts potelés, c'est vrai, mais je suis tout nerfs, et je souhaite que tu vives aussi vieux que moi !

Le n° 133 ramassa la feuille et la lui donna. Cette feuille contenait seulement l'alphabet du Silence ainsi ordonné : les lettres de l'alphabet ordinaire en regard des lettres cabalistiques, qui toutes étaient des capitales :

a — A	j — E	s — M^2
b — M	k — G	t — O
c — I	l — R	u — A^5
d — C	m — E^2	v — L^3
e — I^2	n — A^3	x — L^4
f — A^2	o — N	y — A^6
g — L	p — D	z — P
h — L^2	q — I^4	
i — I^3	r — A^4	

— Curieux ! dit Johann après y avoir jeté un coup d'œil ; Il me semble que j'ai sur moi plusieurs pièces écrites de cette façon. C'était pour moi du sanscrit. Vous êtes un homme très-précieux, mon camarade ! Désormais, le gouvernement du roi va surprendre aisément tous les secrets de ces misérables.

— On l'espère, répondit l'agent qui se voyait grandir.

La main cadavéreuse sortit une seconde fois de l'ombre ; elle tenait un papier autre que celui donné par le numéro 133.

— C'est le même chiffre ! s'écria celui-ci dès qu'il y eut porté les yeux.

— On m'en apporte comme cela de temps en temps, prononça Johann du bout des lèvres ; veuillez me déchiffrer celui-là, qu'on a saisi à la poste depuis peu.

Le numéro 133 épela les premiers mots et pâlit.

— Eh bien !... dit Johann lisez tout haut : je veux savoir.

Son œil, demi-clos, d'où s'échappait un rayon véritablement satanique, couvait le pauvre agent qui tremblait, mais qui lut cependant : « On prévient David Heimer que Manuele Giudicelli est à Naples avec les deux enfants de Catane. »

— David Heimer ! s'écria Johann feignant la surprise ; c'était un des chevaliers forgerons !

— Nous le trouverons, seigneur ! s'écria de son côté l'agent avec une singulière passion ; je jure que s'il est à Naples, il ne nous échappera pas !

— Vous le connaissez ? demanda Johann.

— Si je le connais ! si je connais David Heimer !

— Vous avez contre lui quelque animosité personnelle ?

Le sang avait monté aux joues de l'agent qui faisait de visibles efforts pour garder son calme.

— Que Dieu me pardonne ! murmura-t-il ; je ne puis mentir, je le hais jusqu'à la mort !

Johann tournait doucement ses pouces dans sa niche et souriait. C'était un sourire de chat-tigre. Le n° 133 reprit :

— Voyons les pièces de nos amis ; la première est datée de Londres. Elle annonce à ce correspondant inconnu, le haut dignitaire, qu'un diamant d'un prix inestimable, le *Pundjaub*, soustrait par un mineur dans les carrières du Mogol, a été offert au roi d'Angleterre par le conseil de la compagnie des Indes, et que le diamant est à la taille chez un célèbre lapidaire de Paris. Elle demande si Sa Majesté le roi Ferdinand de Naples achèterait ce diamant, au cas où l'on parviendrait à le détourner. Cette première lettre est signée Brown. Elle a dû nécessiter une réponse.

— J'ai une copie de la réponse, dit Johann, qui ajouta presque aussitôt après : Ces pauvres gens du ministère d'État ont cru faire une bien belle découverte !

— Je vous fais observer, seigneur, repartit l'agent, que leurs seigneuries ne savent pas même de quoi il s'agit. C'est moi qui dois leur porter demain le mot de l'énigme. Leurs soupçons ne se portent que sur le haut fonctionnaire.

Le rire de Johann se fit entendre.

— Alors, dit-il, tu es bien sûr qu'ils n'ont pas la moindre connaissance de l'affaire ?

— Pas la moindre.

Johann prit dans son sein cette petite clé qui pendait à son cou par un cordon de soie. Il l'approcha d'une serrure placée à portée de sa main dans la paroi de sa guérite, mais il ne l'y introduisit point encore, et se ravisant :

— Voyons les autres pièces, dit-il.

— La seconde, répondit l'agent, est datée de Paris et signée du même nom de Brown. Elle porte en substance qu'il en a coûté quinze cents louis pour faire fabriquer et tailler un diamant faux exactement semblable au *Pundjaub* : que le diamant faux a été susbtitué au véritable *Pundjaub* dans le laboratoire du lapidaire, et qu'on attend de l'argent pour diriger le vrai sur Naples.

— N'y a-t-il pas une petite croix à l'encre rouge sur l'original ? demanda Johann.

— Elle a passé sous les yeux de Son Excellence ! fit l'agent stupéfait.

— Ah ! que le roi est bien servi par les habiles du ministère d'État ! murmura Spurzheim avec un suprême dédain. A la troisième !

— Daté de Marseille, seigneur, et signé Brown. Le aux diamant est parti pour Londres ; le vrai voyage sur la route de Naples. On le cédera à Sa Majesté, moyennant une somme de quinze cent mille ducats, au change de quatre francs vingt-cinq centimes le ducat, argent de France.

— Ce qui donne six millions trois cent soixante-quinze mille francs, dit Johann. Ce n'est pas cher pour un diamant de cent soixante-seize carats. A présent, voyons la quatrième pièce.

— Elle porte en note dit l'agent : *Ne doit être communiquée à personne, pas même aux maître du Silence.*

Johann laissa échapper ces paroles :

— Je ne connais pas cela !

— Cette quatrième pièce, dit le numéro 133, ne porte ni signature ni suscription. Elle n'a point été saisie avec les autres. On l'a trouvée au logis d'un marin du port, qu n'a pu être arrêté et qui se nomme Sansovina.

— Et que dit-elle ?

— Quelque chose de très-étrange, seigneur. Elle dit que ce Brown, déjà parti de Marseille et en route pour

Naples, croit de bonne foi être porteur du vrai diamant le *Pundjaub*...

— Et qu'il se trompe ?

— Et qu'il se trompe, le véritable *Pundjaub* étant vendu à l'empereur de Russie pour la somme de quatre millions de roubles...

— A la bonne heure ! s'écria Johann ; nous en savons assez mon camarade, mets tes papiers dans ta poche, c'est moi maintenant qui vais t'apprendre quelque chose. Mais auparavant, je veux te payer, car tu t'es montré serviteur intelligent et soumis. Tiens-tu à me cacher ton nom ?

— J'y tiens absolument, seigneur.

La clé de Johann grinça dans la serrure.

— A ton aise, dit-il ; cependant il faut que je sache où t'adresser mes messages, en cas que j'aie besoin de toi.

— Je n'ai point de logis, seigneur, répondit l'agent.

— Tu couches à la belle étoile ?

— Toutes les nuits.

Et si on t'écrivait chez tes enfants !

— Cela me parviendrait, seigneur.

— Où logent-ils ?

— Dans la maison des Folquieri, rue de Mantoue.

— Écris-moi cela, mon camarade, au-dessous du nom de ce Battista Giubetti... je n'ai pas de mémoire.

Pendant que l'agent écrivait, il entendit bruire une clé dans une serrure, puis un son d'argent remué. Il pensa, le cœur content :

— Demain, les enfants auront du pain !

Dans sa guérite, Johann avait ouvert cette armoire ntérieure ou caisse dont nous avons parlé déjà. C'est là-dedans que l'or avait tinté. Mais, au lieu d'y prendre de l'or, Johann en avait retiré un objet de volume assez considérable et de forme singulière. C'était une sorte de boîte adaptée à un bâton de deux pieds de longueur.

Johann se mit à manœuvrer une vis qui était au centre de la boîte. Il s'y reprit à plusieurs fois parce que la fatigue l'accablait. En travaillant, il disait :

— Ces bonnes gens du ministère d'État seront bien surpris demain quand tu leur apprendras le contenu de ces pièces, et le dignitaire n'a qu'à se bien tenir !

— Son Excellence avait quelque chose à me dire, interrompit l'agent qui se relevait après avoir écrit l'adresse de ses enfants.

— C'est juste. Tu pourras faire ton profit de cela, si tu veux. C'est à moi, mon camarade, à moi, directeur de la police royale, que les pièces étaient adressées.

— A vous, seigneur ! s'écria le numéro 133 stupéfait ; mais alors...

— Mais alors, mon pauvre garçon, ces manchots du ministère d'État en seront pour leur courte honte. J'ai déjà en mon pouvoir ce Brown et son faux diamant.

Il avait appuyé la boîte contre son épaule ; le bâton se dirigeait vers la poitrine de l'agent. On eût dit, en vérité, que le directeur de la police royale mettait le pauvre homme en joue avec ce bizarre appareil.

— Ce n'est pas tout, reprit-il, outre l'argent que je vais te compter et que tu mérites si bien, mon camarade, je puis te donner une bonne nouvelle...

De sa main gauche il remua l'or au fond de la caisse.

L'agent s'approcha involontairement à ce bruit. Il était tout ému, ce pauvre homme. Une idée fixe lui emplissait le cœur : Ses enfants !

— Ce David Heimer que tu hais et que tu cherches, poursuivit Johann, il est malade, il n'a plus que le souffle ! Il te suffirait d'un geste pour l'écraser.

— Vous savez où il est, seigneur ?

— Il est ici, mon camarade, à deux pas de toi... C'est moi !

L'agent fit un mouvement comme pour s'élancer. Johann pesa sur une languette sans cesser de le tenir en joue avec son étrange mécanique. L'agent tomba en portant ses deux mains à sa poitrine et en poussant un faible cri, un seul. La mécanique avait produit un petit sifflement semblable au coup de piston de la machine pneumatique.

Un silence de quelques instants, silence de mort peut-on dire, régna dans le cabinet du directeur de la police royale, puis on entendit qu'il soupirait ; puis encore son rire de crécelle.

— Je suis plus fort qu'eux murmura-t-il, je les enterrerai tous !

VIII

LA BÉQUILLE DU SEIGNEUR JOHANN SPURZHEIM

L'agent de police numéro 133 était tombé à l'endroit même où il se trouvait, lorsque ce mystérieux coup de foudre l'avait frappé, c'est-à-dire entre la table de travail de Johann Spurzheim et ce fauteuil monumental servant à la fois de forteresse contre les vents coulis et les regards indiscrets. Au bout de quelques secondes, on aurait pu voir la tête disséquée de Johann sortir peu à peu de l'ombre, à deux pieds tout au plus du sol. Il se traînait sur ses mains et sur ses genoux. La fatigue le faisait râler.

Il s'arrêtait souvent pour respirer, son souffle geignait dans sa gorge. Il mit, en passant, sa main sur le cœur de l'agent. L'agent était couché sur le côté ; sa tête se renversait dans sa chevelure grise ; il avait les yeux grand ouverts et fixes. Johann le regarda de tout près.

— Oui, grommela-t-il, cet homme-là n'aurait eu qu'à

lever le doigt pour me terrasser. Moi je suis un agonisant !

Il riait.

— Mais voilà si longtemps que dure mon agonie ! reprit-il, et voici tant d'hommes robustes que je fais trébucher le long de mon chemin ! J'aime mieux ma maladie que leur santé. J'irai comme cela jusqu'à cent ans !

Il fouilla dans la poche de l'agent et en retira le portefeuille qu'il ouvrit. Dans le portefeuille, il prit quelques papiers et les parcourut d'un regard rapide.

— Nous verrons tout ceci à tête reposée, pensa-t-il ; aujourd'hui nous n'avons pas le temps... Et sa carte d'agent où est-elle ?

Il ouvrit les divers compartiments du portefeuille La carte d'agent était dans le dernier. Elle ne portait point de nom, mais seulement le numéro 133 avec le timbre de la police. Johann se leva sur ses genoux, prit la plume où l'encre n'était pas encore séchée, et inscrivit un nom au-dessus du numéro d'ordre, puis il remit la carte dans le portefeuille avec l'alphabet du Silence, et la traduction des lettres signées Brown. Le portefeuille retourna dans la poche de la pauvre houppelande de l'agent, dont Johann, toujours agenouillé, poussa les pieds sous la table à grand'peine. Il fut obligé de s'y reprendre à quatre ou cinq fois pour soulever le rideau détaché par Pier Falcone, et en recouvrir le cadavre.

Lorsque le corps de l'agent n° 133 eut disparu sous le rideau, Johann reprit haleine, mais un regard jeté sur la pendule lui rappela sans doute qu'il n'était pas temps de se reposer, car il se reprit à ramper vers sa guérite avec un courage nouveau. C'était un spectre infatigable. Il parvint à se remettre dans son fauteuil et s'empara aussitôt de cette bizarre mécanique, foudre muette, qui avait si lestement terrassé un homme. En la remettant sur ses genoux, son geste avait quelque chose de caressant.

— On achète bien cher des objets curieux et rares, murmura-t-il en faisant agir un petit levier placé à la partie postérieure de la machine, ceci ne brille pas, mais c'est utile.

La machine craqua sous la pression du levier, à peu près comme fait un moulin à café au premier tour de roue. Johann prit dans sa caisse une balle de plomb du calibre ordinaire, et l'introduisit dans cet appendice étroit et long que nous avons comparé à un bâton. La balle y glissa. Ce bâton était un canon de carabine. Restait à tourner la vis centrale, mais les forces du sinistre malade étaient réellement épuisées. Il essaya. Sa main lâcha prise tandis que sa poitrine rendait un rauque gémissement.

Juste à cet instant des pas nombreux et bruyants se firent entendre dans le corridor par où l'agent n° 133 s'était introduit dans le cabinet. Johann ressaisit la vis, mais sa main lâcha prise encore.

— Je ne peux plus ! murmura-t-il ; c'est un travail de géant que j'ai accompli cette nuit !

Il entendit qu'on s'arrêtait dans le corridor de l'autre côté de la porte, puis une voix demanda dehors :

— Auprès de qui me conduisez-vous ?

— C'est lui ! dit Johann en essayant un effort suprême.

La vis ne put mordre un seul cran. Johann pensait : « Il faut pourtant que je sois seul avec lui ! »

On heurta à la porte. Ce devait être une crosse de fusil qui sonnait ainsi contre le bois. Avant de répondre, Johann eut cette consolante idée :

— Celui-ci n'est pas libre comme l'autre, celui-ci a les fers aux mains... Entrez ! prononça-t-il tout haut.

La porte s'ouvrit au moment où la pendule marquait onze heures trois quarts. Il y avait plusieurs hommes parmi lesquels quatre soldats et un officier. Ils conduisaient un malheureux qui avait de fortes menottes aux mains et un anneau de fer au pied droit.

— Ce n'est pas le ministère d'État ! prononça le prisonnier d'une voix lamentable ; je ne veux parler qu'au ministre d'État ou au roi !

— On dirait qu'il me sent, ce cher Felice Tavola ! se dit Johann ; il a peur... tant mieux ! D'ailleurs, le lieutenant est ambitieux, il se souviendra de mes instructions.

— Le ministère d'État a changé de place, dit le lieutenant avec moquerie ; allons, monsieur le baron, je prie humblement Votre Excellence de vouloir bien se donner la peine d'entrer.

Ce disant, il lui fit passer le seuil brutalement et de force. Le prisonnier résistait de son mieux.

— Je proteste ! s'écria-t-il ; devant tout autre que le roi je garderai le silence, dût-on me mettre à la torture !

— Sa Seigneurie est-elle là ? demanda en ce moment l'officier.

— Oui, répondit Johann en déguisant sa voix.

— Au nom de Dieu ! apprenez-moi chez qui je suis ! s'écria Felice Tavola que les soldats poussaient vers la table.

Dès qu'il fut assez avancé dans la chambre pour que Johann pût l'apercevoir tout en restant protégé lui-même par la paroi de sa guérite, une expression de quiétude se répandit sur ses traits. Le baron d'Altamonte eût-il été fort comme dix Hercules, n'aurait pu se débarrasser de ces énormes menottes d'acier qui lui serraient les poignets. Rien que pour le choix de ces menottes, le lieutenant intelligent méritait de passer capitaine. Altamonte, de son côté, jeta un regard aigu dans l'ombre de la guérite ; mais ses yeux, éblouis par l'éclat de la lampe, n'y virent que du noir.

— Monseigneur, demanda le lieutenant, veut-il que nous restions près de lui, ou que nous montions la garde à l'extérieur ?

— A l'extérieur, répondit Johann.

Le baron d'Altamonte baissa la tête et ne prit plus la peine de protester.

— Il a reconnu ma voix, pensa Johann ; il fait son acte de contrition.

Le lieutenant, après avoir poussé son prisonnier jusqu'à la lourde table qui servait de bureau à Johann, passa une corde à l'anneau rivé autour de la jambe du baron, et le lia de court au pied de la table.

— Monseigneur, dit-il en se relevant, souvenez-vous

que nous sommes ici près, derrière la porte, dans le corridor. Au moindre signe vous nous verrez arriver.

— Cet homme, reprit-il la main appuyée sur l'épaule du prisonnier, cet homme est Porporato. Comme ses compagnons ne le venaient point délivrer, il a demandé à faire des révélations pour avoir la vie sauve. Que Dieu garde Votre Excellence.

Il sortit avec les soldats qui avaient amené le baron d'Altamonte. Celui-ci était un assez beau bandit de trente-cinq à quarante ans. On avait bien pu le prendre pour un gentilhomme à la cour de Naples. Parmi les *Cavalieri Ferraï*, avant l'arrivée du chevalier d'Athol qui s'était fait leur souverain maître, Felice Tavola possédait une influence égale à celle de David Heimer lui-même. Ils étaient ennemis. Quand la porte extérieure se fut refermée sur le lieutenant et ses soldats, Felice Tavola dit sans relever la tête :

— Je sais que tu es là, David. Tu m'as fait tomber dans le piége ; tue-moi sans me faire languir, c'est tout ce que je te demande.

Johann répondit en ricanant :

— N'as-tu point quelque importante révélation à me faire, mon pauvre Tavola?... Ne voulez-vous point, illustre baron d'Altamonte, apprendre au ministre d'État mon patron, ou au roi mon respecté maître, par mon canal indigne, qu'un coquin a usurpé leur confiance, et que la police napolitaine est aux mains d'un bandit ?

— Tue-moi !

— Et comment ferais-je, baron, mon ami ? je n'ai ni

bras ni jambes, moi, tu sais bien cela. Que de fois tu as ri après boire en m'appelant le cadavre ! Hélas ! Tavola, mon pauvre compagnon ! c'est le bourreau qui va prendre ta tête, à toi, plein de force et de vie, tandis que moi, le moribond, le cadavre, je resterai dans cette vallée de larmes.

— Tue-moi ! prononça pour la troisième fois le prisonnier.

— Ce que c'est que de nous ! reprit avec onction le directeur de la police royale ; tes mains ont beau être liées, si tu pouvais seulement faire un pas, tu m'écraserais de ton propre poids. Je suis sans défense, comme l'enfant dans son berceau. Je n'aurais même pas le temps de crier au secours, car tu es dans toute ta force, toi, Felice, je ne t'ai jamais vu plus beau qu'aujourd'hui !...

— Tu n'es pas un homme, David, tu es un tigre !

— Ce que c'est que de nous, mon cher frère ! Si tu étais resté cinq minutes de plus dans ton cachot, tu étais libre. Beldemonio, ce fou qui a des ailes quand il veut, a escaladé les murailles du Castel-Vecchio...

— Se peut-il ! s'écria Tavola ; moi qui l'accusais !

— Je veux te donner cette joie de lui rendre justice avant de mourir ! Beldemonio est parvenu jusqu'à la fenêtre de ton cachot au travers de dangers qui seraient très-attachants dans un livre. Il a scié les barreaux ; il s'est introduit dans ta prison...

Felice eut un râle de colère, mais je ne sais comment exprimer cela : ce râle était un peu forcé. Johann aurait dû faire attention à ce râle, mais Johann triomphait et rien n'est dangereux comme le triomphe.

— Il n'a trouvé personne dans votre prison, seigneur baron d'Altamonte, poursuivit-il ; vous aviez reçu depuis un quart d'heure ma lettre qui vous promettait la vie sauve.

— C'est donc bien toi qui m'as écrit, David Heimer ?

— Et qui donc aurait su toucher comme moi le défaut de votre cuirasse, seigneur baron ?

Les mains de Felice Tavola se crispèrent. C'est pour le coup que Johann riait.

— Mais voilà bien une autre affaire ! continua-t-il ; je n'avais pas seulement besoin de ta mort, mon frère, il me fallait perdre aussi Beldemonio. Or, on me sait envieux et méchant : qui n'a ses petits défauts ? Toute dénonciation anonyme doit m'être attribuée, c'est évident... Je me suis arrangé, mon frère, pour que la dénonciation eût une signature et que ce fût la vôtre.

— Vous auriez contrefait ma signature!

— Fi donc ! les faux se découvrent toujours, je compte vivre vieux, malgré tout, mon frère, et je veux de la tranquillité pour mes dernières années... Non, non, point de faux ! Lisez ceci, je vous prie.

Il avança la main et mit ainsi en lumière une feuille de papier portant ces signes :

$$NA^3\ E^2A\ NA^5M\ RI^3I^2,\ EI^2\ E^2I^2\ L^3I^2A^3LI^2.$$

Felice Tavola lut couramment, habitué qu'il était à ces caractères : *On m'a oublié ; je me venge.* Puis il ajouta :

— Que veut dire ceci ?

— Réfléchissez, mon frère. Les prisonniers montrent tous les mêmes faiblesses. Comme ils n'ont personne avec qui s'entretenir, ils bavardent sur les murailles de leur prison...

— Je n'ai rien écrit sur les murs de ma prison, dit Felice Tavola.

— Et cependant notre Beldemonio y a trouvé ces paroles.

Felice Tavola devint pâle, et cette fois c'était de la vraie fureur.

— Ah ! que tu voudrais bien avoir les mains libres, mon frère ! dit Johann.

— Infâme scélérat ! gronda le prisonnier.

— Notre Beldemonio y a trouvé cette inscription, continua Johann gaîment ; de sorte que, quand tu vas être mort et qu'on saura ses petits secrets, le plus beau des Grecs se dira : C'est ce misérable Tavola qui m'a rabi !... Comment trouves-tu cette combinaison, mon frère ?

Johann achevait cette question d'un ton doucereux, lorsqu'il éprouva le plus grand étonnement qui l'eût jamais frappé en sa vie. C'était à n'y pas croire. Le visage du prisonnier, tout à l'heure bouleversé par la rage impuissante, se détendait peu à peu. Un rire irrésistible avait l'air de le prendre.

La folie vient parfois ainsi. Johann se demandait si son *frère* devenait fou. Il n'avait pas encore peur cependant. S'il se fût seulement souvenu de ce râle qui n'avait pas bien sonné tout à l'heure, il aurait tremblé.

Felice Tavola le regardait fixement. Malgré la certitude que Johann avait touchant l'impossibilité où le prisonnier, placé en pleine lumière, était de le voir au fond de son ombre, ce regard l'irritait et le gênait. Instinctivement il reprit à la main cette machine qui avait sifflé au moment où l'agent de police n° 133 tomba mort. Felice Tavola le regardait toujours, et un rire muet était autour de ses lèvres.

— David Heimer, dit-il enfin sans bouger de place, mais en redressant tout à coup sa haute taille ; tu es un curieux coquin ! En vérité, je ne t'en veux pas plus que je n'en veux à la vipère qui tue en mordant, parce que Dieu a mis du venin sous sa gencive, mais la règle dit : Tout Chevalier forgeron qui découvrira la trahison tuera le traître. Tu as trahi ; je vais te tuer.

Ceci avait l'air d'une extravagante fanfaronnade. Le corridor était plein de gardes, et le prisonnier, retenu par la jambe, avait les deux mains garrottées, mais il y avait sur son visage une telle expression de sécurité que Johann rassembla son souffle pour appeler du secours.

— Ne crie pas ! reprit Felice Tavola qui le devina. Tu l'as dit tout à l'heure : si j'avais les mains libres, ou si seulement je pouvais dégager ma jambe, on n'aurait pas le temps de venir à ton secours. Tu es sans défense comme un enfant dans son berceau, ce sont tes propres paroles : je t'écraserais de mon seul poids.

Tavola fit un brusque mouvement. Les deux menottes d'acier qui entouraient ses poignets tombèrent à la fois. Elles étaient sciées d'avance. Johann étreignit son cœur qui défaillait. Il ne cria pas.

Tavola prit un riche poignard qui était sur le bureau pour servir de serre-papier, et coupa la corde qui retenait sa jambe. On eût dit que Johann était mort dans sa guérite. Son souffle ne s'entendait plus, et il ne faisait aucun mouvement. Le prisonnier avança vers lui d'un pas.

Alors une voix lamentable sortit de la guérite.

— Aie pitié de moi, Félix! suppliait le directeur de la police royale ; j'ai eu tort de jouer avec l'inquiétude d'un ami, mais tu n'étais pas la dupe de mes folles plaisanteries, n'est-ce pas? Tu savais bien qu'en mettant le pied ici tu étais sauvé!

— Tais-toi! ordonna Tavola ; tu me fais honte et dégoût!

— Oh! pourtant, mon frère, s'écria Johann, je ne peux pas te laisser dans cette fatale erreur...

— Tais-toi! Tu n'as qu'un moyen de ne pas faire à l'instant même ce saut de puce qui te sépare de l'enfer où ta place est gardée, c'est de me conduire au travers de ta maison jusqu'à la porte de ton jardin, qui donne sur le vicoletto d'Ognissanti. Lève-toi et marche!

Johann poussa un gémissement. Cela ressemblait au cri qui échappe à la faiblesse dans un suprême effort.

— Je ne peux ni me lever ni marcher, répondit-il d'une voix essoufflée, tu le sais bien, personne n'ignore mon misérable état, mais ce n'est pas pour te refuser, Félix, mon vieux compagnon. Approche, prends-moi dans tes bras, tu marcheras pour moi, et moi je te guiderai.

— Avez-vous appelé, seigneur directeur? dit derrière

la porte la voix du lieutenant, qui voulait devenir capitaine.

— Réponds! ordonna Tavola.

— Non, mon garçon, non, répliqua en effet Johann Spurzheim ; demeurez en repos.

Le prisonnier était maintenant devant la guérite.

— Qu'est-ce que cela? demanda-t-il en découvrant l'objet que Johann tenait à la main.

— As-tu peur de l'impotent? fit Johann en riant ; ne t'inquiète point, Félix, c'est ma béquille. Tiens, on met cela sous son bras, de cette façon, comme si on épaulait un fusil, car c'est pour aider la plus misérable créature qui soit au monde à ramper dans l'intérieur de son appartement...

— Dépêchons! interrompit Tavola, qui ouvrit les deux bras pour le soulever, comme cela était convenu.

Et l'on entendit pour la seconde fois ce sifflement de machine pneumatique. Le prisonnier chancela, porta ses deux mains à son cœur et tomba, la tête appuyée sur le cadavre de l'agent n° 133. Il était mort.

Johann dit :

— Ma béquille est bonne et m'empêche de tomber !

IX

L'ALLÉE NOIRE

Johann avait entrepris un grand travail, c'était de soulever la tête du baron d'Altamonte pour avoir le rideau qui était engagé dessous et l'en couvrir. La sueur découlait de son front ; mais il était content et se disait :

— C'est vrai, je ne suis pas bien robuste, mais à quoi leur sert leur vigueur ? Ils tombent à la file comme des capucins de cartes. Je l'ai abattu, celui-là, en duel, on peut le dire ! et quel coup ! La balle a dû lui percer le centre du cœur !

Le rideau était enfin dégagé. Il mit Felice Tavola sous le même couvert que le pauvre diable timbré du n° 133 et se releva en ajoutant :

— J'ai manqué pourtant de ne pas pouvoir tourner cette coquine de vis... j'y mettrai de l'huile !

— On ne passe pas ! prononça au loin la voix du soldat qui faisait sentinelle à l'entrée de la rue.

Johann prêta l'oreille pour saisir la réponse. Il n'y eut point de réponse.

— A l'autre maintenant! dit-il en rentrant dans sa guérite ; qu'on dise que je suis un homme de loisir! Ah! la pauvre Barbe! Je suis triste en songeant que je ne lui raconterai point tout ce que j'ai fait cette nuit... je la regretterai!

Il se caressa le menton en souriant, malgré sa mélancolie. Nous sommes forcés de quitter pour un instant le cabinet où il avait si activement employé son temps, pour aller voir ce qui se passait dans la rue entre la sentinelle et ce nouveau venu, dont la présence semblait être encore attendue par le terrible directeur de la police royale. Peut-être que la béquille allait siffler et foudroyer pour la troisième fois.

C'était une curiosité que cette béquille. On en fabrique de semblables en Italie depuis le temps de Cosme Libranius, qui envoya le premier fusil à vent au prince de Condé, sous Henri IV. L'homme à qui le soldat venait de dire : « On ne passe pas! » descendait d'un équipage élégant, arrêté à quelque cinquante pas de là, devant la porte principale de l'hôtel du seigneur directeur. L'allée étroite et longue, où nous avons jeté un coup d'œil et au bout de laquelle brillait un lointain réverbère, n'était point, bien entendu, cette entrée principale.

Ce n'était pas même l'abord normal des bureaux. Les anciens propriétaires de l'hôtel l'avaient fait percer, au travers des bâtiments donnant sur la place, pour le service d'une salle de bains, dont Johann Spurzheim avait fait son cabinet privé. Le bruit courait à Naples que bien des grands seigneurs s'engageaient, une fois la nuit venue, dans cette allée toute noire et venaient causer en particulier avec le seigneur Johann. Il fallait, pour entrer, le mot d'ordre ou un numéro d'agent.

La voiture élégante était restée à la garde d'un valet devant la porte principale. Le maître s'était dirigé vers l'allée sombre. Le cocher et le valet de pied, grand gaillard vêtu d'une façon hétéroclite, étaient entrés bras dessus bras-dessous dans les bureaux. Le maître portait, du reste, un uniforme qu'on n'est point accoutumé à trouver dans de si somptueux équipages. Il avait les calzoni rouges et collants des pêcheurs du port, la ceinture et la chemise, voilà tout. Aucune coiffure ne cachait ses beaux cheveux qu'on semblait avoir voulu coller modestement le long de ses tempes. Tel était, si nous en avons gardé fidèle mémoire, le costume que Beldemonio portait, sous la soutanelle empruntée par lui dans la mansarde de ces deux enfants qu'il avait empêchés de mourir ; la soutanelle du *jeune saint*, de l'écolier qui avait coutume de veiller les malades, la nuit, à l'hôpital des pauvres.

Le maître du riche équipage s'introduisit dans l'allée sombre, qui conduisait au cabinet du seigneur Johann Spurzheim. Il n'alla pas loin. Un mousquet, posé en travers, arrêta sa marche dès les premiers pas.

— Qui vive? demanda-t-il.

L'homme qui tenait le fusil se prit à rire.

— C'est moi qui devrais t'adresser cette question, l'ami, répondit-il.

— Je suis attendu par le directeur de la police royale.

— C'est possible, mais nous avons notre consigne.

Beldemonio saisit le fusil et voulut l'écarter. Au bruit de la lutte, quatre ou cinq crosses sonnèrent sur les dalles de l'avenue et ce fut alors que le lieutenant cria d'une voix forte : — On ne passe pas !

Beldemonio demanda :

— Qui commande ici ?

Tous ces gens, parqués dans la galerie, avaient leurs yeux habituées à l'obscurité. Ils pouvaient distinguer le costume de ce nouveau venu et le prenaient pour un homme du peuple, entré là par erreur, ou tout au plus pour un agent de bas étage.

— Ah ça ! dit le lieutenant qui voulait devenir capitaine, ce drôle ne se permet-il pas de nous adresser des questions ?

Beldemonio, au contraire, ne voyait autour de lui que la nuit.

— C'est vous qui êtes le chef, reprit-il d'un ton qui n'allait guère avec son accoutrement ; approchez, j'ai à vous parler.

— Sais-tu qui je suis, manant ? répliqua l'officier avec colère.

— Je crois reconnaître la voix du lieutenant Spinosa, dit Beldemonio ; avancez à l'ordre !

Non-seulement le lieutenant Spinosa voulait être capitaine, mais encore, paraîtrait-il, son fort n'était pas la patience. Il poussa les soldats à droite et à gauche pour se rapprocher du nouveau venu.

— Qui que tu sois... commença-t-il avec menace.

Une voix hautaine prononça dans l'ombre :

— Je vous engage à ne point perdre le respect !

On entendit cela. Toutes les oreilles s'ouvrirent avidement. A moins que ce ne fût une extravagance d'homme ivre, que pouvaient signifier ces étranges paroles ?

Il y eut un silence. Le nouveau venu se pencha à l'oreille de Spinosa, il prononça un mot ; un seul, et Spinosa porta rapidement la main à son schako.

— Altesse... murmura-t-il.

— Silence ! interrompit Beldemonio.

Mais l'effet était produit. Les hommes de la prison et les soldats avaient entendu qu'on l'appelait Altesse. Chacun d'eux se penchait en avant et faisait de vains efforts pour voir son visage. Quelle était l'Altesse qui venait ainsi se perdre à minuit dans le couloir conduisant au cabinet privé de Spurzheim ?

— Livrez passage ! ordonna le lieutenant avec solennité.

On obéit, et Beldemonio passa entre deux haies immobiles qu'il ne pouvait deviner qu'au bruit des respirations contenues. Quand il fut au seuil du cabinet, il se retourna et dit :

— C'est bien, lieutenant Spinosa, vous pouvez vous retirer.

— Seigneur, répliqua l'officier avec embarras, mes ordres me défendent...

Beldemonio ouvrit la porte brusquement.

— Johann Spurzheim, prononça-t-il à voix haute, veuillez commander à ces hommes de se retirer.

Aussitôt, la voix cassée du directeur de la police royale s'éleva :

— Retirez-vous, mes amis, dit-il, on n'a plus besoin de vous.

— Mais, objecta Spinosa, le prisonnier...

— Le prisonnier est en lieu sûr, et souvenez-vous, lieutenant, que je dois compte de mes actions au roi seulement !

Spinosa s'était avancé jusqu'à la porte, il avait bien vu que le prisonnier n'était plus là.

— En avant, marche ! commanda-t-il.

Les soldats descendirent le couloir en silence. Ils n'étaient pas encore au bout que le lieutenant, incapable de se contenir, grommelait entre ses dents :

— Porporato doit être loin s'il court toujours !

— Quoi ! s'écria-t-on de toutes parts, vous penseriez !...

— Mes braves, dit le lieutenant, je n'ai pas envie de finir mes jours dans une forteresse autrichienne. Ne nous mêlons point de ces choses-là !

On se tut. Mais le lieutenant grommelait de temps à autre : — Ah ! si le roi savait !...

Beldemonio était entré. Il referma la porte, y mit le verrou et traversa la pièce d'un pas rapide. D'ordinaire, nous l'avons déjà dit, ceux qui causaient avec Johann Spurzheim ne le voyaient point. Qu'il fît nuit ou jour cela était ainsi. Il paraît que Beldemonio voulait voir, car en arrivant auprès de la table, il prit la lampe et la plaça juste en face de l'ouverture de la guérite. La lumière alla frapper en plein la figure de Spurzheim, qui cligna de l'œil comme un hibou surpris dans son trou de muraille par un rayon de soleil.

Beldemonio s'assit en face de lui, le dos tourné à la lumière. Les rôles étaient changés, du reste, tout aussi bien que la mise en scène. Cette fois ce ne fut pas le directeur de la police royale qui interrogea.

— Pourquoi n'es-tu pas dans ton lit, David Heimer? demanda-t-il.

— Maître, repartit Johann avec respect, je savais que vous deviez venir.

— Qui t'avait dit que je dusse venir?

— Le calcul n'est pas défendu aux membres de l'association, maître. Je suis bien malade, mais j'ai toute ma tête.

— Es-tu véritablement bien malade, David Heimer?

— Au temps où vous vous appeliez le chevalier d'Athol, seigneur, nous nous sommes rencontrés deux fois. M'auriez-vous donné à vivre les quelques mois que j'ai vécu depuis lors?

— C'est justement... dit Beldemonio.

Johann Spurzheim eut un sourire triste.

— Ceux qui souhaitent ma mort, murmura-t-il, n'auront pas le temps de perdre patience.

Il s'interrompit et changea de ton.

— Mais je ne puis croire que vous souhaitiez ma mort, vous seigneur, qui connaissez si bien mon dévoûment et ma fidélité.

Beldemonio le regardait en face. On ne pouvait éprouver que pitié pour cette misérable et débile créature dont la lèvre semblait toujours prête à laisser passer le dernier souffle. Et c'était, je vous le dis, un contraste pénible que de voir ce cadavre, animé d'un reste de végétation, en face de ce noble et brillant type de la beauté italienne ; le chevalier d'Athol ou Beldemonio, comme vous voudrez l'appeler, ou encore *Porporato*, puisqu'il avait aussi ce redoutable nom.

Ainsi, vêtu seulement d'une chemise que sa sueur mouillait, d'une paire de caleçons collants et d'une ceinture de laine, Beldemonio n'avait rien à envier aux porteurs des plus opulents costumes. Sa taille souple, éclairée à revers, lui donnait l'air d'avoir à peine vingt ans. Il fallait, pour ramener l'idée de l'homme fait, mesurer de l'œil le fier développement de ses tempes, admirer la carrure virile de ses épaules, entendre surtout le timbre mâle de sa voix.

— Si je souhaitais ta mort, David Heimer... commença-t-il.

Il n'acheva pas.

— Vous accompliriez bien aisément votre souhait, n'est-ce pas, maître ? dit Johann à voix basse.

Beldemonio détourna les yeux avec dégoût. Il eut tort, car à ce moment Johann dardait sur lui un regard de serpent.

— Maître, poursuivit ce dernier, je voulais vous dire ceci qui est la pure et simple vérité ; j'avais calculé que l'association aurait besoin de moi cette nuit.

— Tu croyais donc que mon entreprise ne réussirait point ?

— Votre entreprise, maître, pouvait ne point réussir : l'événement l'a prouvé.

— Et attribues-tu ce mauvais succès au hasard ?

— Il n'y a que la providence, maître, pour être plus forte que Porporato.

Malgré lui-même, il y avait une nuance de sarcasme dans son accent. Beldemonio reporta sur lui son regard

— Savais-tu qu'on avait changé le cachot de Felice ? demanda-t-il.

— Oui, seigneur.

— Est-ce toi qui m'en as fait prévenir ?

— Maître, vous savez bien que c'est moi.

— Savais-tu qu'on lui avait fait porter des propositions de grâce dans sa prison ?

— Sur l'honneur, s'écria Johann, je l'ignorais !

— Sur l'honneur ! répéta Beldemonio amèrement ; mais je veux bien te croire, David. Réfléchis seulement à une chose : si tu peux ignorer de semblables faits, il est dangereux pour l'association de compter sur toi.

— Vous êtes sévère, maître...

— Je suis juste.

— L'état de maladie où je suis...

— Ce n'est pas un malade qu'il nous faut dans la position que tu occupes.

Les joues livides de Johann s'animèrent imperceptiblement. Ses yeux se fermèrent un instant et ses lèvres frémirent. Cependant il répondit avec calme :

— Maître, je fais de mon mieux. Si vous en savez de

plus habiles et de plus actifs que moi, je suis prêt à leur céder ma place.

— Nous verrons cela, David, prononça froidement Beldemonio ; il n'y a pas péril en la demeure. Je ne te crois pas assez fou pour lutter contre moi. A chaque jour sa besogne, parlons de celle d'aujourd'hui : Est-ce par la porte de ton jardin que tu as fait évader Felice Tavola ?

— Non, seigneur, repartit Johann dont la voix baissa malgré lui.

— Lui as-tu dit, interrogea de nouveau Athol, que la barque de Sansovina avait dû changer de place, et qu'elle stationnait maintenant en dehors de la ville, dans la Chiaja, en face du tombeau de Virgile ?

— Non, seigneur, répliqua pour la seconde fois Johann, je n'ai pas eu besoin de lui apprendre cela.

— Il le savait ?

— Je l'ignore.

— Qu'est-ce à dire ! s'écria Beldemonio fixant déjà sur lui un regard soupçonneux et inquiet, serait-il arrivé malheur à Felice Tavola ?

— Maître, prononça Johann Spurzheim lentement et a tête haute, Felice Tavola est mort.

X

LES DEUX CADAVRES

Beldemonio ne s'attendait pas à cela et fut frappé violemment. Il pâlit d'abord, puis les veines de son front se gonflèrent.

— Tu l'as fait assassiner ! prononça-t-il si bas que Johann eut peine à l'entendre.

La colère de cet homme était terrible ; mais Johann, cette frêle créature que la mort tenait à la gorge déjà, Johann pouvait déployer à ses heures un sang froid de héros et un prodigieux courage.

— Vous vous trompez, maître, dit-il tranquillement.

— Tu savais que je l'aimais, qu'il était mon bras droit et mon meilleur confident...

— Oui, maître, je savais cela, nous le savions tous.

— Tu vas me dire, je te devine, que les soldats de la garde n'ont apporté ici qu'un cadavre.

Johann eut un sourire dédaigneux et répondit.

— Vous devinez mal, maître, Felice Tavola est arrivé vivant dans cette chambre, et, comme je n'ai fait que mon devoir, je n'ai point à chercher de subterfuge : Felice Tavola est mort ici à la place même où vous êtes.

Beldemonio ne put retenir un léger tressaillement.

— Tué par qui ? demanda-t-il.

— Tué par moi.

C'était là quelque chose de si invraisemblable qu'Athol resta un instant incrédule. Tavola, l'homme jeune, vigoureux, agile, vaillant, mis à mort par ce vieillard à l'agonie ! Athol considérait ces bras de squelette, et cette pauvre poitrine creuse qui haletait au moindre effort. Mais une idée lui vint et il se ravisa.

— Il était enchaîné ? dit-il.

— Nouvelle erreur, maître, repartit Johann Spurzheim ; les limes anglaises envoyées par vous avaient scié ses menottes : il avait les mains libres.

Son doigt étendu désignait la table. Athol y put voir en effet les fers coupés du prisonnier. Pendant qu'il gardait le silence, Johann reprit :

— La règle ordonne à tout chevalier de faire justice lui-même quand il y a cas de trahison. Je n'ai frappé qu'au moment où Felice Tavola, traître à ses frères, m'a prouvé qu'il voulait aussi dévoiler les secrets du maître.

— Et quelles preuves as-tu de sa trahison ? demanda Beldemonio.

— La conscience du maître sera mon témoignage.

— Explique-toi.

— Le maître a vu la menace écrite sur le mur du cachot, j'ai vu, moi, l'exécution de la menace. Qui oserait mettre en doute les paroles réunies de Porporato et de David Heimer !

Athol n'avait rien à répondre, étant une fois acceptées les mœurs et coutumes de l'association dont il était le chef.

Athol avait en lui une voix qui disait : « Le traître n'est pas Felice Tavola » Mais rien n'appuyait cette croyance. Johann avait agi dans la rigoureuse mesure de son droit ; bien plus : Johann avait fait son devoir. Cette menace, si parfaitement appropriée à la situation d'un prisonnier abandonné par ses complices, cette menace écrite avec l'alphabet du Silence, c'était Athol lui-même qui l'avait lue : *On m'a oublié, je me venge !*... Mais comment Johann Spurzheim pouvait-il savoir cela ? Cette idée traversa comme un trait l'esprit d'Athol.

— C'est bien, David, dit-il ; notre règle condamnait le malheureux Felice Tavola : tu t'es fait son bourreau, à contre-cœur, sans doute...

— Oui, maître, à contre-cœur.

— Le conseil te jugera. Moi, j'ai perdu mon temps ; je vais tâcher d'employer mieux le reste de ma nuit.

Il se leva, affectant une contenance tranquille.

— Maître, lui dit Johann, nous n'avons pas fini.

— Que me veux-tu ?

— L'article 9 de la règle attribue au chevalier forgeron qui a puni le traître le droit de choisir et de présenter au conseil celui qui doit porter l'anneau de fer à sa place. Je réclame ce droit.

— Il t'appartient, répondit Athol qui fit un mouvement pour se retirer.

— Votre Seigneurie ne désire pas savoir le nom du compagnon que j'ai choisi ?

Athol se retourna et répondit :

— S'il est mon ami, que m'importe ! S'il est mon ennemi, ce sera son malheur. Adieu, David Heimer, je te répète en partant ce que je te disais tout à l'heure : je ne te crois pas assez fou pour lutter contre moi !

Il se dirigeait vers la porte, lorsque Spurzheim répéta pour la seconde fois :

— Maître, nous n'avons pas fini.

Athol s'arrêta et jeta sur lui un regard si perçant que Johann eut froid dans le cœur.

— Celui là est plus fort que moi, pensa-t-il dans ce premier moment : c'est celui-là qui me tuera !

Mais la force morale de cet homme semblait être en raison directe de son étonnante infirmité physique. Il reprit d'un ton assuré :

— Nous n'avons pas fini, parce que nous n'avons pas encore parlé de vous. Vous m'aviez chargé de diverses missions : je m'en suis acquitté.

— On m'attend... murmura Athol dont le regard glissa vers la pendule.

La pendule marquait plus de minuit.

— On vous attend, seigneur, depuis si longtemps, répliqua Spurzheim, qu'un quart d'heure de plus ou de moins ne fait désormais rien à l'affaire.

— Est-ce qu'on est venu ici ? demanda Athol.

— Plusieurs fois. Et je dois vous dire que d'étranges

rumeurs ont couru sur votre compte au palais Doria. Comme il vous est impossible d'avouer la besogne à laquelle vous avez employé votre nuit...

— Peut-être ai-je accompli plus d'une tâche, interrompit Athol avec un orgueilleux sourire.

Johann s'inclina en silence. Après quoi il reprit :

— Je sais que bien rarement Votre Seigneurie a besoin d'aide. Ce n'est pas à ce sujet que je désirais l'entretenir, je voulais lui dire trois choses : la première regarde les deux enfants de Catane.

Athol se rapprocha aussitôt.

— Ils sont à Naples, poursuivit Johann ; avant que la journée de demain soit achevée, je les aurai remis entre vos mains.

— Si tu fais cela, David, s'écria vivement Athol, bien des péchés pourront t'être pardonnés !

— J'ignorais, maître, repartit celui-ci froidement, que j'eusse besoin de votre haute clémence.

— J'ai la certitude d'être compris quand je parle, dit Athol avec sécheresse. Après.

— La seconde communication que je voulais vous faire, seigneur, regarde la veuve de mon ancien et bien-aimé maître Mario, comte de Monteleone.

— Ah !... fit Athol qui ne put s'empêcher de sourire ; et que vas-tu m'apprendre touchant la veuve de Mario Monteleone ?

— La même chose qu'à l'égard des deux enfants de Catane. Elle est à Naples.

— Es-tu bien sûr de cela ?

Athol détourna la tête en faisant cette question. Johann Spurzheim répondit avec un grand sérieux :

— J'en suis sûr, seigneur, à telles enseignes qu'un des chevaliers du Silence a été la recevoir ce matin à bord du *Pausilippe*, que ce chevalier n'a fait aucun rapport au conseil, et qu'il se trouve ainsi dans le cas prévu par l'article 3 de la règle...

— Passe ! dit Athol ; le chevalier du Silence à qui tu fais allusion est au-dessus de la règle.

— La règle est au-dessus de tout ! prononça gravement Johann.

— Je te dis de passer !

Johann reprit aussitôt :

— La troisième communication a rapport à un homme que vous m'avez souvent ordonné de chercher. Je n'ai pas besoin de rappeler à Votre Seigneurie quel infatigable zèle j'ai toujours mis à exécuter ses commandements...

— De quel homme parlez-vous ?

— Du Calabrais Manuele Giudicelli.

D'un bond Athol fut auprès de lui.

— Vous l'avez trouvé ? s'écria-t-il.

— Seigneur, répondit Spurzheim, je comprends maintenant quel intérêt vous aviez à vous emparer de ce Manuele. Je ne veux point me faire un mérite de l'avoir découvert : c'est purement le hasard qui l'a jeté entre mes mains...

— J'espère que vous ne l'avez pas laissé échapper !

— Je n'ai eu garde, seigneur.

— Il est dans votre maison ?

— Il est ici, dans cette chambre.

Le regard d'Athol fit involontairement le tour du cabinet.

— Soulevez ce rideau, seigneur, dit Johann en lui montrant la draperie étendue au-devant de la table.

Athol obéit et recula de plusieurs pas en voyant les deux cadavres. Celui du pauvre agent n° 133 était couché dans l'ombre de la table. On ne voyait que sa figure pâle, encadrée dans de longs cheveux gris. Celui de Felice Tavola, placé plus en avant, avait la tête appuyée sur la hanche de l'agent comme sur un oreiller.

— Manuele ! Manuele ! s'écria le chevalier d'Athol avec une émotion profonde ; oui, ce doit être lui ! C'est bien ainsi que je me figurais le dernier serviteur de Mario Monteleone !

— Maître, interrompit Johann Spurzheim feignant de se méprendre, n'ayez aucune crainte ; j'avais connu personnellement Manuele Giudicelli au Martorello. C'est lui, je vous l'affirme !

Athol se retourna vers lui. Ses regards lançaient du feu.

— David Heimer, dit-il, pâle des efforts qu'il faisait pour contenir sa colère, tu me répondras de ce meurtre !

Johann resta immobile et ne répliqua point. Seulement, après un long silence et pendant qu'Athol agenouillé tâtait la poitrine du malheureux Manuele, Johann reprit :

— Vous m'aviez signalé cet homme, seigneur, mais vous ne m'aviez point dit vos secrets. J'ai dû voir, dès l'abord que cet homme était votre ennemi, et par conséquent l'ennemi de notre association...

— Tu l'as donc assassiné pour mon plus grand bien, n'est-ce pas, David? dit Athol avec amertume.

— Je l'ai tué, repartit Johann, parce que mes prévisions ont été de beaucoup dépassées. Non-seulement cet homme était votre ennemi et le nôtre, mais je puis dire que nous n'avions pas à Naples un plus dangereux ennemi que lui !

— Mais comment l'as-tu tué? s'écria Beldemonio qui se releva brusquement. Comment les as-tu tués? Tavola, jeune, vigoureux, terrible dans la lutte ; Manuele, plus faible et amoindri déjà par l'âge, mais qui t'eût renversé en soufflant seulement sur toi?

— Quand il s'agit de votre intérêt, maître, et de celui de mes frères, répondit Johann, je suis fort.

Et comme Athol lui jetait ce regard qu'on donne aux reptiles à la fois méprisables et terribles, il continua en souriant :

— Il y a un homme plus fort que Tavola, plus fort que Tavola et Manuele réunis, plus fort que dix hommes, que cent hommes! Celui-là n'a point encore trouvé son pareil, les plus braves le connaissent et le craignent ; les plus fanfarons ont la pâleur à la joue et le froid dans les veines quand on prononce son non : Le nom de Porporato, maître, ce nom qui est notre honneur et notre drapeau ! Eh bien, cet homme-là, ce géant m'a menacé tout à l'heure, moi, pauvre ver de terre, et n'est-ce pas comme si j'étais d'avance écrasé? J'avais donc, puisqu'il me menaçait et que sa force égale presque ma faiblesse, le droit de me défendre... Seigneur, je vous le dis : il m'eût été aussi facile de prendre la vie du géant qu'il est facile au géant, à cette heure, pour employer vos propres expressions, de me terrasser rien qu'en soufflant sur moi. Vous m'avez appartenu au même titre que Manuele, au même titre que Felice Tavola : vous me devez la vie !

Ce disant, il se dressa sur ses jambes tremblantes, et tendit à Beldemonio cette béquille à vent qui avait si rudement prouvé sa vertu cette nuit.

— Ceci est la foudre, ajouta-t-il, la foudre silencieuse. Vous m'avez tourné le dos pendant plus d'une minute : il ne faut qu'une seconde pour viser. Je vous le répète, maître, vous m'avez appartenu, et s'il n'y a pas là maintenant trois cadavres au lieu de deux, c'est qu'il m'a plu d'épargner votre brillante jeunesse au risque même des quelques jours malheureux et chancelants que j'ai encore à passer sur la terre.

Athol prit la béquille et l'examina.

— Maître, continua Johann Spurzheim profitant de ce moment pour plaider sa cause, on juge un homme par ses actes, sans doute, mais aussi et surtout par le mobile qui a pu déterminer ces actes. Plût à Dieu que je fusse irréprochable et pur aux yeux de Dieu qui va bientôt m'appeler à son tribunal, comme je le suis devant vous et nos frères! J'ai tué, moi qui vais mourir, pensez-vous que mon cœur n'en ait point frémi? J'ai tué un homme qui a été mon compagnon, j'ai tué un pauvre vieillard qui jamais ne m'avait fait de mal.

Pourquoi ? Pour moi ? Hélas ! à quoi bon ? Et que me sont désormais les choses de cette terre ?... J'ai tué malgré moi, j'ai tué pour vous. J'ai tué parce que la trahison du premier et les révélations du second allaient vous porter un coup également funeste. Felice Tavola, par vengeance, Manuele, pour gagner un peu d'or, avaient juré la perte de l'association. Tavola ne savait pas à qui il parlait quand il est entré ici ; votre nom est sorti le premier de sa bouche ; c'est comme délateur que je l'ai puni. Manuele, lui, était espion de police ; fouillez-le, vous trouverez sur lui sa carte, son numéro et les secrets qu'il avait déjà surpris. L'article 8 de la règle condamne l'espion quel qu'il soit. Ce n'étaient pas des reproches ou des menaces que j'attendais de vous, maître ; j'aurais droit à des éloges !

Pendant qu'il parlait ainsi, Beldemonio avait ouvert la pauvre casaque de Manuele et fouillé dans sa poche. Il en retira ces papiers que Johann avait feuilletés avant lui. Johann se défendait ; le soin de son plaidoyer lui ôtait un peu de sa vigilance habituelle. Sans cela il aurait vu qu'Athol, en prenant les papiers de l'agent, avait tout à coup tressailli.

Bien peu, puisque cela avait échappé à Johann, mais enfin il avait tressailli. Et le revers de sa main était resté appliqué contre la poitrine de Manuele un instant de plus qu'il n'aurait fallu rigoureusement pour s'emparer de son portefeuille. Johann ne voyait point le visage d'Athol. Les traits de celui-ci avaient subi un vif et remarquable changement. L'émotion qu'ils marquaient maintenant était nouvelle et d'une autre espèce. Il y avait dans ses yeux un espoir inopiné : Il avait senti un mouvement sous la chemise de Manuele.

Felice Tavola, frappé le dernier, avait déjà le froid de la mort ; Manuele restait chaud. N'y avait-il là qu'un seul cadavre? Athol se retourna tenant en main le portefeuille.

— Lisez, reprit Johann, et jugez s'il m'était permis de laisser vivre celui qui apportait au directeur de la police royale, pour premier butin, la clé de l'alphabet du Silence !

Beldemonio ouvrit le portefeuille et lut quelques pièces au hasard. Sa pensée était désormais ailleurs. Parmi ces pièces que Johann n'avait pas eu le temps de feuilleter, il y en avait une dont la vue seule fit bondir le cœur d'Athol dans sa poitrine. Il l'avait reconnue d'un coup d'œil. C'était une lettre dont le papier manié et usé parlait d'un long temps écoulé : la lettre qu'Athol lui-même avait remise à l'adresse du bon Manuele dans un hôtel de Salerne, exécutant ainsi bien tard la mission dont il s'était chargé au château du Pizzo : la lettre écrite par Mario Monteleone dans son cachot, durant les heures solitaires de sa dernière nuit.

— David Heimer, dit Athol, ce que vous avez fait dérange mes projets, mais vous ne connaissiez pas mes projets. Je ne veux plus de sang... Votre conduite sera soumise au conseil.

— J'ai ma conscience, maître, répliqua Johann, mais ne vous en allez pas encore, ajouta-t-il voyant qu'Athol serrait les papiers de Manuele et se préparait à se retirer ; pour la troisième fois je vous dis : nous n'avons pas fini.

— Qu'y a-t-il?

— Votre Seigneurie, dans les circontances où nous sommes me doit expressément aide et protection. Je suis trop faible pour faire disparaître ces corps morts.

Il s'attendait peut-être à un refus. L'empressement avec lequel Athol accéda à sa proposition le troubla. Athol, en effet, saisit le corps de Manuele et le chargea sur ses épaules. Avant cela, il prit au doigt de Felice Tavola son anneau de fer.

— Voici ce que vous avez gagné, David, dit-il en le lui remettant.

Il se dirigea vers la porte, chargé de son fardeau. Le sang de Manuele coulait sur le sol.

— Pour l'autre, dit-il en passant le seuil, je vais vous envoyer Cucuzone.

Johann ne répondit point. Il regardait couler le sang de Manuele. Ses deux mains se crispèrent sur sa poitrine et il murmura, en se laissant aller épuisé, au fond de sa guérite :

— Je n'ai rien fait; cet homme n'est pas mort!

XI

LA LÉGENDE DE SAN-GENNARO

Ne croyez pas que nous ayons oublié Peter Paulus Brown, de Cheapside. Ce gentleman avait été mis en lieu sûr par Privato, sur l'ordre de Barbe. Il voulut consulter sa montre en s'éveillant sur son banc du bureau de police, mais la girella n'avait eu garde de la lui laisser. Il regarda la pendule du bureau qui marquait plus de minuit. C'était l'heure où, depuis douze ans, il sortait chaque jour du *Cotton and international-club* pour rentrer au bercail de la maison Marjoram, Watergruel and C°. Une clause de son contrat portait qu'il ne devait jamais rentrer à heure indue.

Mais combien le retour était facile en sortant du club! Ici, au contraire, la solitude, les ténèbres, l'inconnu! Quelle route prendre pour regagner l'hôtel de la Grande-Bretagne? Quels périls ne devaient point cacher l'obscurité dans cette ville maudite où Peter-Paulus avait essuyé déjà tant de mésaventures !

Certes, il y avait un moyen de ne point braver les périls de Naples nocturne, c'était de coucher au bureau de police, mais quelle honte pour un sujet de la reine !

— Suis-je prisonnier ici ? dit-il entre haut et bas à Privato, seul compagnon qu'il eût dans le bureau.

Privato haussa les épaules et continua d'écrire. Peter-Paulus n'eut garde de renouveler sa question : il se glissa jusqu'à la porte. Il n'y avait plus un seul réverbère allumé sur la piazza del Mercato, qui était noire comme un four. Aucune lueur ne brillait derrière les fenêtres des divers étages, cependant, Peter-Paulus put voir distinctement ce qui se passait à quelques pas de lui, à cause des lanternes de l'équipage stationnant devant la maison de Johann Spurzheim.

Auprès de la portière, ce bizarre individu le clown de la Fontaine des Trois-Vierges, aidait un autre personnage à charger dans la voiture un objet pesant et de considérable volume, dont Peter-Paulus chercha en vain d'abord à reconnaître la nature. Le compagnon de Cucuzone était en manches de chemise et se tenait dans l'ombre. Peter-Paulus l'entendit qui disait :

— Prends garde, tu vas lui frapper la tête contre la roue !

Et Cucuzone répondit :

— Puisqu'il est mort...

Ce mot suffit à dessiller les yeux de notre Anglais. Cette masse confuse prit pour lui une forme : c'était le corps d'un homme. Et des choses pareilles se passaient à la porte même du directeur de la police! Peter-Paulus voulait douter encore, tant le fait lui semblait impossible! Mais le doute ne fut bientôt plus permis.

— Comme il saigne! dit Cucuzone; les coussins de la voiture vont être tachés!

— Pousse! ordonna l'autre personnage; voyons, ferme, nous y sommes!

A cet effort, les vêtements usés du pauvre défunt cédèrent dans la main de Cucuzone. Son compagnon laissa échapper un cri de terreur et la tête du cadavre pendit tout à coup, soutenue seulement à quelques pouces du sol.

— Parbleu! murmura Cucuzone, soyez tranquille, le pauvre diable ne mourra pas deux fois!

Dans cette position nouvelle, la lumière de l'une des lanternes frappait la tête du mort. Peter-Paulus distingua avec horreur les traits d'un vieillard, dont les longs cheveux gris balayèrent un instant le pavé. Il eût voulu fuir, mais ses jambes chancelantes étaient comme paralysées.

Enfin, le corps entra dans l'équipage. L'homme en bras de chemise vint parler bas au cocher, et son visage, à son tour, s'éclaira vivement, placé qu'il était tout près de la lanterne. Peter-Paulus tressaillit d'étonnement parmi ses terreurs; il reconnut cet homme et ce fut comme une lueur qui entra brusquement dans sa mémoire : Le groupe tout entier de la fontaine des Trois-Vierges, à l'entrée de la strada di Porto, était là.

L'homme en bras de chemise était le beau pêcheur adossé naguère contre la fontaine au-dessous de la madonc, et par conséquent, ce jeune homme élégant, qui avait monté dans la matinée à bord du *Pausilippe* : celui qu'on avait appelé *le prince*.

Le cocher n'était autre que le marin à la pipe d'écume assis sur la margelle ; le troisième était ce clown roulé comme une chenille aux pieds des deux autres. Il ne manquait là, en vérité, que la marchesa, marchande d'oranges.

Peter-Paulus ne chercha pas même à donner un sens à cette bizarre réunion. *Il renonçait*, comme disent les enfants jouant aux devinettes. Eût-il voulu chercher, le temps lui aurait manqué. Le beau pêcheur de la fontaine des Trois-Vierges ne dit en effet que quelques mots au cocher Ruggieri. Il monta tout de suite après dans l'équipage où était déjà le corps mort. Cucuzone vint à la portière et le pêcheur lui dit :

— Maintenant, va chercher l'autre !

L'équipage s'ébranla et partit au galop. Cucuzone resta seul sur la place. Il ne soupçonnait pas la présence de l'Anglais. L'équipage, emportant ses lanternes, laissait la place dans une complète obscurité. Peter-Paulus entendit le clown qui grommelait :

— Ce scélérat de Privato a fermé la boutique !

C'était vrai. Pendant la courte scène que nous venons de rapporter, Privato avait fermé sans bruit les volets du bureau de police. Tout était noir comme de l'encre aux alentours. Cucuzone était peut-être brave, mais la commission dont on l'avait chargé n'était point de son goût. Peter-Paulus l'entendait soupirer. La frayeur, on le sait, est contagieuse. Notre Anglais, très-brave aussi, avait la chair de poule. Cucuzone se dirigea vers l'allée qui conduisait au cabinet privé de Spurzheim.

C'était là, en effet, qu'il lui fallait aller chercher *l'autre*. Il grondait en marchant et disait :

— Damnée besogne! il faut justement que ça se trouve par une nuit où il n'y a point de lune!

Il passa à quelques pieds de Peter-Paulus sans le voir. Au seuil de l'allée, il hésita un instant, mais enfin, il s'y engagea. L'allée était longue. Les dents de Cucuzone claquèrent plus d'une fois en chemin. La nuit s'emplissait pour lui de fantômes et saint Janvier, qu'il invoquait avec ferveur, semblait ne point écouter sa prière. Il arriva cependant plus mort que vif et frappa tout doucement à la porte de Johann qui dit : Entrez!

Cucuzone se retourna, croyant qu'on avait parlé derrière lui. Tous les spectres qui peuplent les nuits calabraises étaient là, pas un ne manquait. Cucuzone les vit, maigres et blancs, cachant leurs têtes de morts sous des cagoules profondes. Ils étaient immobiles, mais quand Cucuzone bougea, il les vit osciller lentement, et tous ensemble, comme les épis mûrs que couche le vent. Il y en avait! Il y en avait!

— Saint Janvier! saint Janvier!

Toutes ces têtes voilées de blanc s'inclinèrent.

— Entrez! répéta Johann avec impatience.

Cucuzone ne se fût pas retourné pour tout l'or du monde. Il aborda la porte à reculons et chercha le bouton en tâtonnant derrière lui. Savez-vous ce que faisaient les spectres? Ils riaient au fond de leurs capuces, montrant d'un bout à l'autre de l'allée ces grandes

dents éclatantes que ne recouvrent plus les gencives...
La porte s'ouvrit. Un grand soupir de soulagement
s'échappa de la poitrine de Cucuzone. La voix cassée
dit :

— L'ami, que me veux-tu si tard ?

Cucuzone étanchait la sueur froide de son front. La
voix cassée reprit avec une expression d'inquiétude :

— L'ami, n'as-tu rien à me dire ?

— *Le fer est fort et le charbon est noir*, répondit Cucuzone d'un ton dolent, mais pas si noir que cette infernale allée !

— Approche ! ordonna Johann, tu as bien tardé à répondre !

Cucuzone vint se mettre auprès de la table. La lampe
avait été de nouveau éloignée, on ne voyait qu'ombre
dans la guérite du directeur, mais la clarté qui régnait
dans le cabinet avait suffi pour rendre à Cucuzone toute
son effronterie. Il aurait ri de ses frayeurs sans l'idée de
traverser de nouveau ce terrible corridor.

— Ce n'est donc pas encore vous qu'on va emporter,
maître ? dit-il ; si j'ai beaucoup tardé, c'est que je n'étais
pas pressé. Voulez-vous que je vous apprenne une nouvelle ? J'aimerais mieux être dans mon lit, à cette heure,
qu'en votre respectable compagnie.

— Pourquoi m'a-t-on envoyé ce drôle ? grommela
Johann.

— Parce qu'on n'avait pas le choix, Excellence. Si
vous pouviez faire un tour de promenade, vous verriez
qu'il n'y a pas beaucoup de monde dans la rue !

Il fit deux ou trois cabrioles pour remettre son sang

en circulation, mais cela manquait un peu d'entrain et de gaîté. Il y avait l'idée du corridor à traverser, et cette fois, avec un cadavre sur les épaules !

— Trève de folies ! dit Johann ; va ôter le verrou de cette porte.

Il montrait celle par où Pier Falcone était sorti, deux heures auparavant, pour se rendre au chevet de Barbe. Cucuzone exécuta cet ordre au moyen d'une série de sauts indiens, par le flanc, ce qui acheva de le soulager complétement. Johann pensait :

— Si une intelligence comme la mienne avait à son service la force et l'agilité de cet homme !

Cucuzone prit son élan, bondit et vint retomber au-devant du directeur, en disant :

— Où est mon paquet ?

— Ici, répondit Johann qui montra le rideau.

— Où faut-il le porter ?

— A la plage.

Cucuzone releva le rideau.

— Oh ! oh ! fit-il ; c'est ce pauvre seigneur Felice ! cela doit être lourd !

— Tu es robuste.

— Quand on me paye... qu'y a-t-il pour la commission, seigneur ?

Johann lui tendit une once d'or et Cucuzone murmura :

— Il n'y a que les gens bien portants pour être généreux.

Il chargea cependant le corps sur ses épaules.

— Souviens-toi de ceci, lui dit Johann ; si tu rencontres en chemin quelque patrouille et qu'on sache d'où vient ton fardeau, tu ne t'éveilleras pas demain matin.

— Excellence, répliqua Cucuzone, je connais les mœurs de notre chère petite communauté... que Dieu vous garde !

Il prit le chemin de la porte et passa le seuil d'un pas ferme, malgré le poids de sa charge. Johann put l'entendre qui comptait en marchant :

— Une, deux, trois, quatre, cinq, six, sept, huit...

Puis la porte se referma. Cucuzone était au neuvième pas. Or, il y a une légende à Naples, la légende de saint Janvier, qui dit qu'un homme portant un cadavre est perdu, s'il fait cent pas avec son fardeau, et le pauvre Cucuzone, suant à grosses gouttes, suivait sa route en tâchant de gagner un pas à chaque enjambée. S'il avait eu une pioche, il aurait creusé la fosse de Felice Tavola au beau milieu de l'allée. Malgré tous ces efforts, il avait quatre-vingts pas de faits lorsqu'il arriva au bout de ce long couloir.

Il lui restait un capital de vingt pas. Et nul moyen d'éluder la besogne qu'on lui avait imposée ! La Confrérie du Silence ne plaisantait pas. En débouchant sur la piazza del Mercato, il dressa contre la muraille le corps de Tavola qui commençait à se roidir et tamponna des deux mains son front ruisselant de sueur. Il se coucha en rond sur le pavé, dans sa posture favorite et se mit à réfléchir.

Il y avait une minute qu'il était ainsi lorsqu'il entendit un pas précipité traverser la place. C'était un homme qui courait tête nue, et qui gémissait en courant. Cet homme se lança à pleine course dans le vico Albanèse, petite rue tournante qui faisait un circuit autour de la place. Cucuzone ne prêta d'abord à cet incident qu'une attention médiocre. Il était trop sérieusement embarrassé pour s'arrêter à ces bagatelles, mais une seconde fois le pas précipité se fit entendre sur la place. L'homme qui courait ainsi, (c'était le même,) semblait très-fatigué. La lune, à son dernier quartier, se levait derrière les maisons du côté de vieille ville. La nuit était déjà beaucoup moins noire que naguère.

A ces lueurs vagues, Cucuzone put voir passer ce personnage qui courait avec une sorte de rage. Ses plaintes se faisaient plus distinctes. Il disparut comme la première fois dans le vico Albanese. Cucuzone ne songeait déjà plus à lui, quand, chose véritablement étrange, au bout d'une autre minute, la même course recommença. Cela devenait fantastique. C'était bien encore le même homme, mais plus fatigué. Cucuzone se leva et reprit son fardeau. Il avait reconnu Peter-Paulus Brown.

L'époux de Pénélope, un peu étourdi par ses mésaventures, avait voulu prendre le chemin de l'hôtel de la Grande-Bretagne. Il s'était engagé au hasard dans ce perfide vico Albanese qui l'avait fidèlement ramené au point de départ en tournant autour de la place. On sait comme l'obscurité trompe. La courbe de la ruelle lui échappait en partie, d'ailleurs, il était comme ivre. Quand il eut fait deux ou trois courses, la fringale le prit. La peur, la fatigue, la colère lui montèrent bientôt au cerveau. Naples, cette ville *détestébeule*, se personnifia pour lui. Il vit positivement les maisons s'avancer pour lui barrer le passage et le ramener toujours à la piazza del Mercato. Il souffrait, il suait, il geignait, et il allait ! Ses idées se brouillaient de plus en plus : il devenait fou.

Cucuzone devina peut-être tout cela ; son plan fut fait en un clin d'œil. Il rechargea Felice Tavola sur ses épaules, et gagna le centre de la place en quinze pas vigoureusement espacés. Il gardait ainsi une marge de cinq pas pour ses besoins imprévus. La ligne qu'il occupait barrait le passage au fanatique coureur.

Celui-ci parut bientôt à l'autre bout de la place. Sa course était désormais convulsive. Il n'y voyait plus et allait se précipiter tête baissée sur Cucuzone, lorsque celui-ci cria d'une voix tonnante : — Arrêtez !

Peter-Paulus ne demandait pas mieux, mais le choc qu'il éprouva au son de cette voix, qui sonnait à son oreille comme un éclat de foudre, loin de réprimer son élan, lui fit perdre l'équilibre, et il vint donner de la poitrine contre le pauvre Tavola, que Cucuzone lui opposait en guise de bouclier.

— Vous l'avez tué ! dit celui-ci qui laissa tomber son fardeau.

— Je démandé bienne pâdonne... murmura Peter-Paulus : fômellemente.

— Vous l'avez tué ! répéta le clown ; m'entendez-vous ?

Peter-Paulus poussa un grand gémissement.

— C'été le combel de l'infôtioune ! sanglota-t-il ; j'été une meurtriair !

Il resta les bras pendants, immobile, comme un dieu Terme. Cucuzone, profitant de son avantage, releva le fardeau et le chargea lui-même sur les épaules de Peter-Paulus en disant :

— Profitez de la nuit. Il ne vous reste qu'à le jeter à l'eau !

Puis il s'enfuit à toutes jambes, heureux et fier, car il avait encore cinq pas de boni.

Johann Spurzheim était resté seul dans son cabinet. Il écouta un instant le pas chancelant de Cucuzone qui s'éloignait descendant l'allée noire. Au moment où du côté de la rue tout rentrait dans le silence, on frappa à la porte intérieure.

— Entrez ! cria Johann.

Et quand le médecin eut franchi le seuil :

— Entrez ! entrez ! entrez ! nous avons travaillé pour vous. Zora n'a manqué de rien ?

Zora, c'était le petit king's-charles qui partageait la couche du directeur de la police.

— Zora n'a manqué de rien, répondit Pier Falcone.

Il était pâle et très défait. Johann le remarqua.

— Qu'avez-vous donc, ami ? demanda-t-il.

— C'est une terrible nuit ! murmura le docteur.

— Une belle nuit, fit Johann en se frottant les mains. Prenez le rideau que voilà et voyez à l'accrocher au-dessus de la porte, j'aime que tout soit en ordre. Ah ! Falcone, mon compagnon, il a bien servi ce soir, le rideau ! Quand vous l'aurez rattaché vous pousserez le verrou. Nous allons remonter nous coucher et dormir comme un juste !

Pendant que le docteur obéissait, il ajouta :

— Pas vous, ami, pas vous ! Votre besogne de cette nuit n'est pas encore finie, je vous invite au bal ! vous allez danser tout à l'heure au palais Doria-Doria.

— Je suis las, dit Pier Falcone.

— Les voilà bien ! s'écria Johann, moi seul je suis infatigable ! Si vous aviez accompli seulement la moitié de ma tâche, vous seriez mort !

Falcone revenait après avoir accroché le rideau et mis le verrou.

— Depuis deux heures, dit-il, j'entends le râle d'une mourante !

La physionomie de Johann changea. Il prit un air dolent et murmura entre ses dents :

— Pauvre Barbe ! je la regretterai !

Il y eut un silence. Pier Falcone était debout au devant du bureau, les bras croisés sur sa poitrine.

— A-t-elle beaucoup souffert ? demanda Johann les yeux baissés et en parlant très bas.

— Elle souffre encore, répondit Pier Falcone.

Un tic nerveux agita la face de Spurzheim.

— Et on l'entend crier de ma chambre à coucher ? dit-il encore.

— Distinctement, seigneur.

Johann réfléchit durant une seconde, puis il dit :

— Personne ne couche dans cette partie de la maison. Il n'y a pas de danger.

Pier Falcone eut froid dans les veines.

— Laisons cela, reprit Johann ; Nécessité n'a point de loi. Passe cet anneau à ton doigt, il te fait chevalier maître, et tu as dans Naples, à l'heure qu'il est, une armée de vingt mille soldats. Demain tu seras médecin du roi si tu veux. Le secret des maîtres du Silence est triple. Le maître du Silence sait où est le trésor ; il possède la clé des caractères ; il connaît le nom de ses pairs. Approche !

Falcone obéit ; Johann poursuivit en baissant la voix :

— Le trésor est dans l'Abbruzze citérieure, au pied du mont Laurea, dans les souterrains du château de Pourpre qui faisait partie du domaine de Monteleone. La clé des caractères est sur ce papier ; prends-le : tu seras aussi savant que moi... Tes pairs sont au nombre de six, dont un Grand Maître qui a ta vie et la nôtre dans ses mains : celui-là est Porporato : il a encore d'autres noms. Restent cinq maîtres : Moi d'abord ; remercie le hasard de m'avoir pour ami. Après moi, vient mon lieutenant, Andrea Visconti-Armellino, intendant second de la police royale. Son vrai nom est Policeni Corner. Le troisième en importance est le colonel San Severo, un géant : nous en verrons la fin. Son vrai nom est Luca Tristany. Le quatrième est le vieux Massimo Dolci, le banquier de la cour. Il nous gêne peu. De son vrai nom, il se nomme Amato Lorenzo. Le cinquième, le cavalier, Hercule Pisani, est dévoué à Porporato ; c'était l'ami du baron d'Altamonte dont tu as l'anneau ; nous l'abattrons dès qu'il embarassera notre voie : il se nomme Marino Marchese. Armellin veut ma place : cela lui portera malheur ; San Severo est trop fort, cela me blesse la vue. Les trois autres ont deviné quel est mon but et ils croient en Dieu ; ils sont de trop... Ami Falcone, si tu le veux, nous resterons seuls : riches tous deux et puissants comme des rois !

— Que faut-il faire pour cela ? demanda le docteur.

Johann le regarda en face. Il eut ce rire sarcastique dont l'effet était si bizarre sur cette figure ravagée et répondit :

— Il faut d'abord me porter bien doucement dans mon lit ; j'ai sommeil.

— Seigneur, dit Falcone, si vous rentrez dans votre chambre, vous entendrez...

— Pas longtemps, interrompit Spurzheim avec calme ; les pastilles sont bien faites.

Il lui tendit les deux mains comme font les enfants trop las qui réclament le secours de leur bonne. Pier Falcone le souleva ; il remonta l'escalier avec la même facilité qu'il avait mise à le descendre. Johann espéra jusqu'à la dernière marche que la respiration de son porteur deviendrait ensoufflée ; il n'en fut rien. Johann dit :

— Ces longues haleines ne sont pas les meilleures...

En entrant dans sa chambre à coucher, il prêta l'oreille. Ce fut comme un lointain gémissement, mais si faible !

— Tout à l'heure, dit Falcone, c'était beaucoup plus fort.

Johann se fourra dans ses draps où le king's-charles l'accueillit fraternellement.

— Ouvre le tiroir de ma commode, ordonna-t-il à Falcone ; il y a un papier à droite. Prends-le.

Le docteur allait le lui apporter, lorsque Johann l'arrêta en disant :

— C'est pour toi. Regarde.

Pier Falcone déplia le papier qui était une lettre d'invitation : Lorédan Doria et la comtesse Angélie, sa sœur, priaient M... (le nom était en blanc) de leur faire l'honneur d'assister à la fête de ce soir.

— Tu écriras ton nom, dit Johann.

— Et que ferai-je au palais Doria ?

— Tu observeras.

— La nuit est bien avancée.

— Celui pour qui je t'envoie n'arrivera qu'après oi.

Comme le docteur allait répondre, Johann lui fit signe d'écouter. On entendit une toux profonde suivie d'un faible cri. Puis le silence régna dans la maison.

— Pauvre Barbe ! dit Spurzheim, si j'étais catholique, si elle croyait a quelque chose, je ferais dire des messes pour elle. Baissez la lampe et allez-vous-en, Falcone : ma journée est finie.

Le docteur toucha le bouton de la lampe qui ne s'éteignit point, mais ne jeta plus qu'une clarté faible. Johann la voulut auprès de lui. Avant de se retourner, il appela Falcone.

— Ami, dit-il, ne m'avez vous pas dit que vous connaissiez le prince Fulvio Coriolani ?

— Au contraire, seigneur, je ne l'ai jamais rencontré.

— C'est surprenant, tout le monde le connaît. Écoutez moi bien, peu après votre arrivée, on annoncera cette nuit au palais Doria-Doria le prince Fulvio Coriolani ; regardez attentivement ce jeune et brillant seigneur. Quand vous l'aurez regardé, vous ne demanderez plus pourquoi je vous ai envoyé à cette fête. Allez.

C'était une demi-heure après. Johann dormait. Le king's-charles sortit tout à coup des couvertures et se dressa sur ses courtes jambes. Un bruit vint de la porte. Le king's-charles se mit à japper d'un ton courroucé.

Johann entendait, car il avait le sommeil fort léger, mais il était toujours plusieurs minutes avant de vaincre l'engourdissement qui paralysait ses membres au réveil. Beaucoup de gens affligés de maladies nerveuses ont quotidiennement ce symptôme cataleptique. Il faisait pour secouer son engourdissement des efforts impuissants. Son visage était tourné vers la ruelle. La porte grinça, ouverte avec précaution. La terreur couvrit tout le corps de Johann d'une sueur glacée. Le petit chien se prit à hurler et s'élança en bas du lit.

Ce fut comme le bruit d'une lutte, terminée par deux râles, puis le silence revint.

Deux ou trois minutes d'angoisse terrible suivirent. Johann recouvra l'usage de ses mouvements. Il se retourna. Tout était immobile dans la chambre, mais aux lueurs faibles qui s'échappaient de la lampe baissée, l crut voir une masse sombre, affaissée au-devant de la porte grande ouverte.

Il tourna le bouton de la lampe ; la chambre s'emplit de clarté. Il vit la porte ouverte en effet et le corps de Barbe Spurzheim, sa femme gisant sur le marbre auprès du king's-charles étranglé. Un frisson secoua les membres de Johann.

Il se leva comme il put. Il se traîna, poussant la lampe devant lui sur le parquet. Il arriva.

La main gauche de Barbe tenait encore serrée la gorge du petit chien qui l'avait mordue avec rage. Devant sa bouche crispée qui embrassait le sol, il y avait du sang, le sang de la quinte suprême qui l'avait étouffée.

Avec ce sang, son doigt avait tracé quelques mots sur le parquet. Johann lut : « Dans sept jours, à pareille heure, je t'attends en enfer, assassin ! » Johann regarda la pendule, qui marquait minuit et demi.

— Elle connaissait l'avenir ! dit-il en se laissant choir épuisé.

Mais bientôt il se redressa.

— Pauvre Barbe ! murmura-t-il, elle a voulu m'effrayer... je vivrai cent ans !

L'équipage où nous avons laissé Beldemonio sortant de chez Johann traversa au galop les rues, puis entra dans la cour d'un magnifique palais, situé dans la haute ville, vers le milieu de la strada nuova di Capodimonte. Beldemonio sauta à terre, Aussitôt, tout fut mouvement et bruit dans le palais ; les écuries s'ouvrirent : un splendide carrosse de cour sortit de la remise. Ruggieri, dirigeant une armée de valets, y fit atteler quatre chevaux français de toute beauté.

Vers l'heure où Barbe et le king's-charles, tout ce que Johann Spurzheim aimait dans ce bas monde, mouraient ensemble, on vit paraître des torches au haut du perron de marbre. Beldemonio, en costume de cour, portant le cordon de l'Annonciade et celui d'Isabelle-la-Catholique, se montra donnant la main à une femme voilée. Tous deux montèrent dans le carrosse, et Beldemonio dit à Ruggieri, qui prit place sur le siége, en grande livrée :

— Au palais Doria-Doria ! [1]

---

[1] La suite de ce récit est sous presse et paraitra sous ce titre :

LE PRINCE CORIOLANI

TABLE DES MATIÈRES

PROLOGUE

Les sept anneaux de fer

I. — Le Martorello	1
II. — Mario Monteleone	14
III. — Sur la grand'route	40
IV. — Le chevalier d'Athol	51
V. — Une nuit dans les ruines	58
VI. — Frère et sœur	80
VII. — Comte et comtesse	99
VIII. — La messe de la vingt-deuxième heure	111
IX. — Le septième anneau	127

PREMIÈRE PARTIE

Beldemonio

I. — Peter-Paulus Brown de Cheapside	143
II. — Émeute à bord	152
III. — La Strada di Porto	158
IV. — Les étonnements de Peter-Paulus Brown de Cheapside	168
V. — Mariotto l'improvisateur	183

TABLE DES MATIÈRES

VI.	— Le Saltarello.	196
VII.	— Exploits de Porporato.	205
VIII.	— L'escalade	223
IX.	— Voyage sur les toits.	239
X.	— La chambre des morts	250

DEUXIÈME PARTIE

Johann Spurzheim

I.	— Barbe de Monteleone	273
II.	— Femme forte.	284
III.	— Bon ménage	304
IV.	— Le docteur Pier Falcone	314
V.	— Pastilles contre la toux	328
VI.	— Le numéro 133.	344
VII.	— La fin de l'interrogatoire	355
VIII.	— La béquille du seigneur Johann Spurzheim	368
IX.	— L'allée noire	380
X.	— Les deux cadavres	390
XI.	— La légende de San-Gennaro	402

FIN DE LA TABLE

Saint-Amand (Cher). — Imprimerie de Destenay.

www.ingramcontent.com/pod-product-compliance
Lightning Source LLC
Chambersburg PA
CBHW070925230426
43666CB00011B/2313